HISTOIRE
DE
PHILIPPE-AUGUSTE.

II.

Se trouve également
CHEZ LADVOCAT, LIBRAIRE.

TYPOGRAPHIE DE J. PINARD, IMPRIMEUR DU ROI,
RUE D'ANJOU-DAUPHINE, N° 8.

HISTOIRE
DE
PHILIPPE-AUGUSTE,
PAR M. CAPEFIGUE.

OUVRAGE COURONNÉ PAR L'INSTITUT.

TOME SECOND.
1191—1206.

Deuxième Edition.

181

DUFEY, LIBRAIRE,
Rue des Beaux-Arts, N° 14.

1829.

HISTOIRE
DE
PHILIPPE-AUGUSTE.

II.

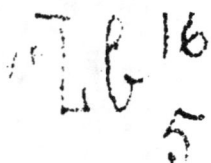

Se trouve également
CHEZ LADVOCAT, LIBRAIRE.

TYPOGRAPHIE DE J. PINARD, IMPRIMEUR DU ROI,
RUE D'ANJOU-DAUPHINE, N° 8.

HISTOIRE
DE
PHILIPPE-AUGUSTE,
PAR M. CAPEFIGUE.

OUVRAGE COURONNÉ PAR L'INSTITUT.

TOME SECOND.
1191—1206.

Paris.

DUFEY, LIBRAIRE,
Rue des Beaux-Arts, N° 14.

1829.

HISTOIRE DE FRANCE

sous

PHILIPPE-AUGUSTE.

CHAPITRE IX.
1191-1193.

Situation de la France féodale pendant la croisade de Philippe-Auguste.— Contestations sur la succession de Flandres.— Le roi les termine. — Ses desseins perfides contre Richard. — Invasion de la Normandie — Trêve avec les barons anglais. — On apprend la captivité de Richard.— Conduite de ce prince dans la Palestine. — Jalousie des Francs et des Anglais. — Le duc de Bourgogne. — Intimité du roi et de Saladin.—Conrad, marquis de Tyr, est frappé par les Ismaëliens.— On en accuse Richard.— Son départ de la Palestine. — Il vient à Raguse. — Il se déguise en Templier. — Le roi est reconnu et livré à l'empereur d'Allemagne. — Joie de Philippe en apprenant la captivité de Richard. — Il traite avec le comte de Mortagne. — Inquiétude des Anglais sur le sort de leur roi. — Voyage du trouvère Blondel.—Sa *cançon*. — Il découvre la prison de son maître. — Philippe écrit à l'empereur, pour qu'il garde bien l'Anglais. — Douleur d'Éléonore. — Ses lettres. — Traité de Richard pour sa délivrance. — Sa rançon. — Difficultés qu'il éprouve. — Départ pour l'Angleterre.

A son retour, Philippe-Auguste trouva les affaires du royaume de France à peu près dans la même situation où il les avait laissées. On a vu que, lors de la prédication du pélerinage d'outre-mer, une bulle du pape avait mis tous les fiefs des croisés et leurs hommes sous la sauvegarde de l'Église; de sorte que la croisade apportait un frein à cette activité de guerre et de violence, caractère des barons au moyen âge. Les clercs n'étaient occupés qu'à dresser des chartes de donation aux églises du voisinage, « à faire rogations et prières, découvrir châsse bénite pour le succès des pelerins[1]; » les chevaliers aliénaient tout alors : fiefs, viviers, fours communs, et leur prodigalité ne calculait rien[2]. Dans ces circonstances, la reine Adèle de Champagne et l'archevêque de Reims, régens du royaume pendant l'absence du souverain, étaient restés dans les limites d'une timide gestion. Ils avaient renvoyé le jugement de tous les cas un peu graves au retour du roi; ils n'osaient pas même prononcer dans les matières épiscopales, quoique le pape les pres-

---

[1] Chronique de Saint-Denis, ad ann. 1191.

[2] Voir la grande Collection des Chartes, par M. de Bréquigny. On y trouve (de l'année 1189 à 1192) plus de cent aliénations de fiefs qui ont pour motif la croisade.

sât souvent d'en finir pour le bien de l'Église [1]. L'élite des barons avait d'ailleurs suivi Philippe-Auguste, et c'était au camp devant Acre que la plupart des grandes contestations étaient décidées. Plusieurs chartes relatives aux fiefs de France furent scellées en la terre d'outremer. D'un autre côté, la perception de la dîme saladine avait absorbé l'attention des officiers de la couronne; on continuait à trouver de vives résistances dans les monastères et le clergé en général, qui criait à la persécution, parce qu'on le soumettait à la loi commune; souvent aussi les barons supérieurs dans l'ordre des fiefs, et qui étaient chargés de prélever la dîme sur leurs vassaux, exerçaient, sous ce prétexte, des vexations contre les abbés et les bons moines; leurs officiers s'emparaient des vases sacrés qu'ils mettaient en gage chez les juifs, et, quoiqu'ils n'eussent pas le droit de *gîte* et d'*hôtellerie*, leurs majordomes venaient habiter avec les servans d'armes dans les domaines de l'église, et consommaient plus de

---

[1] Il existe une lettre originale sur ce sujet, adressée par les deux régens au souverain pontife. (Même Collection, t. iv.)

vins et de viandes en un jour, que les religieux en une semaine.

Toutefois, durant le pélerinage de Philippe-Auguste, une affaire grave était survenue, et peut-être avait-elle hâté son retour en occident. Elle était relative à la succession du comte de Flandres.

Philippe d'Alsace, comte de Flandres, mort devant Acre, à côté de son suzerain, n'avait point laissé d'enfant. Ses trois plus proches parens étaient : Marguerite, sa sœur, femme de Baudoin, comte de Hainaut; Mathilde, fille de Mathieu, comte de Boulogne, frère de Philippe d'Alsace; enfin, le prince Louis de France, qui avait pour mère Isabelle, fille du premier lit de Marguerite, comtesse de Hainaut. Par l'inspection de cette simple généalogie, il est facile de voir qu'en comptant par la proximité des degrés, Marguerite, comtesse de Hainaut, était appelée à recueillir naturellement la succession de son frère; et, en supposant que la parenté masculine fût préférée, le comté de Flandres devait alors passer dans la lignée du comte de Boulogne, frère de Philippe d'Alsace. Il paraît cependant que le roi de

France, immédiatement après la mort de son vassal, envoya des messages secrets au cardinal de Champagne et à la reine Adèle; il leur disait : « Emparez-vous sans hésiter du fief de Flandres ; puis nous verrons à nous démêler. » Quoique ce message arrivât un peu tard, et que le héraut fût demeuré quelque temps malade en Italie, le cardinal de Champagne se rendit immédiatement en Flandres. Il fit arborer le gonfanon royal à Mons, Oudenarde, Alost, Courtray, Ypres et Bruges; mais il ne put entrer à Gand que les vaillans bourgeois, bannières en tête, défendirent à outrance [1].

Le cardinal de Champagne faisait encore le siége de Gand lorsque Philippe de France arriva dans le château de Pontoise. Le comte de Hainaut vint l'y trouver pour demander, selon la coutume, l'investiture du comté de Flandres dont il était le droit héritier sous la condition de l'hommage-lige : « Mais ce comté me revient, dit le roi. — Beau sire, répondit Baudoin, le cas a été décidé en ma faveur par les clercs et les généalogies; nous allons donc renouveler les batailles. — Tout comme il te plaira,

[1] Buzel., Annal. Gallo Fland., t. ıı, p. 252, 253.

beau comte. » Sur ces menaces, l'évêque d'Arras intervint, et calmant l'irritation du suzerain et du vassal, les amena à signer le traité suivant :

« Le roi consent à recevoir l'hommage de la comté de Flandres, qui revient par succession au comte de Hainaut. Louis, fils du roi, recevra pour la dot d'Isabelle sa mère, les cités d'Arras, Aire, Bapeaume, Hesdin et Saint-Omer, les fiefs ou mouvances de Saint-Paul, de Boulogne, de Guines et de Liliers; quant à la vieille Mathilde, aïeule des droits héritiers de la comté, elle aura, comme douaire, Baubourg, Cassel, Bailleul, Bergues, Furnes, Lille, Douai et Cisoin, avec retour, à sa mort, aux domaines de Flandres. » A ces conditions l'hommage du comte fut reçu; Philippe baisa son vassal sur la bouche, et celui-ci, en gage de fidélité, mit ses mains dégantées dans celles de son suzerain [1].

Il n'est pas douteux qu'en quittant la Palestine, le roi, malgré ses sermens devant Acre,

---

[1] Meyer, Annal. Fland., ad ann. 1191. — Voyez aussi Galand : Preuves des Droits du Roi et de la Couronne sur la Flandres, p. 144.

n'eût l'intention de profiter de l'absence de Richard pour envahir ses domaines. A son passage à Rome, il avait sollicité le pape pour qu'il le dégageât de sa foi; et, à son arrivée à Paris, il s'aperçut bientôt que la situation intérieure de l'Angleterre offrait un vaste champ à ses projets ambitieux [1]. Le petit nombre de barons anglais qui n'avaient pas suivi Richard, privés de leur souverain, étaient incapables de lutter contre le roi de France, convoquant tout son ban féodal. Dès lors celui-ci pouvait se promettre des conquêtes faciles dans les plaines de l'Anjou et de la Normandie. Il ne restait plus qu'un prétexte de guerre : « Or, un jour étoit le roi à Pontoise; là ly furent novelles apportées d'outre-mer, qui contenoient que le vieil de la montagne avoit envoyé en France des assassins pour l'occire à la prière et commandement du roi Richard. De ces novelles, le roi fut moult troublé et ému. Aussitôt se départit de Pontoise, et depuis fut moult soigneux de son corps; il establit sergens qui tojours por-

---

[1] Benoît Peterborough, ad ann. 1191; comparez avec les témoignages cités dans le précédent volume.

toient grande masse de cuivre devant lui pour son corps garder [1]. »

L'accusation portée contre Richard était absurde : elle provenait d'une de ces rumeurs que la crédulité publique accueillait sur le vieux de la montagne et son mystérieux pouvoir; néanmoins le roi s'en empara comme d'un heureux prétexte de guerre : il convoque ses hommes, et se précipite sur la Normandie sans aucune sommation ni envoi de héraut; les barons anglais n'eurent pas plutôt connu l'apparition du gonfanon royal sur les frontières de Normandie, qu'ils passèrent sur le continent, et vinrent voir le roi : « Pourquoi vous lever ainsi, lui dirent-ils, contre le pélerin?—Qu'on exécute à mon égard le traité de Messine, répondit Philippe; qu'on me rende Gisors, le Vexin, le comté d'Auge et d'Aumale; qu'on me remette en même temps ma sœur Alix, détenue dans la chatellenie de Rouen.— Nous ne le pouvons, car Richard n'a point envoyé ses chartes scellées. —Eh bien! je saurai les avoir par la force. » Alors l'archevêque de Rouen s'approcha, la mître en tête,

---

[1] Grande Chronique de Saint-Denis, à l'année 1191.

l'étole au cou, et lui dit : « O roi ! ignores-tu que Richard est encore dans le saint pélerinage, et que l'Église protége ses domaines? Renonce à ton entreprise impie, si tu ne veux encourir les foudres de l'excommunication. — Oui, j'attendrai, dit le roi, mais peu de temps [1]. »

Philippe avait placé ses tentes près de Vernon, lorsqu'un sergent d'armes, paré de sa robe aux couleurs d'Henri d'Autriche, lui remit le message suivant : « *Henri, empereur des Romains, toujours auguste, à Philippe, roi de France, son cher et spécial ami, salut et affection :* Notre grandeur impériale sachant que vous vous réjouissez du bonheur dont il plaît à Dieu de nous honorer, nous avons cru devoir informer votre noblesse que Richard, roi des Anglais, l'ennemi de notre empire, le perturbateur de votre royaume, étant sur mer pour retourner en son pays, a fait naufrage aux côtes d'Istrie entre Aquilée et Venise, et s'est sauvé avec peu de personnes. Maynard, comte de Gortz, notre vassal, et les peuples de ces contrées, sachant que ce roi avait trahi la Palestine, et achevé de

---

[1] Benoît Peterborough, ad ann. 1192, et Raoul de Dicet, sous la même date.

la perdre, l'ont poursuivi dans le dessein de le faire prisonnier. Ils l'ont chassé devant eux, et pris d'abord huit de ses chevaliers; ce roi est ensuite arrivé dans un château de l'archevêché de Saltzbourg, et puis de là il a pris son chemin vers nos terres, marchant de nuit et à la dérobée. Léopold, duc d'Autriche, notre cousin, ayant fait examiner la route que ce roi tenait, et ayant mis du monde à ses trousses, s'est enfin emparé de sa personne dans une petite maison près de Vienne : comme il est maintenant en notre pouvoir, et qu'il s'est toujours attaché à vous chagriner et à troubler votre royaume, nous nous hâtons de vous en mander la nouvelle, persuadé qu'elle vous sera très agréable. Scellé à Vienne, en présence de notre bouteiller, le 5e des kalendes de janvier 1192 [1]. »

Pour se rendre compte de la conduite déloyale du duc d'Autriche envers Richard, pauvre et pélerin, il faut un peu revenir dans la Palestine, et reprendre les événemens de la croisade. Après le départ du roi de France,

---

[1] Ce qui correspond au mois de décembre de cette même année 1192, l'année ne commençant alors qu'à Pâques.— Roger de Hoveden, ad ann. 1192.

Richard demeura seul chargé du commandement suprême des barons et des chevaliers; le duc de Bourgogne et les Francs lui firent momentanément hommage : car le langage des fiefs s'employait aussi pour exprimer tous les devoirs de la vie militaire. Le bouillant suzerain ne cachait pas ses ressentimens contre Philippe-Auguste. « Après la prise d'Acre, écrivait-il à ses fidèles d'Angleterre, le roi de France a honteusement abandonné la Palestine au déshonneur éternel de sa personne et de son royaume[1]. » Cet ardent caractère ne pouvait long-temps maintenir l'intelligence entre les Francs et les Anglais naturellement rivaux; l'armée chrétienne, après être demeurée quelque temps dans les murs de Ptolémaïs, au milieu des plaisirs que fournissaient en abondance les courtisanes grecques et le vin de Chypre, résolut de marcher vers Jaffa. Richard, selon la coutume féodale, fit sommer et semondre tous les

[1] Scias quod post captionem Accon et post recessum Domini regis Franciæ a nobis apud Accon, qui ita *turpiter* peregrinationis suæ propositum et votum contra voluntatem Dei dereliquit in opprobium eternum sui et regni ipsius, etc...... Benoît Peterb. ad ann. 1191.

hommes de la Palestine, de venir le joindre avec leurs gonfanons et banderolles. Par ses ordres, l'évêque de Salisbury se rendit auprès de Conrad, marquis de Tyr, l'intime allié du roi de France, pour lui mander qu'il eût à se tenir prêt avec ses chevaliers : « Je n'irai pas, dit Conrad, car je ne me suis point fait le vassal de Richard. » Cette réponse hautaine apportée dans le camp y excita un bruyant murmure : « Allons tous vers Tyr, s'écrièrent les barons, pour venger une telle offense. » Quelque temps après et à la suite d'une vive dispute sur la couronne de Jérusalem, Conrad fut frappé par trois Ismaëliens que le vieux de la montagne avait envoyés. L'inimitié qui séparait Richard du marquis de Tyr, le fit accuser de ce meurtre. On présuma qu'il avait sollicité, par des présens secrets, le Prince des assassins de le délivrer d'un ennemi actif et dangereux.

Les prouesses merveilleuses de Richard, ses brillans coups de lance dans les plaines de Jaffa, ne pouvaient affaiblir les haines et les jalousies qu'il inspirait. Son indomptable fierté, son extrême avarice dans le partage du butin, avaient éloigné de sa personne la plupart des barons qui n'étaient point liés avec lui par les devoirs rigoureux d'une vassalité féodale et de territoire. Le duc de Bourgogne, avec ses chevaliers, s'était entièrement séparé, déclarant avec hauteur qu'il ne voulait plus obéir à Richard, son pair comme vassal de la couronne de France; il n'y avait donc plus sous le gonfanon du roi, que les barons d'Angleterre et quelques arrières-vassaux de Normandie, de Bretagne et de Guyenne, et les hommes du sire d'Avesnes.

Diverses causes contribuaient encore à augmenter ces soupçons et ces jalousies; on savait dans le camp que Richard était en correspondance intime avec Malek-Adel, qu'il appelait *du nom d'ami et de frère*[1] : il avait offert au prince infidèle de lui donner Jeanne de Sicile, sa sœur, en mariage; la jeune princesse devait apporter en dot les cités conquises par les Francs, et Malek-Adel aurait reçu de son frère Jérusalem et tout ce que les musulmans avaient pris sur les chrétiens; l'un et l'autre, conservant leur religion, devaient résider à Jérusalem. Ces propositions plaisaient beaucoup à

[1] Boha Eddin, an de l'hégire 587, dans les extraits déjà cités de M. Regnaud.

Malek, « et c'est moi, Boha Eddin, dit l'historien arabe de ce nom, qui fus chargé de la négociation »[1] : il y avait eu plusieurs conférences à ce sujet entre le roi et Malek-Adel. Une tente magnifique fut dressée aux avant-postes ; l'infidèle y vint dans ses habits somptueux, et Richard y conduisit sa sœur : on offrit des confitures et des rafraîchissemens, selon l'usage des princes ; Malek mangea des mets du roi, et le roi, de ceux du brillant Sarrasin.

On ne peut s'imaginer l'irritation que produisit dans l'esprit des évêques, des prêtres et des pieux chevaliers, cette intimité des rapports entre Richard et les Sarrasins. Ils allèrent trouver Jeanne de Sicile, et lui dirent qu'elle serait rebelle au Christ, si elle consentait à son union avec Malek-Adel[2]. On renonça aux projets de mariage, mais on n'en disait pas moins dans tout le camp que Richard avait trahi la cause des chrétiens.

Lorsque ce prince quitta la Palestine, après le traité conclu avec Saladin, il emporta plus de haines que de regrets ; il avait offensé pres-

[1] Boha Eddin, *ibid.*
[2] Ibn Alatir, an de l'hégire 587.

que tous les princes et les barons qui combattaient à ses côtés; la paix qu'il avait conclue avec Saladin paraissait aux yeux des prélats et des chevaliers comme une trahison et une lâcheté. Richard partit donc séparément de sa femme et sa sœur, et pour échapper aux embûches qu'il prévoyait bien qu'on lui tendrait, il prit l'habit des chevaliers du Temple; une large croix rouge ornait sa poitrine; il portait le long manteau blanc jeté sur les épaules : ses compagnons imitèrent son exemple, et l'on eût dit une troupe de chevaliers de la maison de Jérusalem allant quêter en Occident pour la croisade. Ils s'embarquèrent après la fête Saint-Michel (1193), sur trois galères, se dirigeant vers l'île de Corfou; là, ils louèrent, pour deux marcs d'argent, une petite barque qui les conduisit jusqu'à Raguse : quelques chroniques rapportent que la tempête les poussa vers ce rivage inhospitalier; craignant encore d'être reconnu, Richard ne prit avec lui que vingt de ses compagnons : tous laissèrent croître leur barbe et leurs cheveux; ils se revêtirent de longues robes à la manière des gens du pays [1]. « Mais,

[1] Roger Hoveden, ad ann. 1193.

s'écrie dans son enthousiasme poétique Guillaume-le-Breton, qui peut échapper aux coups du sort, et éviter les périls que le destin a d'avance assignés? A quoi sert que le seigneur se déguise et s'abaisse jusques aux fonctions du serf? Il a été bien inutile qu'il ait changé de vêtemens et dressé des mets dans les cuisines : Marius ne trouva pas un abri dans les marais de Minturnes, et le fils de Thétis, couvert du vêtement des jeunes filles, à la cour de Lycomède, ne peut se dérober au prudent Ulysse [1]. »

Il paraît qu'en effet le roi Richard s'était soumis aux fonctions les plus humiliantes, pour échapper aux recherches de ses ennemis : *il tornait la broche por cuire capon*[2], allait au marché avec un grand panier; mais la dépense qu'il faisait ainsi que ses compagnons, excitèrent une plus vive surveillance. Arrivé à Vienne, les officiers préposés aux péages féodaux remarquèrent que le chef de cette troupe de voyageurs avait à sa ceinture

---

[1] Guillaume-le-Breton, Philippéid., chant IV.
[2] MSS. du Roi, sur le trouvère Blondiau.

une brillante escarboucle : on savait que Richard venait de quitter la Palestine ; quelques soupçons s'élevèrent, les pélerins prirent la fuite, et les officiers du duc d'Autriche ne purent se saisir que de six chevaliers : toujours poursuivi par les habitans, Richard recourut à une nouvelle ruse ; il laissa derrière lui tous ses compagnons, excepté un seul écuyer, et leur recommanda de faire force dépenses pour détourner l'attention de la personne du roi ; quant à lui, il choisit deux bons chevaux, et, accompagné du seul écuyer, il vint se cacher en toute hâte dans un petit bourg auprès de Vienne. Accablé de fatigue, il se jeta sur un lit, afin de dormir quelques heures seulement : pendant cet intervalle, l'écuyer étant allé au marché voulut changer quelque monnaie ; il fut reconnu et pris : resserré dans une vieille tour, il indiqua la retraite de Richard ; c'est alors que les officiers du duc d'Autriche vinrent s'emparer de sa personne royale : Richard n'opposa aucune résistance [1], et fut conduit en présence du duc. « Quand on est morveux, on se mouche,

---

[1] Roger de Hoveden, ad ann. 1193.

roi d'Angleterre, lui dit le duc; rien ne peut plus te sauver : tu passeras par mes mains. Il me souvient du déshonneur que tu fis à mon gonfanonier devant Accon; tu déchiras ma bannière et la fis porter en vilain lieu [1]. » Le roi ne répondit rien, tant sa fierté s'était abaissée dans le malheur, et le duc le livra immédiatement à l'empereur d'Allemagne, pour qu'il en fît sa volonté.

Telles étaient les causes qui avaient amené la captivité de Richard, que l'empereur annonçait avec tant d'empressement au roi Philippe. Au lieu de gémir sur la triste situation d'un pélerin et d'un compagnon d'armes captif, le roi en manifesta une joie extrême; il festoya pendant plusieurs jours les messagers de l'empereur, et tout ne fut qu'abondance. Comme pour couronner sa conduite déloyale,

---

[1] Ce colloque se trouve dans la vieille Chronique de Saint-Denis, ad. ann. 1194. « Quand on a la morvre, on se muche; « ainsi avez-vous fait, roi d'Angleterre. Mais rien ne vous « vaut; par mes mains passerez : bien me souvient du déshon- « neur que vous portâtes à mon gonfanonier qui portait ma « bannière contre les Sarrazinois, que vous la déchirastes et la « fistes jeter en vilain lieu, en dépit de moi. » (Chron. Saint-Denis, t. XVII. — *Hist. de Fr.* de dom Brial, p. 378, not. B.

il se mit en communication avec Jean, comte de Mortagne, frère de Richard, qui cherchait à soulever les barons de l'Angleterre contre son frère absent, et à se faire proclamer roi. Un traité secret fut même entre eux arrêté.

« Ceci sont les conventions arrêtées entre Philippe, roi, et le comte de Mortagne. Le comte cède à Philippe toute la partie de la Normandie en-deçà de la Seine, vers Paris, excepté la ville de Rouen et deux lieues de territoire autour de ses murailles; le roi possédera dans la Touraine, la ville de Tours, les châteaux de Montrichard, de Loches et de Châtillon. Louis, comte de Blois, aura la seigneurie de la Châtre, Trie, Fréteval et Vendôme; le comte du Perche recevra dans la Normandie le château de Moulins; quant aux comtés de Toulouse et du Perche, il est reconnu qu'ils sont tout-à-fait en dehors de la mouvance des rois d'Angleterre. Le roi s'oblige à recevoir l'hommage du comte de Mortagne pour toute la partie de la Normandie, de l'Anjou, du Poitou et du Maine dont le comte demeure en possession; le comte s'engage à ne jamais traiter de la paix avec Richard, son frère, sans le consentement de son suzerain, et, à son tour, le roi s'oblige expressément à toujours comprendre le comte de Mortagne dans les traités qu'il pourrait conclure avec Richard [1]. »

Ce traité, dans lequel on se partageait les dépouilles d'un prince captif, fut suivi d'une autre convention secrète dans laquelle Jean, comte de Mortagne, consentait à épouser la princesse Alix, moyennant quoi Philippe s'engageait à l'aider de tout son pouvoir pour conquérir la couronne d'Angleterre, au préjudice de Richard [2].

Ces conventions étaient à peine conclues que le roi de France convoqua ses barons en parlement pour les exciter à la guerre. Dans le mois d'avril, après Pâques 1193, sa bouillante chevalerie était déjà sur le territoire normand. Gisors fut livré au roi par le châtelain ; les barons marchèrent en toute hâte sur Rouen : un hérault aux armes de France s'avança jusqu'au pied des murailles et dit : « Jean, comte

---

[1] Trésor des Chartes, *Angleterre*, 1. Act. 1. — Leibnitz, Cod. diplomat., p. 4.—Traités de Paix, édit. de Hollande, t. 1, ch. 39, p. 33.
[2] Roger de Hoved., Annal. Anglor., ad ann. 1193, p. 724.

de Mortagne, est devenu l'homme du roi pour l'Anjou et la Normandie. Le suzerain est venu ici en personne pour recevoir l'hommage de cette cité, qui est le chef des terres normandes; si vous ne faites aucune résistance, il sera votre seigneur bon et juste. » Les bourgeois répondirent : « Les portes vous sont ouvertes, entrez si vous voulez, personne ne vous résistera. » Philippe dit alors : « Je m'en vais prendre l'avis de mes hommes. » Et ses hommes lui conseillèrent de camper hors des murs [1].

Cette brusque invasion du territoire de Normandie étonna les barons d'Angleterre et la reine Éléonore, que son fils avait établie régente. La cour, les monastères, les cités étaient en deuil pour la captivité de leur suzerain; tous les pèlerins de la Palestine que l'on interrogeait sur le sort de Richard répondaient : « Las! nous l'avons laissé sur les rivages de l'Adriatique, et depuis nous ne pouvons vous dire ce qu'il est devenu. » On venait cependant d'avoir quelque nouvelle « par un varlet galant et ménestrel » qu'on appelait Blondel ou Blon-

[1] Roger de Hoved. ad ann. 1193.

diau, selon le langage des chroniques. Blondel, simple varlet de l'Artois, avait été uni, dès l'enfance, avec le roi Richard, qui aimait les vers et la science gaie; ils avaient même fait chansons et romans ensemble pour l'amusement des dames et des damoiselles. Lorsque la nouvelle de la captivité de son suzerain arriva en Angleterre, Blondiau jura par Thomas de Cantorbéry et sa dame de *querrir son seigneur en toute terre tant qu'il l'averoit trouvé.* Il se revêtit donc de l'habit de ménestrel en voyage, prit sa vielle et sa gigogne, et s'en alla toujours marchant. Or, il advint par aventure qu'il se trouva en Autriche devant une tour de la dépendance du duc Léopold. Blondiau, qui s'était *hébergié en châtelainie*, dit alors à son hôte : « Bel oste, y a-t-il prisonnier en la haute tor? — Oui, et d'un haut lignage, car des hommes d'armes veillent nuit et jour. » Le ménestrel satisfait de cette nouvelle demanda la permission de *séjorner*, ce qu'il obtint de la châtelaine, dont il avait fait sa dame. Le ménestrel demeura tout l'hiver, jouant *moult* airs sur sa vielle, cherchant à se bien mettre avec les vassaux et les hommes d'armes, comme un ménestrel gai et joyeux. Or, comme il était en pensée au pied de la tour, et voulant se faire connaître, il se mit à chanter une *cançon* qu'il avait faite autrefois avec Richard [1].

Blondel. « On ne peut vous voir, douce dame, sans vous aimer, mais votre cœur est plein de cruauté; je supporte mon mal avec patience, car je ne suis pas le seul malheureux. »

Lorsque le roi Richard eut entendu la voix de son ami, il répondit sur-le-champ, car il chantait fort bien, par l'autre couplet de la *cançon*.

Richard. « Aucune dame ne peut régner sur mon cœur si elle garde ses faveurs pour tous. J'aime mieux être détesté tout seul que d'être aimé avec d'autres. »

En entendant cette voie chérie, le ménestrel ne put retenir sa joie, et joua sur sa vielle le troisième couplet, pour faire comprendre à Richard qu'il l'avait reconnu. Il vint donc trouver le châtelain son hôte et lui dit : « Beau

---

[1] Tous ces détails se trouvent dans une petite chronique sur le trouvère Blondiau ; elle est à la Bibliothèque du Roi, dans les MSS.

sire, je m'en irai volontiers en mon pays, s'il vous plaît m'en donner congé. » Il l'obtint avec force *larmes pleurées*. Ce fut alors que Blondel traversant l'Allemagne vint annoncer à la reine Éléonore dans quel lieu le roi Richard était captif.

C'étaient, cependant, ces tristes circonstances que choisissait Philippe Auguste pour envahir les États de Richard. Les barons d'Angleterre, divisés par la guerre civile, ne pouvaient se réunir en force pour combattre. Le roi de France profita de tous ces embarras pour leur imposer les plus dures de toutes les conditions [1] : « Les barons de Richard s'en remettaient au jugement du roi pour toutes les terres dont celui-ci s'était emparé; il pourrait les rendre ou les garder à sa convenance. Les Anglais devaient assurer 500 livres angevines de revenus à Louis, comte de Blois, et s'acquitter absolument envers le comte Thibaut; la mouvance des comtés d'Angoulême et de Gournay était assurée au roi de France. Les comtes de Meulan et du Perche étaient

---

[1] Roger de Hoved. Ann. Angl., ad ann. 1193.

remis en possession de tout ce qui leur appartenait en Normandie et en Angleterre; Richard devait payer à son retour 20 mille marcs d'argent; Philippe retenait en gage Loches, Châtillon, Drincourt et Arques, qui seraient gardées par les hommes d'armes de France, mais aux frais de son vassal Richard.

Cet injuste traité fut scellé par l'évêque d'Ély, chancelier d'Angleterre, Guillaume des Roches, Jean Depreaux et Guillaume de Brivière; tous jurèrent que Richard exécuterait la convention à son retour, et qu'il en donnerait sa charte quarante jours et quarante nuits après la sommation; Philippe exigea même des ôtages; Robert de Harcourt, Chrétien de Longchamps s'engagèrent sur leur foi à se rendre aux prisons de Paris, si le traité n'était pas ponctuellement rempli. Tout autre prélat ou baron qui serait désigné par le roi comme ôtage devait immédiatement venir sur sommation à la grande tour du Louvre pour y demeurer captif.

Non-seulement Philippe imposa ce traité contre les lois de l'honneur, de la religion et de la chevalerie, mais en même temps il écrivit dans les termes suivans, de concert avec Jean d'Angleterre, à l'empereur Henri II : « Tenez bien Richard captif dans une prison « perpétuelle, ou au moins détenez-le jusqu'à la « Saint-Michel 1194 ; nous en avons besoin. De- « mandez-nous ce que vous voudrez pour cela, « nous vous l'octroyerons [1]. » Philippe et le comte pensaient, au moyen de ce délai, pouvoir s'assurer les bénéfices de leur déloyale alliance contre un vassal et un frère ; ils voulaient mettre à exécution leur traité secret : l'un par rapport aux fiefs anglais en France, l'autre pour usurper la couronne d'Angleterre.

Pendant ce temps, la reine Éléonore s'adressait à toute la chrétienté pour réclamer la liberté de Richard ; la rhétorique redondante de Pierre de Blois retraçait au Souverain Pontife les douleurs maternelles et le deuil des sujets d'Angleterre » ; la majesté royale n'avait point été respectée ; et l'habit de pèlerin n'avait pu protéger un preux chevalier, défenseur du Saint-Tombeau ; celui que l'épée du Sarrasin n'avait

---

[1] Roger de Hoveden, ad ann. 1194. — Dans les *Hist. de Fr.*, t. XVII, p. 562.

pu atteindre était tombé victime de la trahison, de la perfidie [1] ». Comme on accusait Richard du meurtre de Conrad, marquis de Montferrat, tombé sous les coups des Ismaéliens, on fit courir en Occident une lettre vraie ou supposée du Vieux de la Montagne.

« *Le Vieux de la Montagne à Léopold, duc d'Autriche* : Comme plusieurs rois et princes d'outre-mer inculpent Richard, roi des Anglais, de la mort du marquis, je jure par le Dieu qui règne et la loi que nous suivons, qu'il n'en est pas l'auteur. En voici la cause : un de nos frères, qui venait de Satélie sur un de nos bâtimens, fut jeté par la tempête vers le rivage de Tyr, et là le marquis l'a fait tuer ; ses hommes ont saisi tout ce qu'il avait. Lorsque nous avons eu connaissance de cet événement, nous avons envoyé nos messagers au marquis, afin qu'il voulût bien nous rendre ce qu'il nous avait pris, et payer la composition pour la mort de notre frère. Le marquis n'a pas voulu les entendre, et a imputé le vol dont nous avions à nous plaindre à Regnauld, seigneur de Sidon. Comme j'ai ensuite appris

---

[1] Rimeri Fœdera, t. 1.

d'une manière certaine qu'il en avait menti, j'ai de nouveau envoyé mes messagers ; au lieu de me répondre, il les a fait jeter dans l'eau ; désirant donc venger un outrage fait à ma personne et à ma souveraineté, j'ai résolu de tuer le marquis, et c'est pourquoi j'ai envoyé deux de mes frères qui l'ont frappé en présence de ses gardes; or, sache, duc d'Autriche, que nous ne faisons tuer personne pour un salaire, et, par conséquent, que nous n'avons rien reçu de Richard. Nous ne donnons la mort que pour nous venger. Nous t'écrivons cette lettre à notre grand château de Shellia, l'an d'Alexandre 1505.[1] »

La captivité de Richard faisait une impression trop forte dans la chrétienté; elle était en opposition trop évidente avec les opinions contemporaines sur la sainteté du pélerinage

---

[1] Raoul de Dicet, *Imagin. hist.*, ad ann. 1193. On a élevé quelques doutes sur l'authenticité de cette lettre : nous ne la défendrons pas ; nous dirons seulement que M. Michaud n'en a pas lu bien exactement le texte, lorsque pour en combattre l'authenticité, il a dit qu'elle portait pour suscription l'année du pontificat du pape Alexandre, ce qui était plus que singulier dans une lettre d'un musulman; c'est de l'année d'Alexandre-le-Grand qu'elle est datée, ou de l'ère macédonienne encore employée par les populations de la Syrie.

et l'inviolabilité du croisé, pour qu'elle se pût prolonger long-temps. Il était donc impossible à l'empereur d'accéder aux desseins du roi de France et du comte de Mortagne. Tous les barons et les prélats d'Angleterre agissaient auprès du pape et de l'empereur. Cette année 1194, Richard fut conduit devant Henri II, alors à Haguenau, et ce prince lui parla en ces termes : « Roi des Anglais, il n'y a pas bien long-temps encore que tu nous as fait la guerre, en t'unissant par un traité à Tancrède de Sicile, pour dépouiller ma femme.

Richard. Que celui qui m'accuse de trahison vienne tout armé ; qu'il consente à entrer dans la lice pour me convaincre sur ce point : j'ai encore assez de courage pour vendre chèrement la victoire ; qu'on fasse donc ce qui est prescrit par le droit féodal. Si j'ai combattu pour ma sœur dans la Sicile, je n'ai point pour cela offensé ton empire ; je défie tes chevaliers de le prouver [1].

Henri. N'as-tu pas touché dans la Syrie les pièces d'or de Saladin ? N'as-tu pas livré les

---

[1] Guillaume le Breton, *Philippéide*, chant v.

serviteurs du Christ à ses ennemis? N'as-tu pas consenti à ce que Gaza, Joppé, Ascalon, fussent rasés? N'as-tu pas livré au poignard des assassins le cœur de ton suzerain, Philippe de France.

Richard. Par saint Gréal, ceux qui ont dit ces paroles en ont menti; qu'on m'ouvre la barrière et le champ clos selon le droit. O Seigneur! prends pitié de mon pélerinage; ne souffre pas que mon frère usurpe mon royaume; tandis que je suis captif, Philippe s'empare à son gré de mes châteaux et de mes cités. Tu n'es prince que depuis peu, tu dois avoir besoin d'argent pour t'assurer les hommages de tes barons; rends-moi la liberté, je te donnerai un bon nombre de marcs d'argent et d'écus; à quoi te sert de me retenir captif? Ta gloire n'est point rehaussée parce que tu t'es emparé d'un prince désarmé!

Henri. Eh bien! fais ce que tu dis, donne-moi une bonne rançon, et je te mettrai en liberté. »

Depuis ce parlement de Haguenau, Richard fut mieux traité par l'empereur. L'évêque d'Ely était depuis quelque temps arrivé en Allemagne, et était parvenu à faire entendre à l'empereur Henri que son intérêt réel lui commandait de rendre la liberté à Richard. Le prince anglais s'empressa d'annoncer la nouvelle de sa prochaine délivrance à ses barons et justiciers d'Angleterre, afin de réveiller leur confiance et d'exciter leur zèle pour recueillir sa rançon. Cette lettre, pleine d'éloges pour l'empereur, se ressent peut-être un peu de la triste position du roi captif.

« *Richard, roi d'Angleterre, duc de Normandie et d'Aquitaine, comte d'Anjou, à la reine Éléonore sa mère, à ses justiciers, et, en général, à tous ses fidèles :* « Qu'il soit bien connu de vous tous que notre chancelier Guillaume d'Ély, portant amiablement la parole entre nous et l'empereur, a obtenu que de l'étroite tour où nous étions retenu captif, nous fussions conduit en la présence de Henri, qui nous a très bien reçu; nous avons contracté une paix mutuelle à l'égard de tous les sujets qui vivent sous notre droit; nous resterons auprès de l'empereur jusqu'à ce que nos affaires soient finies, et que nous ayons payé les six cent mille marcs d'argent dont nous lui sommes redevables pour la rançon. C'est pourquoi nous vous prions, ô nos fidèles, de subvenir à nos besoins, et de faire tout votre possible pour recueillir beaucoup de sterlings. Tout ce que vous recevrez des églises et des barons sera mentionné sur des registres, et vous en ferez des chartes de reconnaissance, car vous pouvez promettre que tout ce qui sera donné pour la rançon sera fidèlement restitué. Choisissez aussi les ôtages qui doivent répondre de ma parole, de manière que ma liberté ne puisse en aucune manière être retardée. Il faudra remettre à ma mère et à ceux qu'elle désignera tout l'argent que vous pourrez obtenir. Vous pouvez dire à mes barons que je réglerai mon amitié pour eux sur l'argent qu'ils me fourniront en cette circonstance. Plus ils s'empresseront de subvenir à mes besoins, mieux ils seront récompensés. Pour certifier tout ce que je vous dis, notre chancelier vous portera nos chartes et la bulle d'or de l'empereur [1]. »

Philippe et le comte de Mortagne furent

---

[1] Roger de Hoved., ad ann. 1193. — Dom Bouquet, t. XVII, p. 557.

désespérés d'apprendre que Richard allait être mis en liberté. Ils envoyèrent de nouveaux messages à l'empereur : « Gardez-vous de délivrer Richard, car vous vous en repentiriez. Ne savez-vous pas qu'il nous menace tous? Voulez-vous la moitié de ce qu'il vous offre pour sa rançon, à condition que vous le garderez dans un château-fort? ou bien même confiez-nous-le; nous en prenons la responsabilité. » Ces messages arrivèrent trop tard, le traité suivant avait été conclu [1].

Voici les formes de composition entre le seigneur empereur, toujours auguste, et le seigneur Richard, roi d'Angleterre.

« Le seigneur empereur enverra ses hommes à Londres, et là ils recevront cent mille marcs d'argent pur au poids de Cologne. Cet argent sera vérifié et pesé en leur présence; ils en dresseront une charte de quittus. S'il se perd quelque chose durant le voyage, cette perte sera supportée par le roi, tant que l'argent n'aura pas quitté son domaine, et par l'empereur, si c'est sur les terres de l'empire. Les

---

[1] Roger de Hoveden, ad ann. 1193.

autres cinquante mille marcs seront payés à l'empereur et au duc d'Autriche, et comme garantie, il sera donné soixante ôtages à l'empereur et sept au duc. Cette condition étant exécutée, le roi sera libre, et conduit jusque sur les frontières de l'empire. Richard oblige, dans les six mois, d'accorder pour épouse au duc d'Autriche sa nièce, fille du duc de Bretagne; il la fera conduire jusques en Allemagne; là, le duc d'Autriche la verra, l'examinera bien, et si elle lui convient, il l'épousera; tandis que si elle lui déplait, il pourra la renvoyer à son oncle. » Cette charte est scellée du sceau royal d'Angleterre et de la bulle d'or de l'empire [1].

Après avoir signé ce traité, Richard envoya charte sur charte aux barons et aux communes d'Angleterre pour leur demander de l'argent. Il paraît que ni les barons ni les bourgeois ne se pressaient d'exécuter les conditions du traité; car dans un de ses sirventes poétiques, Richard s'en plaint amèrement.

« Un prisonnier ne parlera jamais de son sort qu'avec la douleur dans l'ame; mais pour

[1] Rimer Fœdera, t. 1, rapporte le texte de ce traité.

charmer les ennuis de sa captivité, il peut bien faire une *cançon*. J'ai beaucoup d'amis, mais les pauvres dons que j'en reçois! Ne doivent-ils pas rougir de me laisser près de deux hivers dans la captivité, faute de rançon[1]!

« Or, qu'ils sachent mes barons anglais, normands, gascons et poitevins, que je n'eus jamais si misérables compagnons dont je ne voulus payer la délivrance. Je ne prétends pas leur faire un reproche, mais je suis encore prisonnier!

« Il est trop vrai, homme mort n'a ni amis ni parens, puisque pour de l'or et de l'argent on m'abandonne. Je souffre encore plus de la dureté de mes amis. Quels reproches n'auront-ils pas à se faire si je meurs dans cette longue captivité?

« Ma douleur ne m'étonne point : le roi de France, mon seigneur, porte la désolation

---

[1] Voici le texte d'une strophe de ce sirvente :

« Ja nus hom pris non dirà sa raison
« Adreitement so com hom dolent non
« Ma per conort pot il faire cançon
« Pro a d'amis, mas poure son li don
« Onta i oron, se por ma reeson
« Soi fait dos yver pris. »

MSS. Sainte-Palaye. Il a été analysé par Millot, *Hist. des Troubadours*, p. 61.

dans mes terres, malgré le serment que nous avons fait pour la liberté commune; mais une chose me rassure : non, je ne tarderai pas à briser mes chaînes.

« Chansonniers mes amis, vous que j'ai aimés et que j'aime encore, chantez l'infamie de mes barons qui m'abandonnent, et la honte de mes ennemis qui attaquent Richard captif. Tous agissent en vrais vilains discourtois, ils me font la guerre tandis que je suis sans liberté.

« Comtesse de Solre, Dieu garde votre souverain mérite; je vous invoque moi, pauvre prisonnier[1] ! »

Il paraît que plusieurs barons anglais se souciaient peu du retour de Richard, qui avait multiplié les exactions pendant son règne; ils préféraient peut-être le comte de Mortagne, trop faible pour attaquer leurs priviléges. Le comte Robert de Nunant, qu'on avait désigné pour otage, sommé de remplir son devoir féodal, refusa positivement, disant : « Je ne suis plus l'homme de Richard, mais celui

[1] Cette invocation à une dame se trouve à la fin de toutes les poésies des troubadours.

du comte de Mortagne, son frère. » Cependant la captivité du prince étant un des cas féodaux pour lesquels les barons devaient aide d'argent et de corps à leur seigneur, les cours de justice, sur la demande d'Éléonore, prononcèrent plusieurs amendes contre les barons récalcitrans, et Richard écrivit charte sur charte, de manière qu'ils se mirent en mesure d'exécuter le traité conclu. Les otages partirent de Londres avec des mulets chargés d'argent; chaque fief militaire avait payé vingt sous; tous les laïques donnèrent la quatrième partie de leurs revenus; les évêques acquittèrent la même charge, et les clercs la dîme sur tous leurs biens; ces impôts ayant été perçus aussi bien sur le continent qu'en Angleterre, produisirent des sommes considérables qui furent transportées à Douvres où se trouvaient les envoyés de l'empereur; là on pesa les sacs; on les trouva tous complets et bien remplis [1].

La rançon étant ainsi acquittée, l'empereur mit Richard en liberté. Par une charte scellée, il lui donna même, selon les conventions se-

[1] Roger de Hoveden, ad ann. 1193.

crètement arrêtées, la souveraineté de plusieurs terres, savoir : la Provence, le Viennois, Marseille, Arles, tout ce que l'empereur prétendait avoir depuis le Rhône jusqu'aux Alpes, la Bourgogne, les hommages du roi d'Aragon, du comte de Die et du comte de Toulouse, droits réellement contestés, et que les empereurs n'avaient jamais exercés que nominativement. L'époque du départ fut fixée à un terme très rapproché. Richard se hâta de l'annoncer à l'archevêque de Cantorbéry, primat d'Angleterre, aux barons et aux communes. « Comme je suis certain, leur disait-il, que vous désirez ma liberté et que vous l'apprendrez avec joie, je vous annonce qu'elle est maintenant assurée; l'empereur me la rendra tout entière le vingtième jour de la lune après la Nativité. Le dimanche suivant, je recevrai la couronne de Provence qu'il m'a accordée. Donné à Spire, le 22 décembre[1]. »

Le roi Richard avait manifesté de si profonds ressentimens contre Philippe-Auguste et le comte de Mortagne pendant ses deux ans de captivité, que l'empereur crut devoir pré-

[1] Rimer Fœder., t. 1.

venir ces deux princes, ses alliés, du départ de son prisonnier. « Allons, leur écrivit-il dans une charte, allons, tenez-vous sur vos gardes, car le diable est déchaîné, mais je n'ai pas pu faire autrement [1]. » Richard partit le 12 janvier de Spire et obtint un sauf-conduit sur les terres d'Allemagne. Il visita Cologne, où les princes de l'empire assemblés apposèrent leur scel sur une lettre qu'ils adressèrent communément au roi de France; ils le sommaient de rendre à Richard toutes les terres, villes et châteaux dont il s'était emparé pendant que son royal compagnon était pèlerin ou captif. S'il se refusait à faire cette restitution, tous les princes promettaient au roi anglais de l'aider à les reconquérir par la force. Cette lettre était scellée par les archevêques de Mayence et de Cologne, l'évêque de Liége, les ducs d'Autriche, de Louvain, de Souabe, le comte Palatin du Rhin [2]. Philippe, loin d'y répondre, cherchait toujours, de concert avec le comte de Mortagne, à soulever les barons d'Angleterre contre leur droit souverain. Richard avait

[1] Raoul de Dicet, ad ann. 1194.
[2] Roger de Hoveden, ad ann. 1193.

à peine quitté Cologne qu'Adam de Saint-Edmond, clerc du comte de Mortagne, s'était rendu en Angleterre, afin de soulever le plus de barons qu'il pourrait contre Richard, et, en tous les cas, de fortifier les châteaux et les fiefs de son maître. Il vint en conséquence à Londres, et reçut l'hospitalité d'Hébert, archevêque de Cantorbéry. Étant à table, échauffé par le vin, et dans l'abondance des paroles d'un après-diné, il dit au prélat : « Sire archevêque, le comte Jean est riche ; il est dans la plus intime familiarité du roi de France, qui lui a fait don des châtellenies de Driancourt et d'Arques [1]; Philippe donnerait bien davantage s'il avait quelques hommes sur lesquels il put compter. » L'archevêque l'interrompit en lui disant : « Ne parle pas ainsi, traître. » Cependant, on ne fit aucune violence au clerc tant qu'il demeura dans la maison et à table, à cause de l'hospitalité [2]; mais en sortant, le maire de Londres le toucha de

---

[1] Roger Hoveden dit : Multa jactans de prosperitate domini sui et de familiaritate regis Franciæ. ad ann. 1193.

[2] Sed nemo misit in eum manum propter reverentiam mensæ. Ibid. ad ann. 1193.

son bâton blanc; il fut saisi par les justiciers. On trouva sur lui des chartes adressées en commun par Philippe et le comte de Mortagne à presque tous les barons et prélats des domaines d'Angleterre. On les invitait à proclamer le comte Jean, et à se dispenser ainsi de payer la rançon de Richard, coûteux devoir de la féodalité. La trahison était évidente, aussi bien pour le clerc de Saint-Edmond que pour le comte de Mortagne lui-même qui avait signé ces chartes. En conséquence, l'archevêque de Cantorbéry convoqua la cour des barons, et tous unanimement déclarèrent le comte Jean déchu de ses fiefs d'Angleterre et de toutes ses possessions dans les comtés, terres et dépendances de la couronne des Plantagenets.

C'est dans ces circonstances favorables, au milieu de cette expression presque unanime de fidélité, que Richard arriva en Angleterre. Il y fut reçu avec enthousiasme; les barons oublièrent leurs intérêts féodaux, et ceux-là qui avaient secrètement négocié avec le comte de Mortagne ne furent pas les derniers à manifester avec vivacité leur dévoûment au roi. Ce prince avait éprouvé tant de malheurs durant une longue et triste captivité, qu'il s'attachait à sa personne ce sentiment mélancolique qui naît à l'aspect de grandes infortunes. Tous les barons et les prélats accoururent prêter un nouveau serment à leur suzerain. Il fut couronné une seconde fois à Londres avec toutes les pompes de son avénement, afin de raffermir la fidélité incertaine. Les barons et les communes se hâtèrent de lever des hommes, et de fournir de l'argent. La cité de Londres offrit à elle seule trois cent mille sterlings. Richard montra en cette circonstance une douceur et une urbanité qui lui étaient peu habituelles; il ne voulut rien faire sans le conseil et l'avis de ses barons; pendant quatre jours, il tint sa cour plénière à Nottingham. Il y parut sa couronne d'or sur la tête, sceptre en main, et un bâton de commandement surmonté d'une espèce de colombe[1]. La guerre contre Philippe fut décidée, ainsi que la confiscation des fiefs du

---

[1] Et in manu sinistra virgam auream in cujus summitate habetur species columbæ. Hoved., ad ann. 1193.

comte de Mortagne; on imposa chaque espace de terre que la charrue pouvait labourer deux sous pour les frais de l'expédition. Enfin, le 2 mai, Richard se mit en mer malgré le gros temps qui s'était élevé; sa flotte, battue par la tempête, relâcha dans le port de Portsmouth, et vint aborder deux jours après sur les côtes de Normandie.

CHAPITRE X.

Préparatifs de Philippe-Auguste pour de nouvelles batailles. — Trahison du comte de Mortagne. — Siége de Verneuil. — Défaite de Fréteval. — Prise des chartes et du trésor de la couronne. — Trèves et nouveaux combats. — Défis pour un combat singulier entre Philippe et Richard. — Traité provisoire. — Traité définitif. — Opposition violente de l'archevêque de Rouen, qui lance un interdit sur la Normandie.

1194—1196.

Philippe-Auguste avait à peine appris l'arrivée de Richard en Angleterre, qu'il s'était préparé à une guerre à outrance; les messagers parcouraient les châteaux des barons pour les *semondre* à prendre les armes; les communes, elles-mêmes, avaient fourni leur contingent en hommes et en deniers; Richard n'était point encore débarqué en Normandie, que déjà les chevaliers, sous le gonfa non de France, avaient envahi cette province. « Philippe était à Vaudreuil, au point où l'Eure baigne ces contrées *de ses eaux divines*[1]. » Le comte de Mortagne occupait Evreux, protégé par ses hautes murailles. L'union la plus intime paraissait régner entre eux, et le roi de France lui avait, par ce motif, confié cette cité importante de la Normandie; mais le comte ayant appris la confiscation de ses fiefs en Angleterre, la soumission de presque tous les barons anglais à son frère, craignit les suites de sa trahison; de concert avec Richard ou peut-être seul, mais pour gagner ses bonnes grâces, il tenta de séparer violemment sa cause de celle de Philippe, son allié. Le comte avait sous ses ordres trois cents lances de France et près de cent cinquante archers anglais; dépassant tous les tyrans de la Sicile par la méchanceté de l'ame[2], Jean invite à un festin tous les Français qu'il put trouver à Evreux, et les chevaliers et les servans d'armes, à l'exception d'un petit nombre que le hasard fit demeurer dans la citadelle. Ceux-ci donc ayant déposé leurs

[1] Guillaume-le-Breton, Philippéide, ch. v.
[2] *Ibid.*

armes, le prince, après les avoir tous rassemblés dans un seul château où ils croyaient se réunir pour dîner, appela tout à coup du sein de leur retraite ses Anglais armés, et enveloppe trois cents hommes dans un même massacre; puis ayant fait attacher leur tête à des piques brûlantes, il les promène tout autour de la ville (spectacle épouvantable), afin d'ajouter, s'il était possible, à la douleur du roi par une action si monstrueuse; c'est ainsi que, dans les légendes, jadis Horse et Hengist massacrèrent d'une semblable manière tous les barons de la Bretagne, qu'ils avaient traitreusement invités à un festin et qu'ils firent envelopper par des Anglais [1]. »

Cet acte d'une déloyauté barbare sanctionna la réconciliation du comte de Mortagne et de son frère. Jean fut accueilli sous les tentes anglaises; cependant Richard ne voulut pas lui confier les fiefs confisqués; il avait contre lui de trop vifs ressentimens, et il craignait d'ailleurs de nouvelles trahisons.

[1] Vieille légende bretonne. — Philippéide de Guillaume-le-Breton. — La Chronique de Saint-Denis dit que « la gent de France fut décolée. »

Le roi Philippe assiégeait le château de Verneuil lorsqu'il apprit le massacre des chevaliers de France : « Aux armes, aux armes, s'écria-t-il; que le gonfanon de deuil soit arboré sur ma tente. » Un sentiment d'honneur et de vengeance retenait les Français devant Verneuil, car les habitans[1], race infiniment méchante et accoutumée à aiguiser la méchanceté de leur langue brutale, avaient peint sur le pont même du château, la figure de Philippe, affublé d'un bonnet, une massue en main, le tout en signe de mépris. Cependant le roi quitta le siége, et, à la tête d'un petit nombre de chevaliers, se précipita sur Evreux; les citoyens qui n'étaient pas soutenus encore par la présence des Anglais, prirent la fuite, et le roi ordonna de livrer leurs maisons aux flammes et au pillage des *ribauds*. » Après cette expédition les troupes de France revinrent à Verneuil pour en continuer le siége; mais la plupart des barons que le roi y avait laissés lors de son départ, s'étaient retirés; ils prétendaient que le temps de leur service était fini et qu'ils ne devaient

---

[1] Philippéide de Guillaume-le-Breton, ch. v.

plus rien à leur suzerain. Philippe les menaça de la confiscation de leurs fiefs; quelques uns revinrent, mais en petit nombre.

Pendant ce temps, le roi Richard assiégeait Arques, à la tête d'un grand nombre de chevaliers d'Angleterre et de Normandie; les vaillans barons de France ne voulurent point le laisser tranquille, et vinrent plusieurs fois essayer leur valeur contre les vassaux du roi Anglais : A la lance! à la lance! criaient-ils, et à cet appel connu dans le camp, une foule de preux chevaliers venaient s'essayer dans les joutes. Dans un de ces combats, Jean de Leicester frappa Mathieu de Marle, et lui transperça les deux cuisses de sa lance; et Mathieu le frappant à son tour dans la poitrine, de la pointe ferrée de son épieu, le força de marquer, sur la terre fraîchement remuée, l'empreinte de son corps immense, et de subir la captivité, en se confessant vaincu [1].

Les exploits des chevaliers de France et d'Angleterre étaient empreints du caractère général des guerres féodales. Les rois se por-

---

[1] Philippéide de Guillaume-le-Breton, ch. v.

taient sur un point, fuyaient de l'autre, sans jamais en venir à une action décisive où le talent et la valeur auraient pu se déployer. Le plus grand nombre des feudataires se retiraient à mesure que le service particulier de leurs domaines était accompli, de sorte que l'ambition guerroyante des deux rois ne pouvait qu'imparfaitement se satisfaire. Dans cette situation, les évêques prièrent à mains jointes qu'on fixât un parlement pour arrêter des trèves; l'archevêque de Reims, le comte de Nevers, de Bar, et Anselin, doyen de Tours, furent députés par Philippe-Auguste; le prince anglais désigna l'archevêque de Rouen, le connétable et le sénéchal de Normandie. Le 17 juin, au Val-de-Rueil, une convention fut arrêtée par les envoyés. On convint préliminairement que chacun garderait les châtellenies, et terres dont il serait réellement détenteur, les fortifierait selon qu'il le jugerait à propos; qu'on pourrait en même temps reconstruire les granges détruites par la guerre, et recueillir les moissons comme en pleine paix[1].

[1] Roger de Hoved. Ann. Angl., ad ann. 1193.

Les députés portèrent les clauses de ce traité à Philippe, qui dit : « Puisqu'on veut suspendre les guerres, que tous mes vassaux et ceux du roi anglais y soient compris, et qu'ils ne puissent faire batailles entre eux. » Richard répondit : « Je ne le puis, car les coutumes d'Anjou s'y opposent; les comtes et les barons peuvent toujours vider leurs différends par les combats à outrance, je ne puis l'empêcher [1]. » En même temps il adressa la charte suivante à l'évêque de Salisbury : « Que tous ceux qui veulent faire des tournois et des guerres privées sachent que je ne veux point les empêcher, pourvu qu'ils paient la redevance d'usage, savoir : que le comte me donne vingt marcs, le baron dix, le chevalier possédant fief quatre, et le simple chevalier deux; qu'Herbert Gauthier, grand justicier d'Angleterre, soit chargé de lever cette redevance [2]. »

Ces ordres donnés par Richard irritèrent Philippe-Auguste, qui ne voulut plus entendre parler de trêve, et continua la guerre

---

[1] Roger de Hoved., Ann. Angl., ad ann. 1193.
[2] Rimer Fœder., t. 1.

avec fureur. « [1] Les fils de la France allèrent piller une ville puissante en richesses, nommée Dieppe, et la réduisirent en cendres. Comme ils revenaient ainsi chargés de bons écus d'or, Richard s'étant posté au débouché d'une certaine forêt avec beaucoup de chevaliers armés à la légère, leur enleva, dans une embuscade, un grand nombre d'hommes chargés de butin ». A l'approche de Philippe, le roi des Anglais se retira dans le Berry. C'est dans cette course que les barons de France éprouvèrent une triste défaite. « Entre Fréteval et le château de Blois [2] est un lieu célèbre nommé Beaujour, perdu en quelque sorte au milieu des bois, et enfoncé dans de noires vallées. Le roi était par hasard en ce réduit avec ses barons, et vers la matinée, il prenait son repas, tandis que les troupes cheminaient avec les chariots et les chevaux chargés d'armes, de vases et de toutes les choses nécessaires pour l'usage d'un camp. Tout-à-coup le roi des Anglais s'élance de sa retraite et disperse facilement ce peuple de

[1] Philippéide de Guillaume-le-Breton, ch. v.
[2] Ibid.

chevaliers désarmés; il tue, emmène les chevaux, les hommes, les charriots et les bagages, les vases de cuisine que l'or et l'argent rendaient éclatans et plus précieux que tous les autres. Le ravisseur perfide n'épargna pas davantage les petits tonneaux tout remplis d'écus, non plus que les sacs qui renfermaient les ornemens, les registres des impôts et les papiers du fisc; le sceau royal fut enlevé, et le roi éprouva, dans cette circonstance, une perte incalculable [1].

« On n'était pas encore au premier moment du repos quand tout à coup on crie : aux armes! Tous les hommes accourent pêle-mêle; nul ne s'informe s'il s'empare des armes qui lui appartiennent ou de celles de son compagnon, et chacun prend pour lui les épées et les lances qu'il trouve à sa portée. Mais déjà chargés de dépouilles, les ravisseurs s'étaient prudemment dispersés dans les bois

[1] Voici comment s'exprime à cette occasion la Chronique de Saint-Denis : « Li roi Richars qui se fu mis en embuschemens « pour lui grever sil peut, salit soudainement du bois à grand « compagnie de chevaliers armés, et prit les sommiers du roi « qui portoient les deniers et la vaisselle d'argent. » (Chroniq., ad ann. 1194.)

et dans les vallées lointaines, où le roi ne pouvait conduire ses hommes d'armes. La perte fut immense; Philippe ordonna de tout réparer, mais on ne put rétablir qu'avec une peine infinie les registres par lesquels on connaissait à l'avance ce qui était dû au trésor, quel était et à combien se montait ce que chacun étoit tenu de payer à titre de cens, de taille ou pour droit féodal, quels étaient ceux qui en étaient exemptés, et ceux qui étaient condamnés aux corvées, quels étaient les serfs de la terre et les serfs du corps; enfin par quels devoirs un affranchi était encore lié envers son patron. Gautier le jeune procéda à ce travail; il prit pour lui cette rude tâche, et rétablit toute chose dans son état légitime, comme Esdras rétablit tous les livres de la loi qui avaient été détruits par l'impiété chaldéenne[1]. »

Après l'échec de Fréteval, si fatal à notre histoire nationale, la guerre prit un caractère d'animosité encore plus vif. Richard se porta en toute hâte à la tête de ses bandes d'aventuriers brabançonnais, conduites par

[1] Philippéide de Guillaume-le-Breton, ch. v.

Mercader vers le Poitou, afin de punir Geoffroi de Rancon, comte d'Angoulême. Vassal des Plantagenet, le comte s'était fait l'homme du roi de France; Richard ne pardonnait pas ces parjures; il prit donc au comte ses châteaux fortifiés et ses communes, et se hâta d'annoncer ses succès à l'Archevêque de Cantorbéry. « Sachez, bon évêque, que nous avons pris Taillebourg et Marcillac, et toutes les terres de Geoffroi de Rancon dans le comté d'Angoulême. Angoulême ne m'a coûté qu'une matinée, quoique cependant, dans toutes ces terres, j'aie trouvé près de trois cents chevaliers et quarante mille hommes de corps. Je t'écris ceci d'Angoulême, le 22 du mois de juin (1194)[1]. »

Dans cette course militaire, le roi Richard s'efforça de réveiller l'esprit guerrier et batailleur de ses barons; dans une sirvente que le roi-troubadour adressa au dauphin d'Auvergne et au comte Guy son cousin, il dit : « Dauphin, et vous, comte Guy, répondez-moi ! Qu'est devenue l'ardeur martiale que vous fîtes éclater dans votre ligue contre l'ennemi commun ?

[1] Roger de Hoved., ad. ann. 1194.

Vous me donnâtes votre foi, et vous l'avez tenue, comme le loup au renard, à qui vous ressemblez par vos cheveux roux; vous avez cessé de me servir, sans doute dans la crainte de n'être pas payé, car vous savez qu'il n'y a pas d'argent à Chinon. Vous préférez l'alliance du roi de France à la mienne; mais peu m'importe : Richard, son gonfanon à la main, vous prouvera qu'il est bon ennemi. Je vous ai vu autrefois aimant la magnificence; mais depuis, l'envie de construire de forts châteaux vous a fait abandonner les dames et la galanterie : vous avez cessé de fréquenter les cours plénières et les tournois; gardez-vous des Français, ils sont inconstans en affaires. Va, sirvente, en Auvergne, où je t'envoie ; dis aux deux comtes de ma part, que, s'ils veulent se tenir en paix, Dieu les bénira : car, s'il importe peu qu'un manant ou un écuyer tienne à sa parole, c'est un grand malheur lorsqu'un baron manque à sa foi.[1] »

Le dauphin d'Auvergne, loyal troubadour, répondit aussi à Richard par une sirvente :

[1] MSS. de M. Sainte-Palaye, analysé par Millot. *Hist. des Troubad.*, t. 1.

« Roi, puisque tu chantes, ainsi de moi tu trouveras aussi ton chanteur. Tu m'inspires tant de crainte, qu'il faudra bien faire tout ce que tu me demandes; mais, je t'en avertis, si tu laisses envahir tes fiefs, ne viens pas chercher les miens. Je ne suis point roi couronné; je n'ai pas assez d'hommes d'armes pour défendre mes domaines contre Philippe, puissant comme il l'est. Mais toi, que les perfides Turcs redoutaient plus qu'un lion; toi roi, duc de Normandie, comte d'Anjou, comment souffres-tu qu'on te retienne Gisors?

« Si je t'engageai ma foi, c'est qu'alors je fis une folie : tu me donnas tant de chevaux, valant mille sous d'or, tant de bons sterlings. Mes hommes d'armes t'ont juré d'être fidèles aussi long-temps que tu serais libéral : tu m'as abandonné honteusement, et tu m'accuses de n'être plus brave! Moi, je te déclare que je le suis assez pour attendre mes ennemis de pied ferme entre le Puy et Aubusson, avec mes gens qui ne sont ni serfs ni juifs. Je souhaite ton amitié, mais ta conduite envers le comte d'Angoulême m'en dégoûte; tu l'as si bien payé! tu as été si généreux! Roi, tu me verras toujours agir en preux chevalier; l'amour d'une dame dont j'adore les volontés excite mon courage [1]. »

Tandis que Richard envahissait les terres du comte d'Angoulême, Philippe, rassemblant ses vassaux les plus fidèles, s'avançait en toute hâte du Berry sur Vaudreuil, qu'assiégeait le comte de Mortagne son ancien allié, et aujourd'hui rentré dans le devoir de la vassalité envers Richard. « Jean avait sous sa tente le comte David d'Écosse, l'archevêque d'York, le seigneur d'Arundel, les gens du pays d'Auge, qui boivent le cidre mousseux [2], ceux de Lisieux, qui n'ont point de fontaines, et qui, au lieu d'eau de sources, se contentent de boire l'eau des marais bourbeux dans lesquels les crapauds sont entassés les uns sur les autres, tandis que la grenouille s'accouple avec son mâle, dont le corps est tout tacheté; les gens du Vexin, qui produit beaucoup de blé et d'orge, les durs habitans du pays de Caux et ceux du Hiémois, qui s'affligent de n'occuper que de stériles

[1] MSS. de M. de Sainte-Palaye, analysé par Millot, *Hist. des Troubad.*, t. 1.

[2] Philippéide de Guillaume-le-Breton, ch. v.

montagnes; tous ces peuples, et beaucoup d'autres réunis, faisaient de concert tous leurs efforts pour s'emparer du château.

« Mais tous les chevaliers, enfans de la France, autant qu'on avait pu en rassembler dans les lieux voisins, s'étaient réunis et avaient dressé leurs tentes sur les bords de la belle rivière d'Eure. Le roi Philippe se rendit auprès d'eux, en toute hâte, de la ville de Bourges. En trois jours, ô miracle! il fit la marche d'une semaine sans descendre de cheval, sans prendre un moment de repos pour se rafraîchir. Inondé de sueur et tout couvert de poussière, il fut encore le premier à traverser l'Eure au gué. Nul délai ne retient les Français; ils s'élancent contre l'ennemi déjà troublé de leur approche. Les chevaliers anglais jettent leurs armes; ils fuient en toute hâte: les hommes de pieds deviennent nos captifs, ne pouvant se soustraire aux vainqueurs. Lorsque le roi fut revenu sur le territoire du Berry, le comte de Mortagne alla assiéger Bressole; mais il éprouva le même sort, et les habitans du pays le chassèrent à eux seuls, à sa grande honte [1]. »

[1] Philippéide de Guillaume-le-Breton, ch. v.

Cette lutte chevaleresque, sans aucun résultat, fut enfin suspendue sur les prières et les menaces du cardinal Melior, légat du Saint-Siége, et qui venait encore une fois solliciter les rois d'oublier leurs querelles pour songer aux désolations de Jérusalem. Un parlement nouveau fut indiqué, et Drogon de Mello', connétable de France, se hâta d'en faire connaître les résultats aux barons et chevaliers de France.

« Sachez, seigneurs et dames, que, de l'ordre de notre sire Philippe de France, nous avons juré entre les mains du légat que les conventions suivantes seraient observées : notre roi, à la sollicitation du cardinal et de l'abbé de Citeaux, accorde des trèves au roi anglais et à ses hommes. Les fortifications des châtellenies détruites par la guerre, ne seront point relevées, à moins d'une mutuelle permission des deux princes. Le roi des Français gardera tout ce qu'il possède au moment de la trève. Il aura le Val-de-Rueil, Louviers, Aquigni, et les autres places qui sont jusqu'à la haie Malherbe, et au pont de l'Arche du côté de Paris; celles qui sont de l'autre côté, resteront à Richard; le roi comprend dans la trève les hommes et les châteaux qui sont plus à lui qu'à Richard; tels sont Arques, Driancourt, le comté d'Auge, Mortemar, la terre de Guillaume Chabou, le comté d'Aumale, Gisors, le Vexin, Vernon, Gaillon, Pacy-sur-Eure, etc. Ces fiefs jouiront de la trève, comme étant du domaine du roi. A son tour, Richard devra déclarer dans les quinze jours quels sont les terres et les hommes qu'il veut comprendre dans la trève. Les rois doivent désigner deux conservateurs des trèves, chargés de veiller aux infractions, et de les faire réparer dans les quarante jours. S'il y a dissentiment entre eux, le légat en décidera. Si le roi d'Angleterre manque à sa foi envers le roi de France, et le roi de France envers le roi d'Angleterre, leurs terres seront mises à l'interdit, à moins qu'ils ne satisfassent à la sentence des conservateurs. Quant aux prisonniers, voici ce qu'il en sera : ils demeureront libres, moyennant qu'ils donnent sûreté, ou qu'ils s'engagent par serment à revenir de leur plein gré se remettre en captivité quinze jours avant la fin de la trève. Vous saurez que nous avons reçu de pleins pouvoirs pour conclure ainsi, et que le roi de France s'est engagé à ratifier nos chartes, de la manière dont elles seraient rédigées. Ces trèves ne sont point marchandes, c'est-à-dire que les marchands anglais ou français ne peuvent commercer, ni voyager dans les domaines des deux rois [1]. »

Cette suspension d'hostilités fut moins un prélude de la paix qu'une préparation pour une nouvelle guerre: le roi Richard passait sans cesse de l'Angleterre en Normandie, levant des aides, vendant les charges de baillis et justiciers, recevant des hommages et donnant des fiefs pour s'attirer les services des barons et des chevaliers. En même temps, il envoyait l'évêque d'Ély, son chancelier, à l'empereur Henri VI, pour lui offrir la pleine exécution du traité conclu à l'occasion de sa captivité, c'est-à-dire le mariage de l'héritière de Bretagne et du duc d'Autriche [2]. L'évêque d'Ély fut saisi sur les terres du roi de France, et l'on découvrit dans le bâton de sa crosse épiscopale la correspon-

---

[1] Ces lettres sont datées de Verneuil, 22 juillet 1194. — Roger de Hoved., ad. ann. 1194. — Comparez avec Mathieu Paris, ad ann. 1194, et avec Raoul de Dicet, p. 695.

[2] Roger de Hoved., ad ann. 1194.

dance de Richard avec Henri VI. De son côté, Philippe ne restait point oisif; il convoquait son parlement; il pressurait sur tout le clergé, jusqu'alors affranchi de tout impôt par ses immunités : il faisait régler les rôles de services, et se préparait en tout point pour la guerre prochaine [1]. Dès le printemps 1195, la trève étant à peine expirée, les deux rois se trouvaient déjà en présence dans les plaines de Normandie. Les héraults d'armes déclarèrent à haute voix que les trèves allaient être rompues, et que les chevaliers eussent à préparer leurs armes.

Vers le mois de juillet, les barons anglais virent arriver dans le camp de Richard un messager porteur de chartes royales : Philippe fesait proposer de vider la querelle en champ clos, par cinq chevaliers anglais et cinq français, au choix des deux monarques. « J'accepte le défi, dit Richard, pourvu que Philippe soit de la partie ? — Eh bien : j'irai voir ce fier Anglais, répondit le roi de France ; qu'il m'attende! » Mais on lui remontra ensuite qu'il n'était pas

---

[1] Rigord Gest. Philip. Aug., apud Duchesne, t. v, p. 38.

de la dignité du suzerain d'entrer en champ clos avec son vassal, observation qui était moins exacte que prudente [1]. Malgré leur irritation mutuelle, les deux rois se virent encore au Val-de-Rueil, pour discuter leurs intérêts. Ils avaient conduit avec eux la plus noble partie de leur baronnage; mais tandis qu'on cherchait à régler les réclamations respectives, le comte de Chester dit à Richard : « Beau sire, je viens de voir les mineurs de France qui renversent les tours du château de Rueil.—Ah, traître! s'écria Richard, vous allez voir ce que c'est que le bras des enfans de Londres. » Aussitôt il monte à cheval, et se précipite avec ses barons sur la multitude confuse des chevaliers français, et les met en fuite [2].

S'il y avait beaucoup de haine personnelle entre les deux rois, un grand nombre de causes agissaient pour que les vassaux ne la partageassent pas absolument; de sorte qu'à peine commencées, les hostilités cessaient tout à coup. Les nouvelles qu'on recevait de

---

[1] Raoul de Dicet, *Imag. Hist.*, p. 676.

[2] Roger de Hoveden, ad ann. 1194.

l'Orient sur les malheurs de Jérusalem, les conquêtes chevaleresques des vieux chrétiens des royaumes de Léon, de Castille et du Portugal, détournaient sans cesse les vassaux d'une guerre qui n'offrait à leur piété et à leur ambition aucun des avantages de ces expéditions lointaines ; aussi de nouvelles conférences furent indiquées où l'on posa les bases d'un traité définitif. Richard s'obligeait à rendre la malheureuse princesse Alix, et l'enfant que le roi Henri avait eu d'elle dans la tour de Woodstook. Le prince Louis, fils de Philippe, devait épouser la sœur d'Arthur, l'héritier de Bretagne, qui recevrait pour dot, Gisors, Neaufle, Ivry, Vernon et Pacy, et vingt mille marcs d'argent. Philippe cédait à Richard la mouvance absolue sur le comté d'Angoulême. On indiqua dans ces chartes, pour ratifier le traité et y faire adhérer l'empereur d'Allemagne, une conférence à Verneuil, dans l'octave de la Toussaint; les deux rois devaient encore s'y voir et apposer leur scel sur le traité de pacification [1].

---

[1] Roger de Hoved., ad ann. 1194.

Au jour fixé, Richard se rendit à Verneuil; en entrant sous la tente du roi, il fut accueilli par l'archevêque de Rouen qui lui dit : « Seigneur, tu ne peux pénétrer dans cette enceinte, le roi tient conseil de ses barons. » Richard s'en retourna et ne revint que le soir; l'évêque de Beauvais le vit s'approcher, et marchant précipitamment à sa rencontre, il l'aborda lui disant : « Richard, ton suzerain te trouve coupable de parjure; tu avais promis par serment de venir à l'heure de tierce [1], et tu n'arrives qu'à l'heure de none [2]. Voilà pourquoi je te déclare encore la guerre en son nom. — C'est ce que je désire, répondit Richard. »

Les conférences furent ainsi encore rompues; on courut aux armes; les barons de France prirent et brûlèrent plusieurs châteaux. De son côté, Mercader qui conduisait les Brabançois, à la solde du roi anglais, s'empara d'Issoudun [3]; de part et d'autre on fit d'affreux ravages dans la Normandie, de telle sorte que les blés courbés ne se relevèrent plus. On partait tou-

---

[1] *Tierce* correspond à neuf heures du matin.
[2] *None* était vers trois heures après midi.
[3] Rigord. Gest. Philip. Aug. Duch., t. v, p. 35.

jours du même point pour arriver au même résultat; les expéditions des deux rois étaient empreintes de leurs caractères. De la fougue et de la colère ils passaient au besoin de la paix. Provoqués par les barons, ils faisaient des trèves, les rompaient avec impétuosité à peu près comme ils donnaient un coup de lance, puis, lors que leurs forces étaient épuisées, ils demandaient trêve et merci. Un nouveau traité fut donc conclu, les bases en furent plus larges; car il devait être définitif. L'on en trouve encore l'original au trésor de Chartres.

« Richard cède à Philippe les mouvances des fiefs que Hugues de Gournay, dit le *Coucou*, tient en Normandie, à moins qu'il ne préfère rendre l'hommage au roi d'Angleterre, comme duc de Normandie. Hugues de Gournay cède tous ses fiefs d'Angleterre à Richard de Vernon, vassal du roi anglais, qui lui donne à son tour Vernon, sous l'hommage au roi de France. Richard rend à Philippe, Neufmarché, Gaillon, Nonancourt, avec leurs châtellenies. On mettra des bornes pour séparer d'une manière distincte les possessions de France et d'Angleterre. Elles seront placées à Moyenville, entre Gaillon et le Val-de-Rueil. Ce qui sera d'un côté appartiendra à Philippe, ce qui sera de l'autre sera la propriété de Richard. Le roi d'Angleterre cède à son souverain toute la mouvance de l'Auvergne. Les barons de Normandie ne pourront point faire la guerre au roi Philippe en leur nom privé, sous peine de confiscation de leur fief. Quant à ceux du Poitou, on ne peut rien promettre; car les coutumes féodales protégent l'indépendance des batailles. Le roi de France cède à Richard toutes les villes, communes, châtellenies du Berry, le fief de la Châtre, Saint-Charlier, Château-Meilland, sauf cependant ce que le comte de Saint-Gilles et le vicomte de Turenne y possédaient à la Saint-Michel dernière; il aura encore la propriété des villes et châteaux d'Arques, Driancourt, les arrière-fiefs des feudataires de Hugues de Gournay qui lui sont demeurés fidèles, Beauvais et ses dépendances, en un mot toutes les villes et places qui lui ont été enlevées à lui et à ses hommes durant sa captivité en Allemagne. Si le comte de Toulouse veut être compris dans la paix, il en sera le maître; s'il le refuse, Richard pourra lui faire la guerre, brûler ses champs et ses villes, à moins qu'il n'offre d'ester à droit en la cour du roi de France; alors les hostilités cesseront. Les comtes de Périgord et d'Angoulême, le vicomte de la Brosse restent dans la mouvance du roi d'Angleterre, et lui devront l'hommage. Quant au vicomte de Turenne, comme par le passé, il sera vassal des deux couronnes pour les fiefs qui sont dans leurs mouvances respectives. Andely demeurera neutre sans qu'aucun des rois puisse s'en emparer et le fortifier, à moins que l'archevêque de Rouen qui en sera détenteur, n'excommunie l'un des deux monarques; en ce cas ils pourront saisir Andely jusqu'à la levée de l'excommunication. Si l'excommunication est juste au jugement de quatre prêtres et de quatre diacres, au choix du roi, ils devront rendre Andely à l'archevêque. Richard et Philippe donnent main-levée des biens qu'ils ont saisis sur les églises; ils promettent dans l'avenir de ne plus faire violence aux ecclésiastiques, de ne plus les frapper de leur gantelet de fer, de ne plus prendre les fruits de leurs terres; ils se garantissent respectivement l'hommage de leurs vassaux, sans que l'un des deux princes puisse attirer ceux de l'autre [1]. »

La charte de ce traité porte la date du 5 décembre 1195, elle fut scellée entre Gaillon et le Val-de-Reuil. Les deux rois se promirent respectivement de se réunir encore dans le même lieu le 15 janvier suivant. Ils se donnèrent leurs gants et leurs éperons en gage d'amitié; mais l'archevêque de Rouen qui se trouvait blessé par la clause sur la détention d'Andely, y vint mettre opposition. « Apprenez, écrivait-il à Raoul de Dicet, doyen de Londres, apprenez tous les déplaisirs qui m'affligent, et la conduite que j'ai tenue à la conférence entre les rois de France et d'Angleterre. Je me suis transporté dans l'octave de la fête des Rois, au lieu destiné pour l'entrevue des deux princes; le premier jour de mon arrivée, Richard me dit : Archevêque, sers moi de pleige et caution pour le traité. Il me fit prier en outre par plusieurs abbés et barons, de lui donner des chartes de garantie pour cette objet; je deman-

---

[1] *Trésor des Chartes du Roi*, Layette. *Angleterre*, act. 2. — On le trouve aussi dans Du Tillet, *Invent. des Traités d'entre les Rois de France et d'Angleterre*, f° 117, édit. de 1588.

dai à quoi cela m'obligeait.—Tu payeras deux mille marcs d'argent au roi de France, au cas où le traité ne serait pas exécuté. — Mais enfin je veux voir le traité, dis-je. J'obtins, après bien des instances, qu'on me le communiquât. Comme j'ai la vue un peu faible, le doyen de Rouen m'en donna lecture. Combien j'ai du être surpris, en lisant, entr'autres choses, qu'il serait défendu à l'archevêque de Rouen de lancer l'excommunication et l'interdit contre les sujets et les terres des deux rois, sans la permission de quatre clercs à leur choix, et qu'ils pourraient, en ce cas, mettre la main sur mes meubles, mes revenus et mon vin; voyant donc des attentats si horribles contre le droit de mon église, je jetai tout aussitôt une sentence d'excommunication contre les inventeurs ou approbateurs de cet exécrable traité, en exceptant toutefois les deux monarques. Sur leur prière, je me rendis à la deuxième conférence; je faisais porter devant moi la croix épiscopale, et je passais à travers la foule qui me suivait en me témoignant l'affection, parce qu'elle était persuadée que je défendais les droits de l'église. J'arrive enfin au lieu où se trouvait le roi de France; il me reçut très mal; alors élevant la voix, je lui dis : Veux-tu m'admettre comme pleige et caution de Richard, sauf ma dignité et les droits de l'église de Rouen que blesse le traité que vous avez conclu. — Non, je ne t'admettrai pas avant que tu ne lèves l'interdit; ton église est à moi, ta dignité tu ne la tiens que comme fief de ma couronne — Alors je me retirai précipitamment, voyant bien qu'il n'y avait rien de bon à gagner. Je lui fis même demander, par l'évêque d'Évreux, la permission de me rendre dans ma cathédrale. La nuit du samedi, je dormais profondément lorsque des messagers du roi d'Angleterre heurtèrent violemment à ma porte : Venez trouver le roi demain matin, nous dirent-ils; je promis et j'y allai. Il n'est sorte de complimens qu'il ne me fît pour me faire adopter l'article du traité relatif à l'archevêché; il alla même jusqu'à se mettre à genoux devant moi; je refusai tout. Après cela, voyant bien qu'il ne me restait d'autre moyen que de fuir, j'ai pris la route de Cambrai, où je suis arrivé avec un seul chapelain, continuant à jeter l'interdit sur la province de Normandie[1]. »

L'opiniâtre résistance de l'archevêque de Rouen empêchant l'entière exécution du traité, Philippe et Richard firent tous leurs efforts pour obtenir la renonciation du prélat fugitif. On employa dabord les mesures de rigueur; le roi de France fit saisir Andely, les meubles et les revenus de l'archevêché; le prêtre inflexible demeura dans son exil, fulminant encore des interdits contre toutes les terres; on eut alors recours aux négociations. Philippe écrivit deux fois à l'archevêque pour le prier de revenir; Richard lui disait à son tour : « Reviens dans ton diocèse, et visite, en y allant, ton seigneur, le roi de France. » Comme Richard l'avait demandé, l'entrevue eut lieu, en effet, à Pontoise; l'église triompha, parce qu'elle opposait son orgueil et son inflexibilité à l'irritation passagère et aux faiblesses dévotes des princes. La partie du traité relative au siége de Rouen se trouva annulée. Lorsque l'affaire de l'archevêque fut ainsi réglée, les deux rois licencièrent leurs hommes d'armes et les vassaux, qui re-

---

[1] Raoul de Dicet, *Imag. Hist.*, ad ann. 1196.

vinrent dans leurs châtellenies, pour y passer le triste temps d'hiver [1].

[1] Consultez sur cette négociation La Pomeraye, *Histoire des Archev. de Rouen*, p. 415.

CHAPITRE XI.

1194. - 1199.

Mariage du Roi avec Ingerburge de Danemarck. — Dégoût qu'il éprouve pour elle. — Opinions des clercs et des matrones. — Dissolution du mariage sur une fausse généalogie affirmée par les évêques. — Ingerburge est renfermée dans une tour. — Etienne de Tournay prend sa défense. — Intervention du pape. — Le divorce est annulé. — Mariage d'Alix de France avec le comte de Ponthieu. — Reprise des hostilités entre Philippe et Richard. — Nouvelles batailles. — Chants des troubadours. — Les Gallois. — L'évêque de Beauvais est fait prisonnier, le casque en tête et l'arme au poing. — Il réclame. — Réponse du pape. — Témérité de Philippe. — Il tombe dans l'Epte. — Richard annonce que Philippe a bu et bien bu de l'eau de la rivière. — Question pour l'élection d'un empereur. — Nouvelle trève. — Le vicomte de Limoges trouve un trésor. — Richard le réclame, comme suserain. — Il fait la guerre sur son refus. — Il est atteint par une flèche. — Sa mort. — Epitaphes que font les moines. — Poétique de Guillaume-le-Breton sur la mort de ce prince.

Nous venons de voir le roi de France, aux prises avec son ardent adversaire, promener son gonfanon dans les plaines d'Anjou et de

Normandie; nous allons le suivre maintenant dans cette vie de châteaux et de tourelles où se passaient les courts intervalles des batailles.

Quelque temps avant la croisade, on a vu qu'Isabelle de Hainaut, première femme du roi, était morte laissant un fils, le prince Louis; les ennuis du veuvage, le violent désir que Philippe ne pouvait pas toujours satisfaire sous la surveillance sévère des évêques; une maladie violente, qui menaça Louis, son fils unique, et son droit héritier [1], l'engagèrent, après l'accomplissement de son pélerinage, à rechercher une nouvelle femme : après avoir bien cherché en toute terre, il choisit Ingerburge, fille de Waldemar, roi de Danemarck, et de la reine Sophie; l'évêque de Hambourg avait écrit au roi que cette princesse était douée d'une grande beauté, qu'elle avait les plus beaux cheveux blonds du monde, et les mains d'une éclatante blancheur; le moine de Saint-Denis, qui en avait entendu beaucoup

---

[1] La Chronique de Saint-Denis assure que Louis, enfant, en fut guéri comme miraculeusement; on lui appliqua sur le bas-ventre le clou, la croix de J.-C. et le bras dextre de saint Siméon. Chroniq. de Saint-Denis, ad ann. 1191.

parler, déclara qu'elle était belle pucelle, ornée de bonnes grâces et de bonnes mœurs [1]. En Angleterre, on attribuait cette union à un motif politique : « Le roi de France, disait-on, ennemi de Richard, avait voulu réveiller, durant la captivité de ce prince, les anciennes prétentions des Danois sur l'Angleterre, et acquérir par son union avec l'héritière du Danemarck, non seulement un allié, mais encore des droits sur une royauté conquise par les Normands [2]. Étienne, évêque de Noyon, le comte de Nevers et de Montmorency furent chargés de se rendre à la cour de Waldemar pour solliciter la main de la princesse; ils arrivèrent pendant la nuit au flambeau, et Canut, frère d'Ingerburge, les reçut dans son palais. Lorsque les députés eurent annoncé l'objet de leur mission, Canut répondit qu'il confierait volontiers Ingerburge aux envoyés du roi Philippe, pourvu qu'on lui donnât toute sûreté que ce prince l'épouserait; il de-

---

[1] Chroniq. de Saint-Denis, ad ann. 1193.

[2] *De Legato misso in Francia super trib. articul.* Duchesne, t. v, p. 753.

mandait, par conséquent, à garder en otages un bon nombre de barons et d'évêques. Les envoyés accordèrent ces cautions, et ce ne fut qu'après que la charte eut été dressée qu'on permit au vénérable évêque de Noyon d'emmener cette princesse, qui fut en même temps confiée à la garde de prudens chevaliers danois.

Lorsque Philippe apprit que la princesse de Danemarck s'était mise en route et qu'elle allait bientôt atteindre les terres de France, il quitta Paris et se rendit à Amiens; s'élançant sur son grand cheval de bataille, le casque en tête et couvert de son haubert à mailles d'argent, le roi sortit de cette cité pour aller au-devant d'Ingerburge qui, montée sur une blanche haquenée, suivie de ses damoiselles et du vieil évêque de Noyon, s'avançait du côté de la ville. Philippe accueillit très-bien la jeune princesse; le mariage se célébra le même jour, et le lendemain elle fut couronnée [1].

S'il faut en croire les vieux chroniqueurs, pendant la cérémonie du couronnement, Phi-

---

[1] Marlot, *Hist. metrop. Remens.*, t. II, p. 444.

lippe conçut une grande répugnance pour Ingerburge; il se retira brusquement avant que cette cérémonie fût achevée, parce qu'il ne pouvait plus supporter sa présence [1]. Le chroniqueur de Saint-Denis pense que cela se fit par sortilége, et que le *démon ouvra en notre sire*. On disait aussi que la physionomie sans expression de la fiancée, son ignorance de la langue franque et romane, la gaucherie de ses manières, contribuèrent à inspirer au roi un dégoût invincible. Il paraît que dès ce moment il songea au divorce. Il exprima hautement aux barons et aux évêques son aversion pour sa femme; on lui conseilla de la vaincre, et plusieurs vieux chevaliers, experts en galanterie, vinrent lui dire qu'il fallait dormir avec elle et la *cognoistre expertement*. Le roi fit quelques résistance, il y consentit enfin : il alla trouver Ingerburge à Saint-Maur-les-Fossés; il se plaça à ses côtés jusqu'à huit heures du matin : à cette heure, le lit nuptial fut environné d'hommes et de femmes. Le roi dit tout haut qu'il n'avait pu se rapprocher d'Inger-

---

[1] *De Legato misso.* Duchesne, t. v, p. 753.

burge par *amour et chair* : la reine dit au contraire aux matrones que son mari était *venu plusieurs fois à elle*; quoi qu'il en soit, l'aversion de Philippe pour la malheureuse Ingerburge s'accrut par cette épreuve, car il demanda immédiatement aux clercs les moyens de dissoudre le mariage [1].

Les canons de l'Église, appliquant faussement les prohibitions d'alliances des lois romaines, ordonnaient la dissolution de mariage à des degrés infiniment éloignés [2]; rien n'était plus facile que le divorce, surtout aux familles suzeraines, qui, rapprochées à toutes les époques par des alliances, se trouvaient presque toujours parentes les unes des autres aux degrés prohibés. Philippe fit donc

---

[1] *De Legato misso.* Duchesne, t. v, p. 753.

[2] Voici sur quoi reposait l'erreur des canonistes. On sait que la loi romaine compte les degrés en remontant à une source commune ; par ce moyen, les frères se trouvent au deuxième degré, l'oncle au troisième, les cousins au quatrième. L'Église, au contraire, les compte en descendant par la filiation, de sorte que les frères sont au premier degré, les cousins au deuxième : il était résulté de là que les lois des empereurs qui prohibaient le mariage au quatrième degré, appliquées par les canons, s'étendaient jusqu'au huitième et même au dixième degré.

dresser, selon l'usage, une généalogie, pour prouver son affinité avec Ingerburge ; il en résulta que Anne de Russie, épouse de Henri Ier, roi de France, trisaïeul du roi, était grande-tante d'Isemburge de Russie, épouse de Canut IV, bisaïeule de la jeune reine. Cette généalogie fut attestée sous serment par les évêques de Noyon, de Beauvais, de Chartres, d'Orléans et de Châlons; par les comtes de Dreux, de Blois, de Champagne et de Nevers, par Simon Chatelain de Lille, et par Gauthier, chambellan de France.

Il est bien certain qu'en admettant comme constantes les alliances, dont plusieurs étaient évidemment fausses [1], quoique jurées par des évêques, l'affinité, au moins au dix-huitième degré, ne pouvait être un motif suffisant pour annuler l'union contractée de bonne foi; cependant, le désir du roi était si violent, que le cardinal de Champagne convoqua un parlement de grands et d'évêques, pour prononcer sur la question du divorce. La reine y

---

[1] La fausse généalogie donnée en latin par les évêques, nous est parvenue intégralement. (Extrait du Cartulaire de Philippe-Auguste, f° 1.)

fut appelée; mais comme elle n'entendait ni ne parlait la langue franque ou latine, et qu'on avait pris la précaution d'éloigner d'elle tous les serviteurs qui auraient pu la défendre, il ne fut pas dit un seul mot en sa faveur; de sorte que, sur l'affirmation de la généalogie par les prélats et les barons, on déclara le mariage nul. Lorsqu'on signifia cette sentence par un interprète à la jeune reine, elle s'écria tout en larmes et dans un jargon presque inintelligible : *Mauvaise France! France!* puis elle ajouta avec chaleur : *Rome! Rome!* voulant faire entendre par là qu'elle en appelait au souverain pontife. Elle ne put pas en dire davantage [1].

Après cette sentence de divorce, Philippe voulait renvoyer Ingerburge en Danemarck; elle s'y refusa constamment [2] : ce fut alors que le roi promena cette malheureuse princesse de tourelle en tourelle, de couvent en couvent; elle y fut toujours traitée avec une extrême ri-

---

[1] De Legato misso in Franc. super Trib. articul. Duchesne, t. v, p. 753.

[2] Labbe, Mélanges curieux, t. II p. 631, et Epistol. Innocent III, t. I-VII.

gueur. Etienne, évêque de Tournay, qui prit généreusement sa défense, exposa, dans une lettre au cardinal de Champagne, les ennuis et les souffrances de l'épouse infortunée de Philippe. « Je prends la liberté de parler à
» mon Seigneur; je le fais sans présomption
» téméraire, comme sans faiblesse. Il y a dans
» notre pays une pierre précieuse que les hom-
» mes foulent aux pieds, que les anges hono-
» rent, et digne du trésor royal; je parle de
» la reine, renfermée à Cisoin comme dans
» une prison, et qu'on accable de douleur et
» de misère; nous pleurons sa destinée, et
» nous laissons à Dieu seul le soin de pronon-
» cer sur la cause de ses disgrâces et la fin
» qu'elles auront; car qui est-ce qui a le cœur
» assez de fer, la poitrine assez de pierre, et
» les entrailles assez de diamant, pour n'être pas
» touché de voir dans une si grande pauvreté
» une jeune et illustre princesse sortie de tant
» de rois, vénérable dans ses mœurs, mo-
» deste dans ses paroles, et pure dans ses œu-
» vres; sa face est belle comme celle de la Vierge
» Ambroisienne (*Ambrosianâ Virgine*); mais
» elle est encore plus belle par sa foi : elle est

» jeune d'années, mais elle est vieille par sa pru-
» dence ; je dirais presque qu'elle est mieux faite
» que Sara, plus sage que Rebecca, plus agréa-
» ble que Rachel, plus dévote qu'Anne, et plus
» chaste que Suzanne. Ceux qui disputent de
» la beauté des femmes, assurent que la reine
» n'est pas moins belle qu'Hélène, ni moins
» noble que Polixène. Son occupation journa-
» lière est de lire, de prier ou travailler de ses
» mains ; elle ne joue ni aux jeux de hasard,
» ni aux échecs ; elle prie Dieu avec larmes et
» soupirs depuis le matin jusqu'à sexte, non
» seulement pour elle, mais pour le roi notre
» souverain : elle n'est jamais assise dans son
» oratoire ; elle y est toujours debout ou à ge-
» noux, ou prosternée sur la terre. Nous som-
» mes persuadés que si notre Assuérus la con-
» naissait telle qu'elle est, il la trouverait agréa-
» ble comme Esther, et qu'étendant vers elle le
» sceptre de sa bienveillance, le sceptre de sa
» dilection, le sceptre de son empire, il la
» rappellerait dans ses bras, et au lieu du di-
» vorce, il vivrait avec elle dans une douce
» union, n'aurait que de la bonté et de l'a-
» mour, au lieu de la colère ou de la haine ; il

» lui dirait : *Avancez-vous, et régnez par votre*
» *bonne mine et par votre bonté*, ou ces pa-
» roles pleines d'amour, dont Salomon s'est
» servi : *Revenez, revenez, afin que nous ayons*
» *le plaisir de vous voir*. Revenez, à cause de
» votre noblesse ; revenez à cause de votre
» bonté ; revenez à cause de votre vertu ; re-
» venez pour la pureté et l'excellence de vos
» mœurs ! Cette princesse, avec tous ces mérites,
» grand rejeton des rois et des martyrs, cette
» princesse si noble, cette princesse si sainte,
» est forcée de vendre et d'engager, pour exister,
» le peu qui lui reste d'habits et de meubles ;
» elle demande de quoi vivre, elle sollicite
» l'aumône, elle tend la main pour recevoir,
» et prie pour qui lui donne. Je l'ai souvent
» vu pleurer, j'ai pleuré avec elle, et mon cœur
» s'est attendri et s'est pâmé en la voyant en
» cet état. Je l'ai exhortée autant que j'ai pu à
» mettre toute son espérance en Dieu, ce
» qu'elle fait incessamment, et elle me répon-
» dait chaque fois : « Mes amis, mes proches
» parens se sont éloignés de moi comme s'ils
» avaient été des étrangers ; mon unique refuge
» est mon Seigneur l'archevêque de Reims, qui

» m'a favorisée, entretenue et nourrie si libé-
» ralement depuis le commencement de mon
» adversité. Mon père, laissez-vous toucher par
» les soupirs et les gémissemens entrecoupés
» de larmes et de sanglots d'une jeune prin-
» cesse qui a pour aïeuls et pour bisaïeuls un
» si grand nombre de rois, et vous qui faites
» des aumônes si considérables et à un si grand
» nombre de pauvres, ne fermez pas les en-
» trailles de votre piété à une reine qui, com-
» blée d'une si grande gloire, est aujourd'hui
» dans un état si pitoyable. Ma lettre est trop
» longue, mais une matière si importante ne
» m'a pas permis de la faire courte; la piété a
» échauffé mon style [1]. »

Soit que le cardinal de Champagne demeurât insensible à ces prières, soit que l'inflexibilité du roi fût à toute épreuve, la captivité de la reine n'en fut pas moins continuée avec des rigueurs aussi cruelles; elle fut renfermée dans un château plus triste encore, où elle ne voyait jamais le jour; le sénéchal et le majordome oubliaient souvent de lui apporter à manger.

[1] Voy. Baluze *Miscellan.*, t. 1, p. 420.

Lorsque le roi de Danemarck connut le traitement que la froide colère de Philippe causait à sa sœur, il prit à son tour des mesures de rigueur contre les ôtages qui avaient répondu de la célébration du mariage d'Ingerburge. Il les fit étroitement enfermer, en même temps que deux évêques se rendaient auprès du pape pour porter appel de la sentence rendue contre le légitime mariage du roi de France. La jeune reine faisait la même démarche, et le vénérable Étienne de Tournay se chargeait à Rome de défendre les droits d'Ingerburge.

Célestin III, qui occupait alors le trône pontifical, fut vivement blessé de la sentence rendue par le cardinal de Champagne et les prélats français. Ce fut moins la foi jurée dans le mariage dont il déplora la violation, que la crainte d'un envahissement des prérogatives de la cour de Rome par l'usurpation du droit de prononcer la dissolution de mariage, droit qui avait été exercé en cette circonstance par des évêques, et réclamé exclusivement à cette époque par le souverain pontife [1]. Il confia l'examen de

---

[1] Epistol. Cœlest. Pap. ad Archiepisc. Remens. Buleus, *Hist. Universit. Paris.*, t. II, p. 502.

cette affaire au cardinal Mélior, prêtre du titre de Saint-Jean et de Saint-Paul, son légat en France, et à Censius, son diacre et notaire du saint-siége; ils déclarèrent d'abord au roi qu'il devait considérer l'affaire de son divorce comme en suspens, et la sentence de dissolution comme non avenue, jusqu'à ce que la cour de Rome eût prononcé.

Philippe reçut fort mal les deux délégués de la cour de Rome : « La sentence est valable, leur dit-il, vous n'avez pas à vous mêler de cette affaire. — Tu te trompes, lui répondirent les vicaires du pape : il appartient à nous seuls, ou au pontife qui nous envoie, de te délier du serment que tu as fait envers ton épouse Ingerburge. » Malgré les menaces de Philippe, le cardinal Mélior et son diacre Censius résolurent de réunir un concile pour y traiter de l'affaire du divorce; mais le roi avait tellement effrayé par ses menaces les clercs et abbés, qu'ils furent tous comme *des chiens muets, et qu'aucun n'osa japper, tant ils craignaient pour leur peau* [1].

---

[1] Chronique d'Albéric des Trois-Fontaines, ad ann. 1198.

Le cardinal Mélior fut donc obligé de retourner à Rome sans avoir terminé l'affaire du divorce. Il informa le pape Célestin de l'état de la question et des difficultés qu'avait offertes la réunion d'un concile à Paris. Les évêques de Noyon et de Soissons, que Philippe avait envoyés de son côté, venaient d'arriver dans la ville pontificale pour solliciter la confirmation de la sentence du divorce. Le pape fut inflexible sur les droits de la juridiction romaine; la décision des évêques fut cassée. Dans une longue épître qu'il adressa à l'archevêque de Sens, Célestin exalte la dignité du mariage, qu'on ne peut casser ni déclarer nul témérairement et sans de grands motifs; le pontife ne comprend pas comment des évêques de France ont osé décider une affaire qui, selon les canons, ne pouvait être terminée que par le saint-siége. Ne devaient-ils pas craindre le malheur arrivé à Elgand, archevêque de Trèves, et à Gautier, archevêque de Cologne, déposés par le pape Nicolas Ier, pour avoir dissous, sans l'autorité du saint-siége, le mariage de Lothaire et de Thetberge, son épouse. « Ce qui me surprend le plus, ajoute Célestin, c'est que le roi Philippe ait reçu le cardinal Mélior avec si peu de déférence; comme je suis l'image de l'Église, mon légat aussi est l'image de moi-même; et qui pourrait, dès lors, refuser l'obéissance? J'ai vu la généalogie que les évêques m'ont envoyée, et c'est d'après cette inspection et le bruit commun qu'a fait ce scandale, que j'ai cassé la sentence : faites maintenant que Philippe ne se remarie point, et qu'il ne brise pas ainsi le lien qui l'unit encore à l'Église[1]. »

Ce dernier point était l'objet capital dans la question du divorce. En effet, les mauvais traitemens du roi envers Ingerburge, ses menaces contre les légats, quelque répréhensibles qu'ils fussent dans l'opinion du pape, ne pouvaient motiver les grandes foudres ecclésiastiques de l'interdit contre le royaume, et de l'excommunication personnelle du roi; pour s'autoriser de l'exemple du passé, il fallait qu'une seconde union vînt rompre violemment les liens sacrés du mariage; le roi s'y pré-

---

[1] Epistol. Cœlest. Elle porte la date du 13 mars (avant Pâques 1197.) — Buleus, *Hist. Univers.*, t. II, p. 502.

paraît en silence, malgré les remontrances du Saint-Siége, et, pendant ce temps, les rigueurs se multipliaient contre la reine captive.

Une autre jeune princesse, long-temps aussi malheureuse qu'Ingerburge, arrivait alors à la cour; Alix de France, la fiancée de Richard, et que le roi Henri II avait long-temps retenue à Woodstock, asile de ses amours et de ses plaisirs, avait été mise en liberté à la suite du dernier traité de paix avec le roi d'Angleterre. Elle était belle, et ses yeux mouillés de larmes attestaient ses longs malheurs et sa faute; elle toucha le cœur du comte de Ponthieu, un des barons les plus renommés de France; et, après un tournoi où il avait brillé, il offrit sa main à la sœur de Philippe. Le roi accepta cette alliance.

Dans des chartes jurées, Philippe donna en dot au comte de Ponthieu plusieurs beaux fiefs de ses domaines, et le comte se tint fort content, quoique la pauvre Alix eût perdu la fleur de vertu; c'est ce qu'il annonce lui-même dans un acte contemporain : « Au nom du Père et du Fils et du Saint-Esprit, *Amen*. Moi, Guillaume, comte de Ponthieu, je veux que tous mes hommes sachent que Philippe, roi, m'a donné sa sœur en mariage, ce dont je suis très satisfait; voici ce qu'il m'a promis pour dot : 1° Tout ce qu'il a auprès de Villers et de Saint-Valery, saufs les droits de l'abbaye; 2° tout ce qu'il possède auprès de Saint-Régnier, saufs les droits royaux; tous ces fiefs feront retour à la couronne au cas où Alix, ma femme, viendrait à mourir sans enfans. J'ai fait cette charte en présence de mon oncle, le comte de Saint-Paul, et de Guy, mon sénéchal [1]. »

Telle était la cour de France lorsque de nouvelles batailles vinrent rappeler les barons aux armes.

La situation respective de la France et des fiefs d'Angleterre, le caractère personnel de Philippe et de Richard, ne pouvaient permettre une paix durable; le suzerain et son vassal ressemblaient à deux chevaliers, armés de toute pièce, qui joutaient à outrance et ne se reposaient qu'épuisés de fatigue, pour reprendre de nouvelles forces et combattre encore.

[1] Brequigni, Recueil des Chartes, ad ann. 1196.

Trois mois s'étaient à peine écoulés depuis le traité conclu entre eux, traité qui, par ses clauses nombreuses et sa prévoyance générale, semblait assurer une longue paix, que déjà s'élevèrent de sérieuses contestations. Les chroniqueurs anglais ont accusé Philippe d'en avoir le premier violé les clauses; les chroniqueurs de France attribuent cette infraction à Richard. Voici ce qui put y donner lieu:

On a vu qu'il avait été stipulé dans le dernier traité, que le fief d'Andely demeurait neutre dans la mouvance de l'archevêque de Rouen, comme pour séparer les terres des deux couronnes. Le bouillant Richard y fit cependant élever des tours, y plaça un châtelain et des hommes d'armes; l'archevêque ne supporta pas plus patiemment cet acte qu'il considérait comme un envahissement de ses propriétés ecclésiastiques, qu'il n'avait souffert le traité d'Andely. Il excommunia ouvriers, châtelain et hommes d'armes: ceux-ci n'en continuèrent pas moins d'occuper Andely: des fortifications nouvelles s'élevèrent, et le gonfanon, parsemé des lions de Richard, parut au haut des tours les plus élevées. Alors, la Normandie fut mise en interdit par l'archevêque; et comme il craignait la fureur du roi d'Angleterre, il prit encore une fois la fuite; dans le même temps, Richard menaçait le seigneur de Vierzon de le dépouiller de son fief et de son comté héréditaire. Ses justiciers s'étaient déjà emparés de deux châtellenies et de plusieurs terres; le seigneur porta plainte en la cour de Philippe, suzerain dans l'ordre des fiefs; Richard, au lieu de comparaître, se jeta avec ses Anglais sur les terres du comte, et le dépouilla entièrement [1].

Il venait aussi de faire une invasion dans la Bretagne, fief de Normandie, car la terre des Bretons ne relevait de la France que médiatement. Elle était d'abord sous l'hommage de Richard, qui devait à son tour féauté à Philippe. Mais une question s'était élevée à l'occasion de la tutelle du jeune Arthur, duc de Bretagne; devait-elle être déférée au suzerain, dernier chaînon de la hiérarchie des fiefs, c'est-à-dire au roi de France; ou bien au seigneur immédiat dont la Bretagne rele-

[1] Rigord Gest. Philipp. Aug., liv. v. — Duchesne, t. v, p. 40.

vait, c'est-à-dire à Richard, duc de Normandie, roi d'Angleterre? La question avait été décidée par les seigneurs bretons, fiers et indépendans, en faveur de Philippe; Arthur lui fut confié, et le roi l'avait fait élever au château de Vincennes, à tous les exercices de la chevalerie, avec Louis, son fils et le droit héritier de la couronne de France. Richard supportait avec impatience cette tutelle confiée à d'autres qu'à lui-même; Arthur était son vassal et son neveu. Il prétendait donc à la *garde-noble*, en vertu des lois féodales. Il avait fait enlever Constance, veuve du dernier duc, afin d'avoir à sa discrétion un moyen d'influence sur les affaires de la Bretagne; et lorsque Alain, seigneur de Vannes, vint la réclamer au nom des barons vassaux d'Arthur, Richard exigea que tous scélassent une charte, « qu'il ne serait rien fait d'important dans les domaines d'Arthur que d'après ses conseils [1]. »

Toutes ces démarches étaient bien de nature à précipiter le moment de la guerre; aussi, à peine Richard avait-il quitté la Bretagne et les fiers barons qu'il avait cherché à dompt-

---

[1] Guillaume-le-Breton, Philippéide, ch. v.

ter, qu'il trouva Philippe et ses chevaliers en armes, envahissant la Normandie. Ils assiégeaient Aumale après avoir soumis Nonancourt. « Sans autre délai, Richard, suivi de toutes ses bannières rassemblées en foule, se précipita à travers les champs de Bayeux tout couverts d'ivraie et la plaine du pays de Caux[1]; laissant ensuite Beauvais derrière lui, il conduit ses troupes d'une marche rapide, se vantant de son projet de combattre le roi Philippe, si celui-ci ne se hâte de lever le siége du château d'Aumale, dont il avait depuis six semaines investi les remparts élevés sur une colline, au milieu des rochers. Richard choisit donc les meilleurs parmi ses braves chevaliers, ceux dont le courage et la fidélité lui inspiraient le plus de confiance, pour les conduire avec lui attaquer à l'improviste le camp des assiégeans. Parmi ces barons, le plus vaillant dans la guerre était Guy de Thouars, qui devint peu de temps après duc des Bretons, en épousant la mère d'Arthur et recevant d'elle ce duché. Avec eux encore étaient Hugues Le Brun, le héros de la Marche, et Guillaume de Mauléon,

---

[1] Guillaume-le-Breton, Philippéide, ch. v.

avec leurs chevaliers. Richard s'élance alors vers le camp; il ne peut le surprendre, car on voit voler à sa rencontre le comte Simon, le valeureux Des Barres, Alain le Breton, suivis d'une noble jeunesse. Richard crie aux siens : «Amis, vous n'avez rien à craindre.» Mais aussitôt que le lion vigoureux vit devant lui ces guerriers renommés, il les reconnut successivement à leur bannière et s'arrêta : tel un lion de Lybie rugit de fureur contre les taureaux qu'il voit s'avancer au milieu des pâturages, dressant leurs cornes, tenant leurs flancs étroitement serrés. Le lion ne veut point fuir, il n'ose pas non plus les aborder [1]. De même le noble roi demeure frappé de stupeur en voyant son ennemi si près de lui, et la fierté de son ame ne lui permet pas de se porter en arrière. Il préfère l'honneur à la honte. Baissant sa lance, et pressant de ses éperons le flanc de son coursier, il s'élance sur les guerriers avec un transport de colère, et les guerriers s'élancent aussi vers lui. On combat des deux parts avec des chances diverses; les lances se brisent, les bonnes épées s'émoussent sous les coups re-

[1] Guillaume-le-Breton, Philippéide, ch. v.

doublés, et bientôt un rude combat s'engage; les barons tirent de leur ceinture le poignard de miséricorde. Selon son usage, le chevalier Des Barres porte la mort dans les rangs ennemis; il s'ouvre un chemin avec son épée, car il désire arriver jusqu'au roi anglais, avec lequel il veut combattre; Des Barres renverse trois chevaliers avant que sa lance se brise; et chaque minute lui donne un nouveau succès [1].

« Pendant ce temps, Simon de Montfort ne reste point inactif. Il frappe d'estoc et de taille; les Poitevins de Richard lui résistent; ils sont renversés et renversent: il est encore incertain de quel côté la victoire se prononcera. C'est dans ce moment que Richard aperçoit Alain seul dans la plaine, et qui s'était retiré pour réparer son casque brisé; baissant sa visière, le roi se dirige rapidement vers ce lieu où le Breton s'était placé. Le comte l'aperçoit, et, mettant sa lance en arrêt, attend tranquillement son adversaire, Richard fournit une première course, mais son arme meurtrière s'arrête sur le bouclier du Breton; la lance d'Alain à

[1] Guillaume-le-Breton, Philippéide, ch. v.

son tour glisse sur l'armure du roi, et va pénétrer dans les flancs du cheval entre les deux cuisses; la lame effilée coupe la queue du noble animal, au point où elle est attachée, et, se brisant enfin à cette place, elle s'arrête... Richard et son valeureux coursier tombent également; mais se relevant avec une admirable légèreté, le roi saisit un autre cheval, et attaque de nouveau le comte Alain. Cependant ses troupes tournent le dos, et lui-même est obligé d'abandonner le combat pour les réunir; sur tous les points, nos Francs furent vainqueurs : le château d'Aumale tomba au pouvoir de Philippe. »

Les résultats de ce succès ne furent pas aussi complets que s'efforce de nous le peindre la verve poétique de Guillaume-le-Breton; d'ailleurs, plusieurs circonstances vinrent compliquer la situation de Philippe-Auguste.

Baudouin VI, comte de Flandre, qui avait fait hommage au roi de France pour ses domaines, profita de la nouvelle guerre, et secouant les liens féodaux, se déclara pour la cause de Richard. Il demanda d'abord la restitution de l'Artois, fief qu'il avait cédé à Philippe pour être admis à l'hommage; et comme il n'obtint qu'un refus, Baudouin déclara la guerre à son seigneur-lige. Au sire de Flandre s'était joint le fameux Renaud, comte de Boulogne, qu'une vengeance chevaleresque attirait sous l'étendard des ennemis de la France. On racontait qu'étant un jour en présence du roi, le comte de Saint-Pol, favori du monarque, lui avait donné un soufflet avec tant de force qu'il l'avait fait saigner du nez : le bouillant Renaud s'était précipité sur le comte de Saint-Pol; mais le roi lui avait interdit la bataille en champ clos : Renaud ne voulant point obéir s'était exilé de la cour du suzerain; il venait conquérir, les armes à la main, la faveur qu'il avait perdue [1].

Philippe profita d'une trêve de quelques mois conclue avec Richard, pour marcher sur la Flandre; les chevaliers du comte avaient déjà envahi le Cambrésis et le pays de Tournay; presque toujours victorieux, ils contrai-

---

[1] Rigord. Gest. Philipp. August. Duchesne, t. v, p. 41. — Alberic des Trois-Fontaines, ad ann. 1197, et Duchesne, Preuves du 3ᵉ liv. de l'Hist. de Béthune, p. 81.

gnirent le roi de France à conclure une suspension des batailles à des conditions assez dures : Philippe en profita pour courir de nouveau en Normandie, où les chevaliers et les barons de Richard poursuivaient la guerre.

Jamais le roi d'Angleterre ne s'était présenté avec des forces plus considérables. Ses justiciers avaient appelé sous son étendard les hommes de tous les points de ses domaines. Les troubadours eux-mêmes faisaient des sirventes et des chansons pour animer les chevaliers vassaux du roi anglais. « Puisque Ventadour, Ségur, Turenne, Montford, dit un de ces preux chanteurs, ont fait ligue avec Boson et Périgord, puisque les bourgeois des environs sortent en bataille pour se ranger autour de Richard, il me plaît d'affermir leur résolution par une sirvente. Quelle gloire vous acquérez! Nous allons porter dans le pays normand nos bannières déployées! Nous y joindrons Taillebourg, Lusignan, Mauléon, Thouars et Tonnay! Allons, allons, marchons avec le roi Richard [1].

---

[1] Le troubadour Bertrand De Born. MSS. Sainte-Palaye.

Le roi anglais conduisait aussi sous ses bannières une nombreuse troupe de Gallois, dont les habitudes sauvages excitaient l'étonnement des preux chevaliers et des chroniqueurs contemporains.

« Les Gallois sont des hommes horribles; leurs demeures sont les bois; ils préfèrent la guerre à la paix; ils sont prompts à la colère, et légers à la course dans les lieux où il n'y a pas de chemins. Leurs pieds ne sont point garnis de semelles ni leurs jambes de bottines. Ils sont habitués à souffrir le froid, et ne reculent devant aucune fatigue. Ils portent des vêtemens courts et ne sont chargés d'aucune espèce d'armes, si ce n'est la massue avec le javelot, des piques, une hache à deux tranchans, un arc, des flèches, des dards noueux ou la lance. Si quelqu'un est en droit de reprocher à un autre que son père est mort sans être vengé par la mort, c'est pour celui-ci l'excès du déshonneur. Le fromage, le beurre et les viandes mal cuites sont réputés le festin le plus délicieux. Ils pressent la viande, à plusieurs reprises, dans le tronc entr'ouvert d'un arbre, et la mangent souvent après en avoir seulement exprimé le sang. Ces hommes barbares ravagèrent notre territoire sur tous les points où ils trouvaient un libre accès ; mais à l'entrée de la vallée d'Andely, notre armée, ayant sagement disposé ses escadrons en avant et en arrière du vallon, resserra tellement les Gallois, qu'un seul jour en vit périr jusqu'à cinq mille quatre cents [1]. »

Ce terrible carnage de ses farouches auxiliaires émut violemment le roi Richard ; lorsqu'il en apprit la nouvelle, il ordonna que trois prisonniers français, qui étaient en ce moment enchaînés devant lui, fussent précipités dans la Seine du haut d'un rocher, où depuis fut élevé le château Gaillard. « Ces malheureux eurent ainsi tous les os et les nerfs du corps brisés [2] ». Il fit ensuite arracher les yeux à quinze autres hommes de France, leur donnant pour guide un prisonnier à qui il laissa l'œil droit pour les conduire en cet état sous la tente des Français. Les barons pleurèrent chaudement en voyant une telle cruauté ; alors Philippe, par une réciprocité

---

[1] Guillaume-le-Breton, Philippéide, chant v.
[2] *Ibid.*

barbare, condamna un pareil nombre de chevaliers anglais au même supplice, « afin que nul ne pût le croire inférieur à Richard en force et en courage, ou penser qu'il le redoutât. »

Quelque temps après, le roi anglais vint assiéger Gaillon, petit castel, garni de tourelles, situé dans la Normandie; le châtelain, nommé Cadoc, ayant vu Richard du haut d'une tour, lui lança un trait d'arbalète; ce trait atteignit le roi au genou, et frappa le cheval d'un coup mortel: « Lorsque sa blessure eut été guérie à l'aide de puissans remèdes, et par le soin d'une main savante, le roi, plus fort et plus irrité que jamais, reprit toute sa fureur; semblable à la couleuvre, qui, ayant dépouillé sa vieille peau, et présentant au soleil son dos luisant, travaille à armer ses dents de leur poison [1]. »

Dans cette nouvelle invasion, l'évêque de Beauvais, le casque en tête, la lance au poing, fut fait prisonnier à côté de Philippe-Auguste, et faisant un grand carnage de chevaliers anglais; il fut assez durement traité par Richard,

[1] Philippéide, chant v.

qui le renferma dans une tour fortifiée. C'est de là que le prélat guerroyant écrivit la lettre suivante au pape : *Philippe, évêque de Beauvais, salut et obéissance canonique à notre père Célestin :* « Toute l'Église sait avec quelle irrévérence le roi des Anglais s'est révolté contre son seigneur Philippe de France, semblable à ce paysan qui cherchait à ébranler une montagne en la tirant avec une corde. Tu as appris aussi qu'il a envahi nos terres avec la tourbe des apostats brabançonnais, et qu'il les a, de toutes parts, dévastées avec le glaive et le feu. Comme j'ai vu un tel désordre, je me suis souvenu qu'il était permis de repousser la force par la force, et de combattre pour la patrie : c'est pourquoi je me suis armé; et me mêlant à la troupe des barons, j'ai marché contre l'ennemi; mais la fortune ne répond pas toujours à nos desseins : j'ai été pris et chargé de chaînes pesantes. Ni la dignité de mon ordre, ni le respect envers Dieu, n'ont pu me sauver; il a dû parvenir à vos oreilles de quelle manière le roi d'Angleterre m'a traité. J'ai péché, il est vrai, contre les canons de l'Église en prenant les armes; mais ce crime est-il irrémissible dans votre miséricorde? et ceux-là qui ont mis la main sur un évêque du Seigneur ne sont-ils pas plus coupables [1]? »

A ces plaintes, voici ce que le pape répondit : *Célestin, évêque, serviteur des serviteurs de Dieu, à son frère chéri Philippe, évêque de Beauvais, salut :* « Tu me dis qu'il t'est mal advenu ; je n'en suis pas étonné. Tu as quitté le gouvernement pacifique des brebis pour le champ de la guerre, la mître pour le casque, le bâton pastoral pour la lance, la chasuble pour la cuirasse, l'anneau pour le glaive. Tu réponds que c'est pour repousser la force ; tu te trompes, car nous pourrions dire de la France : « Malheureuse terre, ton roi est un insensé ! » Il s'était obligé, avec Richard, de respecter ses domaines, et voilà qu'il se saisit de ses terres, et que ses hommes d'armes envahissent ses provinces. Tu as cherché ; eh bien ! tu as trouvé ; tu as frappé, tu as été frappé à ton tour : cependant je vais écrire à Richard pour demander ta délivrance. »

En effet, le pape écrivit à Richard qui, en

[1] Roger de Hoveden, Annal. Angl., ad ann. 1197.

lui renvoyant la cuirasse et la lance de l'évêque toute couverte de sang, répondit par ces seuls mots : « Reconnaissez-vous la robe de votre fils? » Le pape ne réclama plus. Il vit bien, dit la *Chronique de Saint-Denis*, que l'évêque de Beauvais avait guerroyé comme un baron, et qu'il était captif à bon escient [1]. »

Dans le mois de juillet, les deux rois se trouvaient encore en présence dans les plaines de Normandie; les banderolles des chevaliers, les armoiries de diverses couleurs témoignaient que tous les barons des deux royaumes avaient suivi leurs suzerains à la guerre. Philippe comptait s'avancer sur Gisors pour en tenter le siége. Richard campait dans les champs du Vexin, à la tête de quinze cents chevaliers, et de plus de quarante mille vassaux, hommes du commun, armés de bâtons ferrés et de pieux durcis au feu. L'imprudent Philippe, ignorant quelle était la position de son adversaire, s'avança sur Courcelles en toute hâte, n'ayant avec lui que quarante chevaliers, presque tous de valeur, et quelques suivans d'armes; ils s'aper-

[1] Roger de Hoved. Ann. Angl., ad ann. 1197.

çoivent bientôt qu'ils sont environnés d'armes étincelantes, et Mathieu de Montmorency reconnaît les écussons mi-partis des comtes de Leicester, d'Arrondel et de Salisbury. Manassé de Malvoisin s'approcha de lui, et dit : « Beau sire, ne voilà-t-il pas le baronnage d'Angleterre?—Oui, certes, dit Montmorency. » Aussitôt on va prévenir le roi, qui continuait à galoper dans la plaine sur son cheval de bataille. Manassé de Malvoisin l'arrête par la bride : « Où cours-tu, veux-tu te livrer à l'ennemi? crois-tu que ta faible troupe puisse combattre cette armée? Tous les chemins sont coupés d'avance. Tournons bride, tandis qu'il en est temps encore, et que l'ennemi ne nous a pas tout-à-fait entourés.—Tu veux donc, Manassé, présenter le dos en fuyant devant Richard et les Anglais. Il faut que cette route royale me conduise à Gisors : si nous sommes entourés, voilà une clé, dit-il en montrant son épée, pour sortir de cette enceinte d'acier. » En prononçant ces mots, il poursuit son chemin, et tombe la lance au poing sur une multitude de chevaliers anglais qui cherchent à lui fermer le passage. Ses braves compagnons l'imitent; mais ils succombent sous le nombre; le roi se sauva du côté de Gisors avec quelques chevaliers et quatre-vingt servans d'armes; le pont qui mène à la ville s'écroula sur leurs pas précipités, et entraîna plusieurs chevaliers et Philippe lui-même dans le fleuve de l'Epte : on atteignit avec grand peine la rive opposée, mais on reconnut que le plus grand nombre des barons de France était resté dans les mains des Anglais; ainsi furent pris Mathieu de Marle, le sire de Montmorency, Philippe de Nanteuil, Robert de Saint-Denis, Guy de Nevers, et quatre-vingt-dix servans d'armes, et bas chevaliers qui devaient recevoir l'éperon au prochain tournoi [1]. Le roi d'Angleterre se hâta d'annoncer au baronnage d'Angleterre cet heureux événement ; voici la lettre qu'il adressa à l'évêque de Douvres. *Le roi d'Angleterre à son fidèle Philippe, évêque de Douvres, salut :* « Tu sauras que le dimanche avant la fête de Saint-Michel, nous sommes entrés dans les terres du roi de France; nous avons dirigé nos chevaliers auprès de Courcelles, où nous

---

[1] Guillaume-le-Breton, Philippéide, ch. v.

avons pris le château, avec les tours, le châtelain et sept hommes d'armes; le roi de France l'ayant connu, est venu de Mantes avec huit cents chevaliers, un grand nombre de servans d'armes et d'hommes du commun pour secourir le château de Courcelles qu'il croyait n'être point encore tombé dans nos mains. Comme il s'avançait sur Gisors avec ses hommes, je l'ai attaqué avec courage et nous les avons contraints à prendre une fuite si rapide vers le port de Gisors, que le pont s'est écroulé sous eux. Le roi de France, à ce qu'on nous a rapporté, a bu des eaux de la rivière, il en a bu copieusement[1]; près de vingt chevaliers ont été submergés. Nous avons renversé dans ce combat, avec notre lance, Mathieu de Montmorency, Alain de Ronset et Foulques de Gilerous, et nous les avons fait prisonniers de nos mains. Je crois que nous avons bien pris au moins cent chevaliers, dont je t'envoie les noms; il y en a d'autres que je ne connais pas, car Mercader en a plus de trente au-

---

[1] Et rex Franciæ, ut audivimus, bibit de riveriâ, bibit et copiosè bibit.

près de lui que je n'ai pas encore vus. Une multitude de servans d'armes, écuyers, dont près de cent vingt couverts de fers, sont aussi tombés en notre pouvoir; c'est ainsi que nous avons vaincu le roi de France près de Gisors. Nous te le fesons savoir afin que tu te réjouisses [1]. »

Cette lettre où respire une animosité si vive et si profonde indique combien il était difficile de rapprocher deux princes rivaux de gloire et jaloux de leur puissance. Depuis long-temps ces querelles si animées, qui troublaient la paix de la chrétienté, et laissaient aux Sarrasins de la Palestine le loisir d'agrandir leur conquête, avaient fixé la sollicitude des pontifes. Le pape Célestin s'était plaint plusieurs fois d'une manière énergique; mais il n'avait pas assez de hardiesse dans le caractère, ni assez d'ascendant sur le monde chrétien pour imposer la paix à de puissans suzerains que leur caractère poussait sans cesse aux batailles; on l'accusait aussi, et avec quelque raison, de favoriser secrètement le roi Richard,

---

[1] Roger de Hoveden, ad. ann. 1197.

et de veiller avec plus de soin aux intérêts de son ambition qu'au bien général de la chrétienté. Célestin mourut dans ces circonstances. Son successeur, Innocent III, était un de ces hommes supérieurs qui occupèrent, à certains intervalles, le pontificat comme pour en soutenir la puissance. A peine élevé sur la chaire apostolique, il s'occupa avec un soin vigilant d'appeler l'attention des princes vers les colonies chrétiennes de l'Orient menacées. Il écrivit une longue épître à Richard, pour le supplier de mettre un terme à ces terribles discussions qui agitaient les deux plus puissans royaumes de la terre[1] : « Je le veux bien, répondit Richard ; mais il faut qu'Innocent oblige, par des mesures ecclésiastiques, le frère du duc d'Autriche à me rendre l'argent que j'ai payé pour ma rançon, et le roi de Navarre à me délivrer les châteaux de Roquebrune et de Saint-Jean-Pied-de-Port qui ont été promis en dot à Berengère, mon épouse ; enfin, il faut qu'il force le roi de France à me restituer toutes les places qu'il m'a prises depuis ma

---

[1] Vita Innocent., p. 2 et suivantes, édit. de Baluze.

captivité. » Le pape répondit : « Je te ferai restituer Roquebrune et Saint-Jean-Pied-de-Port; mais il m'est impossible d'obtenir de Philippe ce que tu exiges de lui, car il s'y oppose fortement. Tu as eu d'ailleurs de grands torts en refusant d'épouser, il y a cinq ans, la princesse Alix, et de partager les trésors de Chypre ou les écus d'or de Tancrède : souviens-t-en aussi; n'as-tu pas débauché les hommes-liges du roi, durant ton séjour dans la Palestine? Le roi s'est vengé [1]. »

Cette première tentative de médiation n'ayant produit aucun effet, on reprit les armes, et les barons de France et d'Angleterre parurent encore en champ-clos. La fortune fut presque toujours défavorable à Philippe, qu'une nouvelle invasion des Flamands appelait sur une autre frontière de son royaume; il proposa même, dans un moment difficile, lorsque les Flamands s'étaient emparés d'Aire et de Saint-Omer, de traiter avec son vassal sur le pied d'une restitution complète de toutes les places qu'il avait acquises depuis la captivité de Richard, sauf

---

[1] Vita Innocent., liv. 2, ou Epist. 230.

Gisors pour lequel il consentait à s'en remettre au jugement de douze barons : six de France et six de Normandie ; ces offres furent refusées avec toute la hauteur de la victoire ; et les hostilités se continuèrent plus animées.

De nouvelles causes de rivalité venaient d'ailleurs d'éclater dans une question plus grave encore que toutes celles qui jusqu'alors s'étaient présentées.

Henri VI, empereur d'Allemagne, était mort le 29 septembre 1197, laissant un fils unique du nom de Frédéric, encore dans sa quatrième année. Couronné roi des Romains du vivant de son père, il fut d'abord reconnu Imperator, puis délaissé dans la crainte que l'empire électif ne dégénérât en héréditaire. Les princes d'Allemagne élurent à sa place, les uns, Philippe de Souabe ; les autres, Othon de Brunswick : cette double élection se fit sous l'influence des rois de France et d'Angleterre. Richard protégea par son influence personnelle et les trésors qu'il répandit, l'élévation d'Othon de Brunswick, son oncle[1] ; celle du duc de Souabe fut favorisée par

---

[1] Roger de Hoveden, Annal. Angl., p. 183.

Philippe [1] : les deux princes, également couronnés, reçurent la pourpre impériale. Il était d'une haute importance pour Philippe et Richard, que le candidat qu'ils protégeaient restât maître de l'empire ; car ils devaient trouver dans le nouveau souverain, ou un allié, ou un ennemi. Et, comme nous le verrons, le prodigieux succès de la bataille de Bouvines, put seul sauver la France des inévitables conséquences du triomphe d'Othon.

Un traité d'alliance fut donc conclu entre le roi de France et Philippe de Souabe, empereur des Romains, le 29 juillet de l'année 1198. L'empereur s'oblige à secourir Philippe en temps et lieu contre Richard, roi d'Angleterre, et contre Othon, comte de Poitou, et palatin de l'empire, Baudouin, comte de Flandres, et l'archevêque de Cologne, ses fauteurs. Que si quelqu'un des vassaux fait ou injure ou tort au roi de France, l'empereur le fera réparer dans les quarante jours ; s'il ne le peut, le roi aura la faculté de se venger comme bon lui sem-

---

[1] Goldast, *Const. Imper.*, t. 1, p. 287. — Les Annal. du Moine Godefroi, ad ann. 1196, p. 262.

blera, même contre les terres du comte de Flandre qui dépendent de l'empire [1].

Un traité reposant à peu près sur des bases semblables fut arrêté entre Othon de Brunswick et Richard d'Angleterre. Les deux alliés s'y promettaient protection, et s'engageaient à faire guerre à outrance à Philippe-Auguste, et à l'usurpateur de la pourpre impériale qu'il avait pris sous sa protection.

Innocent III, alors dans l'éclat de sa toute-puissance, voyait avec peine l'animosité si vive des rois de France et d'Angleterre. Dans ses lettres adressées à presque tous les princes de la chrétienté, il gémissait sur cette lice toujours ouverte, où les deux suzerains combattaient sans relâche pour des prétentions mondaines; il décrivait avec les expressions exagérées de la douleur le triste état des lieux saints et des colonies chrétiennes d'Orient, où les fidèles étaient abandonnés sans appui au glaive menaçant des Sarrazins. Il faut ajouter que le pontife protégeait secrètement Othon de Bruns-

---

[1] Leibnitz, *Codex diplomat.*, n. 6. — Recueil des Traités, édit. de Hollande, 21, p. 38.

wick, et réveillant à cette occasion les prétentions des papes sur l'élection des empereurs, il soutenait qu'à lui seul appartenait le pouvoir de prononcer sur les droits opposés des divers prétendans à l'empire. Innocent commanda en vertu de son caractère apostolique, aux rois de France et d'Angleterre, de faire la paix ou au moins une trève de cinq ans. « Vos batailles, disait-il, empêchent les barons et les chevaliers de prendre la croix; les infidèles font des progrès partout où ils se présentent, protégés, comme ils le sont, par vos tristes querelles. » Le pape terminait sa lettre en menaçant tous ceux qui seraient sourds à ses paroles de l'excommunication absolue, et si les rois eux-mêmes persistaient à continuer la guerre quarante jours après la sommation qui leur serait faite par les légats, toutes les terres devaient être mises en interdit, avec ordre le plus sévère au clergé de le tenir avec toute rigueur, et de n'administrer que le baptême aux enfans et le sacrement de la pénitence aux moribonds. Par ses ordres, Pierre de Capoue, cardinal-diacre de Sainte-Marie, vint en France: il rapprocha les deux rois dans les solennités de Noël;

mais il ne put conclure une paix définitive : tout ce qu'il obtint d'eux, ce fut une trève de cinq ans qui devait durer depuis le 5 janvier 1199 jusqu'à pareille époque de 1204. Elle reconnaissait le *statu quo* quant aux possessions respectives du roi Richard et de Philippe [1].

Après avoir mis fin aux sanglantes hostilités qui agitaient les provinces de France et les fiefs d'Angleterre, Innocent III résolut de faire taire aussi les divisions plus générales qu'avait fait naître la double élection à l'empire de Frédéric de Souabe et d'Othon de Brunswick. Nous avons vu que le souverain pontife s'était prononcé pour Othon, soit que les sterlings d'Angleterre, comme le dit le moine anglais Mathieu Pâris, eussent gagné le sacré conclave, soit que le pape considérât toujours Frédéric comme l'héritier des haines de la maison de Souabe contre les papes. Il écrivit donc au roi de France, pour lui reprocher son alliance avec l'ennemi de l'Église; il le somma, en termes impérieux, de renoncer à de telles prétentions :

---

[1] Epist. Innocent. III, liv. 2, ep. 24, t. 1, p. 345. — Mathieu Pâris, ad ann. 1199, p. 136.

« Très saint Père, répondit Philippe, vous savez que nous avons toujours tenu comme un de nos devoirs de servir le Saint-Siége en prospérité comme en adversité : c'est pourquoi, ayant une confiance entière dans les services que nous vous avons rendus, nous vous prions d'être plus attentif aux affaires de notre royaume. Vous savez que le roi d'Angleterre veut par des voies injustes, et à force d'argent, placer son neveu, contre le droit et la raison, sur le trône d'Allemagne; vous ne devez point souffrir que ce dessein réussisse, attendu qu'il en doit revenir à notre royaume et de l'opprobre et du dommage, et que, puisque nous n'avons attenté en rien à l'Eglise romaine, il n'est pas juste qu'on attente aux droits de notre patrimoine. Votre Sainteté repousse Philippe de Souabe, parce que ses ancêtres furent les ennemis du Saint-Siége; mais je puis vous garantir qu'il proteste aujourd'hui de terminer par notre conseil les différends qui sont survenus entre l'Église et l'Empire, et d'acquiescer à ce que nous en ordonnerons. Si vous voulez le recevoir dans votre amitié, je vous garantis qu'il vous cédera les possessions, les châteaux et l'argent que vous demanderez. Au reste, suivant votre ordre, j'ai conclu avec Richard une trève de cinq ans, dont nous avons juré l'entière exécution [1]. »

Innocent répondit qu'il ne concevait pas comment le roi de France pouvait penser autrement que le père commun des fidèles ; qu'il soutiendrait Othon de tout son pouvoir, aussi bien par la force du glaive que par la voie des interdits et des excommunications ecclésiastiques.

Tandis que les deux prétendans, Philippe et Othon luttaient ainsi pour la pourpre impériale, Richard, après avoir conclu la trève de cinq années avec son suzerain, s'était rendu dans le Poitou, afin de dompter les châtellenies rebelles et dépendantes de son domaine. Tandis qu'il s'occupait à visiter ses baronnages, et à se faire rendre les devoirs de la féauté, un messager du vicomte de Limoges arriva dans sa tente avec deux mulets chargés d'argent. « Beau

---

[1] Regist. des Lettres d'Innocent III. *De Negot. Imp.* epist. 13, p. 690.

sire, dit le messager, le vicomte de Limoges a trouvé un trésor dans son champ; il t'en envoie une portion qui n'est pas petite. — Tu sais, répondit Richard, que je dois avoir le trésor tout entier, d'après la loi féodale; car toute fortune et trésor appartiennent au suzerain : va donc dire au vicomte qu'il fasse constater par le serment de ses hommes en quoi il consiste, et qu'il me l'envoie sur-le-champ; autrement j'irai l'assiéger suivi de mes chevaliers, et Marcader lui-même, avec ses Brabançonnais, m'accompagnera. » Le messager retourna auprès du vicomte, et lui rapporta la réponse de Richard : « Il n'aura pas davantage, dit-il, car il n'y a que *fortune d'or* qui appartienne entièrement au suzerain; *fortune d'argent* se partage entre lui et le vassal. » Le roi, n'ayant pas été satisfait, partit donc en toute hâte, dans la crainte que le trésor ne lui échappât; il ne fit pas même attention qu'on était dans la semaine de Pâques, et que les canons de l'Église défendaient en ces jours l'effusion du sang : il vint assiéger le château de Chaluz [1], où l'on croyait que

---

[1] Roger de Hoveden, ad ann. 1199.

le trésor était caché : les chevaliers et les hommes d'armes du vicomte d'Angoulême offrirent de lui livrer le château et ses dépendances, s'il voulait leur laisser la vie et leur donner une petite part du trésor. Richard répondit : « Je veux m'emparer du château de vive force, et vous suspendre tous par des cordes au haut des tourelles. » Ces hommes, pleins de tristesse, résolurent alors de se défendre à outrance. Un jour que le roi pressait plus vivement que de coutume les vieilles murailles, un arbalétrier, qui se nommait Bertrand de Gourdon, lâchant un trait d'une main vigoureuse, atteignit Richard au bras gauche; les brassards ne purent amortir le coup; le trait perça d'outre en outre; le roi anglais, couvert de sang, le visage altéré, se tourna vers Marcader, et lui dit : « Continue le siége jusqu'à ce que le château nous appartienne. Je suis blessé par un trait d'arbalète; je retourne au camp. » Chaluz fut pris; mais lorsque Marcader retourna sous les tentes, le roi était dévoré par une fièvre brûlante, et menacé de la mort; une opération maladroite avait rendu la blessure dangereuse; le fer était demeuré dans la plaie. Quand l'heure de la mort s'approcha, Richard fit venir l'arbalétrier qui l'avait blessé, et qui se trouvait parmi les prisonniers, et lui dit : « Quel mal t'ai-je fait? Pourquoi m'as-tu blessé à mort [1]? — Tu as tué, répondit le jeune homme, de ta propre main, mon père et deux de mes frères, et je me venge. A présent que je suis dans tes mains, fais ce que tu voudras : livre-moi aux plus affreux tourmens, que m'importe, puisque j'ai délivré le monde d'un prince qui lui a fait tant de mal. — Eh bien, qu'on le délie, dit Richard, d'une voix affaiblie : pendez tous les hommes d'armes de Chaluz, mais sauvez celui-là; qu'on lui donne même cent sous en monnaie anglaise. » Marcader promit qu'il ferait la volonté de son maître; mais l'arbalétrier était à peine sorti de la tente de Richard, que le chef des Brabançonnais attacha à son cou une courroie de cuir, et le suspendit à un arbre.

Tous les barons d'Angleterre entouraient

---

[1] Quod mali tibi feci? Quare me interemisti? — Cui ille respondit : Tu interemisti patrem meum et duos fratres meos manu tua et me nunc interimere voluisti. Roger de Hoved., ad ann. 1199.

Richard, qui, d'une voix mourante, dictait à son clerc ses dernières volontés. Il exigea que tous les vassaux présens jurassent sous serment qu'ils reconnaîtraient comme roi son frère Jean, alors condamné pour haute trahison; qu'ils le feraient jouir de tous les fiefs de la couronne. Il fit trois parts de son trésor : il laissa la première au roi Jean, pour les frais de son couronnement et les présens à faire aux barons en cette circonstance. Il fit une seconde part à son neveu Othon, élu empereur d'Allemagne, pour l'aider à se maintenir par des sterlings dans les bonnes grâces du pape, des cardinaux et des électeurs de l'Empire : la troisième, enfin, il la laissa aux pauvres chevaliers et à ses hommes d'armes. Il demanda que son cerveau, son sang et ses entrailles fussent ensevelis à Chartres, son cœur à Rouen, et son corps dans l'abbaye de Fontreveau, aux pieds de son père, comme pour lui demander merci de ses outrages. Richard mourut dans le mois d'avril 1199, la troisième fête avant les Rameaux. On fit beaucoup de vers, en forme d'épitaphe, sur sa mort. Les uns disaient : « Une fourmie a tué le lion ; ô douleur ! le monde périt par de telles funérailles ! » D'autres répondaient : « L'adultère, l'avarice, le désir aveugle, ont régné pendant dix ans sur le trône d'Angleterre ; une arbalète les a détrônés [1]. » Ceux-ci furent l'ouvrage d'un religieux de Cantorbéry. Guillaume-le-Breton, que l'on rencontre toujours avec ses conceptions poétiques, grossier mélange des traditions de la Grèce et de Rome, et des idées religieuses du moyen âge, a composé une sorte d'épopée mystique sur la mort de Richard, dans laquelle il introduit les trois Parques impitoyables, Atropos, Clotho et Lachésis [2] :

« Pourquoi, Clotho, dit Atropos, pourquoi fournis-tu à Lachésis de quoi filer pour l'usage du roi Richard ? à quoi sert d'avoir pris tant de peine pour celui qui ne le mérite point ? pour celui que notre patience, à ce que je vois, ne rend que trop orgueilleux, que nos bienfaits font rebelle envers nous, qui n'espère que trop pouvoir abuser de nos dons, comme si je ne devais jamais avoir la puis-

---

[1] Roger de Hoveden, en le comparant avec Raoul de Dicet, ad ann. 1199.

[2] Guillaume-le-Breton, Philippéide, ch. v.

sance de rompre quand je le voudrais ce fil
que tu tresses, lui qui, entraîné par son excessive avidité, ose mépriser les jours très
saints et le temps bienheureux[1] qu'a consacrés
par le sang de son propre fils le père qui
tonne dans les cieux, et qui nous a donné
d'être ses ministres; lui qui a si souvent violé
les traités qu'il a conclus avec son seigneur,
et qui naguère encore a voulu se saisir de sa
personne. Je passe sous silence les fraudes
par lui commises dans le pays de Syrie et dans
son séjour à Palerme. Que veulent dire,
Clotho, ces murmures qui répondent à ma
voix? Toi qui n'es autre chose que la force
par laquelle le père souverain appelle chaque
être à l'existence en son temps et comme il
lui plaît, en sorte que tu n'as que le pouvoir
de tenir la quenouille, et rien au-delà; et toi,
Lachésis, qu'es-tu autre chose, si ce n'est la
fatalité par laquelle ce même créateur conduit
ce qui est déjà produit, le fait végéter et le
dirige à travers l'existence? Mais en moi qui
domine sur toute chose, il n'y a aucun changement; rien ne me peut faire obstacle : ma

[1] La semaine de Pâques.

force dépouille de l'existence tout ce qui par vous vient à l'existence ou parcourt l'existence[1]. Mais c'est assez, la parole irrévocable du Père me presse. Fais, Clotho, fais que ta quenouille apprenne à s'arrêter; fais, Lachésis, que le fuseau que tu tournes avec le pouce cesse de s'enfler; tu peux le garnir plus utilement pour le roi Philippe qui respecte et nous et notre père, et honore les cieux : pourquoi trembles-tu derrière ton château, valeureux Achard? tes tourelles sont délivrées, car voici que je viens à ton secours; que dis-tu? qu'il n'y a plus de traits? Regarde la muraille : sous cette poutre encore ferme à côté de toi, est suspendue une courte flèche, à la pointe carrée, que Richard a envoyée contre toi, désirant te frapper d'une mort subite : présente cette flèche à Guy qui porte une arbalète, afin qu'il renvoie à Richard ce que Richard a envoyé; je veux que Richard périsse de cette mort et non d'une autre, afin que celui qui a montré le premier aux enfans de la France l'usage de l'arbalète, en fasse lui-même l'ex-

[1] On peut apercevoir ici l'exposition du système philosophique dominant au moyen âge.

périence, et sente la force de l'instrument cruel dont il a appris l'usage aux autres. — Atropos a dit; ses paroles ont plu à ses deux sœurs : Clotho quitte la quenouille, et Lachésis renonce à ses fuseaux. Richard a cessé de vivre [1]. »

Le troubadour Bertrand de Born, vicomte de Hautefort, qui avait long-temps combattu contre les hommes d'armes et les Brabançonnais de Richard, mais qui depuis s'était fait le plus fidèle de ses vassaux, chanta aussi la mort de son seigneur en hauts faits de bataille et en la science gaie. « Mort barbare, tu peux te vanter d'avoir enlevé le meilleur chevalier qui fut jamais. Je pleure celui qui fut mon maître en toute chose; nulle joie ne dissipera ma douleur. Anglais, Normands, Bretons, Irlandais, Gascons, verseront des larmes amères. Tu étais le roi des courtois, l'empereur des preux; nous sommes tous abîmés dans la tristesse et le désespoir, car les barons, les troubadours, les jongleurs, ont tout perdu. J'implore la miséricorde du Dieu qui est mort pour nous sauver; qu'il daigne le placer en honorable compagnie, au séjour où il n'y eut jamais ni peines ni chagrins. »

[1] Philippéide, chant v.

CHAPITRE XII.

Situation de la France à la mort de Richard. — Affaire du divorce. — Mariage du roi avec Agnès de Méranie. — Amours du roi. — Pompe de la cour. — Captivité d'Ingerburge. — Ses plaintes. — Innocent III. — Menaces d'excommunication contre le roi. — Philippe résiste. — Interdit jeté sur le royaume. — État de l'Église et des peuples sous l'interdit. — Fureurs de Philippe. — Il veut se faire mécréant. — Mesures de sévérité contre les évêques. — On les force à solliciter la levée de l'interdit. — Concile. — Le roi se rapproche d'Ingerburge. — Séparation d'avec Agnès. — Sa mort. — Légitimation de ses enfans. — Continuation de l'affaire du divorce.

1199 — 1208.

La mort de Richard était un grand événement pour le royaume de France; ce prince, d'un courage indomptable et d'une activité jamais ralentie, était pour Philippe un puissant adversaire. Dans la lice et les tournois, il surpassait son suzerain, et sa belliqueuse administration prouve qu'il comprenait mieux que lui, peut-être, l'art de suivre une guerre et la force de se procurer les ressources pour triompher. Tant que Richard régnait en Angleterre, Philippe ne devait et ne pouvait avoir les yeux que sur son vassal. C'était de la Normandie, du Poitou, de la Guyenne, que venaient tous ses dangers, et les historiens qui lui supposent déjà dans cette situation les idées d'unité monarchique et le désir d'assurer une administration régulière ne comprennent pas la position d'un suzerain obligé sans cesse de provoquer les services féodaux et de faire des concessions à ses vassaux immédiats pour en obtenir appui.

Le prince qui succédait à Richard, Jean, comte de Mortain, n'avait ni son courage ni son caractère. Dans les combats, on avait remarqué sa lâcheté et sa couardise; il ne rachetait ce défaut capital dans le moyen âge que par ses prodigalités secrètes et par une faiblesse d'esprit qui, le mettant à la merci de tous ses vassaux, ne faisait plus du suzerain que l'homme des barons, ce qui était le dernier terme du système féodal.

Ce changement était donc immense pour le roi de France : d'un autre côté, les nécessités qui accompagnent toujours les premiers temps d'un règne, les faiblesses inséparables d'une autorité qui commence et s'essaie, tout cela pouvait favoriser les tentatives de Philippe. Une trève de cinq ans existait, il est vrai; mais dans ce siècle, on ne manquait jamais de prétexte pour la rompre, et l'on avait vu plus d'une fois Richard et Philippe-Auguste se précipiter dans la lice avant que les hommes d'armes eussent annoncé qu'on *allait férir d'estoc et de taille*. Cette considération n'aurait donc point arrêté le roi de France; mais une cause plus grave, des difficultés que présentait la situation intérieure de son royaume, comprimèrent un moment ses vues ambitieuses.

L'affaire du divorce avec la reine Ingerburge jetait encore le trouble et le désordre à la cour du suzerain; tant que Philippe n'avait point songé à prendre une nouvelle femme, ses duretés envers la reine, bannie de la cour, pouvaient bien appeler les censures du souverain pontife; toutefois, ainsi qu'on l'a dit, les canons de l'Église ne permettaient pas l'excommunication contre la séparation corporelle, qui n'était pas suivie de secondes noces; mais cette circonstance se présenta bientôt, et compliqua d'une manière déplorable la question du divorce.

Philippe, séparé d'Ingerburge, ne pouvant plus supporter sa présence, chercha d'autres affections : ses messagers parcoururent les royaumes d'Europe pour quérir une femme; il avait tour à tour demandé Clémence, fille d'Herman, landgrave de Thuringe [1], et Alix, fille d'un prince palatin du Rhin; toutes deux refusèrent, lorsqu'elles eurent entendu raconter par les dames et les varlets les ennuis de la malheureuse Ingerburge dans les tourelles et les châteaux. Le roi fut plus heureux auprès d'Agnès, sœur d'Othon, duc de Moravie, marquis d'Istrie [2] : les chroniques relèvent l'éclat de cette maison, qui descendait d'Arnould, issu du sang de Charlemagne. Agnès était d'une

[1] Le roi lui avait promis de l'épouser, à moins qu'elle ne fût laide à faire peur. Ancien cart. de Philippe-Auguste, f° 112. Quelques chroniques placent ce fait postérieurement à la mort d'Agnès de Méranie.

[2] Rigord et Guillaume-le-Breton lui donnent le nom de Marie de Méranie; j'ai suivi la version d'Albéric, moine des Trois-Fontaines et de la plupart des chroniques, qui l'appellent Agnès. — Rig. *Gest. Philip.-August.* p. 40. — Alberic Triafont. chronic. ad ann. 1196.

beauté ravissante; de blonds cheveux descendaient sur ses épaules : le moine de Saint-Denis loue beaucoup son petit pied et sa main d'une éclatante blancheur. Lorsqu'elle arriva en France, Philippe tenait une cour plénière à Compiègne, pour y recevoir l'hommage de Baudouin, comte de Flandre: la foule des barons et des chevaliers était immense; au moment où elle parut, montée sur sa haquenée, avec ses demoiselles, les joûtes furent suspendues; tous les yeux se portèrent vers elle, et un murmure approbateur éclata subitement parmi la foule; plusieurs jeunes chevaliers, les fils des comtes de Nevers et de Montreuil, disaient entre eux : « Qu'il est heureux, notre sire, d'avoir une telle dame; nous prendrions volontiers ses couleurs. » Le roi s'approcha de la fiancée, qui baissa son voile et vint prendre du repos sous une tente qu'on lui avait destinée; le lendemain, on célébra le mariage, bien que quelques évêques et plusieurs prélats doutassent que la première union avec Ingerburge eût été légitimement dissoute [1].

[1] Rom. de la branche au royal lignage, MSS.

On s'aperçut bientôt que le roi était éperdument amoureux d'Agnès de Méranie; il ne la quittait plus; son écu était orné de symboles passionnés; s'il allait à la chasse, Agnès l'accompagnait, et comme elle avait été habituée à la vie des forêts dans la cour de son père, elle se distinguait par son courage et ses grâces : quelquefois on la voyait sur un cheval fougueux, poursuivre avec l'agilité de la flèche le cerf ou le daim timide : le roi et les barons admiraient la justesse et la force de ses coups, et les clercs, pleins de souvenirs classiques, la comparaient à la Camille de Virgile : dans les tournois, Agnès distribuait avec majesté les écharpes et les riches épées ; les jeunes chevaliers victorieux dans la joûte baisaient en rougissant cette main qui couronnait leurs nobles efforts. Le nom et le chiffre d'Agnès étaient sur toutes les devises et sur les armes.

Ces succès d'une trop brillante rivale étaient parvenus jusque dans la tourelle où la malheureuse Ingerburge gémissait, victime des tristes préventions du roi : entourée d'évêques et de prêtres, elle ne se plaignait pas de son sort; quelque rigoureux qu'il pût être, elle le supportait : cependant on lui fit comprendre qu'elle devait défendre les droits sacrés du mariage, et son clerc écrivit pour elle au pape la lettre suivante :

« Les anxiétés de ma cruelle douleur m'obligent à déposer dans votre sein apostolique les tristes secrets de mon ame. Voilà déjà trois ans que le roi de France m'a épousée à peine nubile, et je puis vous assurer, très saint Père, qu'il s'est approché de moi et m'a rendu deux fois le devoir conjugal, selon l'ordre naturel. Voilà qu'un peu après, je ne sais par quel diabolique conseil des grands, il vient d'épouser Agnès, plus belle peut-être, mais moins aimante : triste jouet du sort, le roi m'a renfermée dans le fond d'un château, d'où je ne vois même pas les cieux, auxquels j'élèverais mes mains suppliantes; et pour ce cruel traitement il n'allègue d'autre motif qu'une petite parenté très éloignée, cause suffisante, dit-il, pour la séparation. Il a fait ainsi de sa volonté une loi, de sa passion une fureur. Je le plains, et je mange, sans l'accuser, le pain de ma douleur : faut-il que le mauvais exemple arrive aux sujets par celui qui est le défenseur naturel des bonnes mœurs de son royaume! Malheur à moi! il méprise les lettres de votre sainteté; il ne veut pas entendre les ordres des cardinaux; il se moque des paroles des archevêques et des évêques. Ce que je dois faire, ce que je dois dire, je l'ignore entièrement; je suis pressée par la douleur, et si votre miséricorde ne daigne pas compatir à ma tristesse, je succomberai dans peu, je vous le jure ¹. »

La pieuse princesse cherchait à calmer ses ennuis par des actes de ferveur chrétienne; elle envoyait aux églises des chasubles de soie, des franges d'or pour les reliquaires; le chapitre d'Amiens fut l'objet particulier de ses prédilections; elle lui fit don d'un calice et d'une patène, seuls débris d'une opulence naguère toute royale ².

Tant que Célestin occupa le siége pontifical, les lettres d'Ingerburge, ses pressantes prières,

---

¹ Baluze *Mascelan*, t. I, p. 422.

² *Ant. de la ville d'Amiens*, t. I, p. 194. — Gall. Christ. edit. 2ᵉ, t. X, col. 333.

restèrent sans effet : le prélat, affaibli par l'âge et la maladie, n'avait point assez d'énergie pour lancer les foudres du Saint-Siége contre un prince aussi puissant que Philippe, roi de France; mais Innocent III était à peine élevé sur le trône pontifical, qu'il prit ouvertement la défense de la reine malheureuse, avec une hauteur qui dut augmenter les difficultés, en irritant le caractère altier du roi : « Je suis étonné, écrivait Innocent à l'évêque de Paris, qu'un roi de France, successeur de tant de monarques zélés pour la cause de l'Église, se conduise de cette manière avec son épouse et la toute-puissance pontificale : comment puis-je qualifier cette indifférence qui le porte à refuser à une jeune femme si bien faite, le devoir conjugal ? et à une reine pleine de majesté les honneurs qui sont dus à la haute dignité des monarques ? Mon prédécesseur, Célestin, a voulu faire cesser ce scandale, il n'a pu y réussir : quant à moi, je suis bien déterminé à suivre son ouvrage et à obtenir par tous les moyens l'accomplissement de la loi de Dieu; parlez-en souvent au roi de ma part, et dites-lui que ses refus obstinés pourraient bien lui attirer et la colère de Dieu et les foudres de l'Église [1]. »

Malgré ces remontrances qu'Innocent III lui adressait indirectement, Philippe n'en continuait pas moins à vivre sous le même toit qu'Agnès de Méranie [2]. Lorsque les soins de la guerre n'appelaient pas Philippe dans la lice, les deux époux, toujours plus ardens à mesure qu'on menaçait de les séparer, visitaient les demeures royales, Fontainebleau, Vincennes et Compiègne; la cour du suzerain offrait comme une fête perpétuelle; les troubadours et les trouvères chantaient la beauté de la jeune reine, et les plus braves chevaliers brisaient des lances en son honneur. Agnès était enceinte depuis quelque temps, et la langueur de ses beaux yeux, que le trouvère Hélinant a rendu célèbres, augmentait encore le charme irrésistible de ses traits expressifs : les évêques et les prêtres avaient beau rappeler qu'Agnès n'était point l'épouse légitime, les barons et les chevaliers la reconnaissaient

---

[1] Innoc. epist. 4, l. 1.

[2] *De Legato misso in Franc.* Duchesne, t. v, p. 754.

pour leur belle suzeraine *et la fleur des dames*, et continuaient à défendre envers et contre tous les mécréans ses charmes et son honneur.

Le pape Innocent voyait avec peine se raffermir cette résistance aux canons de l'Église et à ses volontés ; il craignait qu'elle ne se consacrât comme une habitude, et qu'ainsi le respect aux volontés du Saint-Siége ne s'affaiblît. Pontife impérieux et jaloux de son pouvoir, il résolut d'employer toutes les foudres de Rome pour ramener dans le cœur des rois et des peuples l'esprit d'obéissance. Avant de déployer l'appareil de la violence, il crut devoir écrire à Philippe lui-même : « Tu connais, lui dit-il, la puissance des pontifes ; tu sais qu'elle domine les rois et les couronnes. Rien ne peut détacher tes actions du sein de cette Église que Dieu a posée sur la terre comme une tour qui protége les bons et menace les méchans. Sépare-toi donc de la femme à laquelle tu t'es uni ; elle n'est point ton épouse, mais ta concubine. Célestin, mon prédécesseur, te l'avait déjà commandé ; tu as méconnu ses paroles. Cet exemple est funeste ; beaucoup de gens le suivent, car il vient de trop haut pour ne point être aperçu : un second mariage est toujours cause de bien grandes douleurs; Dieu punit déjà ce grand scandale par la guerre et la famine dans ton royaume. On assure qu'Agnès est aussi ta parente; tes enfans seront donc incestueux? Je suis résolu d'user de toute rigueur envers toi et les tiens : les foudres de l'Église sont prêtes; elles pourront t'atteindre [1]. »

Philippe ne prêta aucune attention à cette lettre et à ces menaces; il ne daigna même pas répondre au pontife insolent. C'est alors que, plein de colère, Innocent nomma un légat *à latere*, pour le royaume de France, et le chargea de l'exécution de ses bulles [2] : « J'ai écrit à notre très cher fils Philippe, pour qu'il se séparât de sa concubine, et qu'il reprît la reine sa véritable épouse; il n'a pas répondu; pour que l'ordre que je lui ai donné reçoive une plus facile exécution, je t'ordonne, par ma volonté apostolique, si, dans un mois, le roi n'obéit pas à mon ordre et ne quitte pas

---

[1] Epist. Innocent. 171, liv. 1.
[2] Epistol. Innoc. 345, 346, liv. 1.

sa concubine, de mettre le royaume en interdit : tu ne permettras que le sacrement de baptême pour les enfans, et celui de pénitence pour les mourans. On ne célébrera aucun office dans le royaume. J'ordonne en conséquence à nos vénérables frères les évêques et archevêques, les abbés et prieurs, de faire promulguer dans leurs districts respectifs, la sentence d'interdit. »

Cette résolution de mettre le beau royaume de France en interdit étant prise, Innocent se contenta d'écrire une seconde fois à Philippe pour lui annoncer qu'il envoyait en France un légat pour faire cesser les scandales de sa conduite : le légat fut ce cardinal Pierre, du titre de Sainte-Marie, qui avait conclu la trève de cinq ans avec Richard. Il arriva en France vers la fête de Noël 1198 [1]; il vit le roi, qui l'accueillit avec quelque respect; mais lorsque le cardinal lui parla de son second mariage et de sa séparation avec Agnès, Philippe ne voulut rien écouter : « Agnès est mon épouse, dit-il, personne ne pourra m'en séparer. » Le cardinal, frappé de l'obstination qu'avait mise Philippe dans cette réponse, crut devoir en défé-

[1] Epist. Innocent., t. I, liv. VI.

rer au Saint-Siége. Il écrivit au pape que le roi ne changerait pas et qu'il paraissait résolu à subir l'interdit; Innocent répondit en peu de mots : « Faites réunir les évêques et les abbés, et que l'interdit soit au plus tôt jeté sur le royaume, sans appel : nous verrons après. » Le légat convoqua, sur cet ordre, une sorte de concile à Dijon. Les archevêques de Lyon, de Reims, de Besançon, de Vienne, dix-huit évêques et grand nombre d'abbés y assistèrent[1]; deux abbés furent chargés de citer le roi en personne; Philippe les fit mettre hors du palais par des hommes d'armes. Cependant il envoya deux députés à ce concile avec commandement de protester contre tout ce qui s'y ferait : ces réclamations furent inutiles. Le 6 décembre, les évêques et les prêtres assemblés parurent chacun un flambeau de poix à la main. Dans le silence de la nuit, les clercs entonnèrent d'une voix lugubre le *miserere* et les prières adressées, au nom des coupables, au Dieu des miséricordes; les vitraux de l'église

---

[1] Ce concile dura sept jours; il commença le 6 décembre 1199. — *De Legat. miss. in Franc.* Duchesne, t. V, p. 764.

où était représentée la passion du Sauveur, en synope, gueule sable et azur, répétaient les sons tristes et monotones du plain-chant, et les cloches, qu'on entendait pour la dernière fois, sonnèrent comme pour les agonisans et les morts. Le Christ des autels était voilé; on avait consumé dans les flammes les dernières hosties consacrées, et descendu dans les caveaux les corps saints et les images des patrons des églises. En présence du peuple assemblé, le légat, revêtu d'une violette étole, en usage le jour de la Passion ou des Morts, éleva la voix et annonça à la multitude à genoux, qu'au nom de Jésus-Christ, tous les domaines du roi de France étaient mis en interdit jusqu'à ce qu'il cessât son commerce adultère avec Agnès de Méranie, sa concubine. On entendit alors dans l'église un profond gémissement; les vieillards, les femmes, les enfans, pleuraient à chaudes larmes; il semblait que l'heure du jugement dernier fût arrivée, et qu'on allait paraître devant Dieu sans aucun des secours de l'Église [1].

---

[1] *De Legato miss. in Franc.*, t. V, p. 754. — Voyez, sur les formules de l'excommunication, le Rituel rom. MSS. du Roi.

Qu'on se représente le peuple pieux du moyen âge, frappé de l'interdit et dans la privation des cérémonies religieuses qui attiraient son respect et excitaient ses superstitions. Dès le moment que la bulle était fulminée, toutes les pompes de la religion étaient suspendues : en dehors des gothiques églises, on ne voyait plus à découvert les grossières images du Seigneur, de ses apôtres, de la Jérusalem céleste, de la Vierge, et de cet ange gardien, devant lesquelles le baron et ses vassaux venaient s'agenouiller le dimanche et les jours de fête ; elles étaient couvertes d'une bure noire, comme pour exprimer que les temps de la miséricorde de Dieu étaient passés : on ne laissait à découvert que ces figures bizarres qui, placées sur la façade de l'édifice, représentaient les sept péchés capitaux, images des peuples frappés d'interdit : la croix qui ornait le faîte de l'église était aussi voilée ; les grandes portes, bardées de fer, autrefois destinées à repousser le pillage des Normands et alors à contenir la rapacité des barons, étaient fermées ; la cloche bruyante, qui annonçait la fin des travaux du jour et l'heure de la prière, cessait de retentir dans la campagne : les offices étaient suspendus, et le chœur désert ; le serf qui allait aux champs n'entendait plus, en passant devant le monastère, les prières de matines, et les cantiques qui excitaient sa piété et réveillaient son zèle. Toutes les époques de la vie semblaient rappeler que les foudres de l'Église avaient frappé un peuple de pécheurs. Au lieu de ces pompes qui accompagnaient le baptême, un seul prêtre ondoyait l'enfant qui venait de naître ; *les jeunes amans qu'amour excitait* demandaient en vain la bénédiction nuptiale, et les prières de l'agonie ne consolaient plus les mourans : les corps des fidèles étaient exposés pêle-mêle sur le sol, indignes qu'ils étaient d'entrer en terre sainte. On fermait même les portes des cimetières. Quelle impression plus grande encore ne devait pas faire sur des ames pieuses et ignorantes ce retour des grandes fêtes de l'année, dans lesquelles on cherchait vainement les cérémonies pratiquées dès l'enfance ! Les jours de Noël, des Rameaux, de Pâques, étaient marqués par des témoignages particuliers de la piété des chrétiens ; dans les plus petits châteaux, dans les monastères, on trouvait, aux fêtes de Noël, la crèche héréditaire; toute la population des villages et des cités parcourait les rues, dans la solennité des Rameaux, une branche d'olivier à la main, en mémoire de l'*hosanna* du Seigneur; et, le jour de Pâques, le baron, ses hommes d'armes et ses vassaux, recevaient en public le pain de l'Eucharistie. Dans ce deuil universel de l'Église, toutes ces émotions cessaient de frapper l'imagination des barons et des chevaliers.

On commença à garder l'interdit dans l'abbaye de Saint-Benigne de Dijon, le jour de la Chandeleur 1200 [1] : l'obituaire des moines est en blanc, et l'on n'y trouve inscrit que le nom des religieux qui mouraient; ceux des seigneurs comme des pauvres serfs sont en blanc, car les uns aussi bien que les autres n'étaient point ensevelis en terre bénite. Les croisés furent seuls exemptés de cette fatale interdiction [2]. Cet exemple fut imité par la plupart des évêques et des chapitres de France;

---
[1] Chroniq. Divionens. ad Cicl. Pascal. ann. 1200. Labb. Biblioth. t. I, p. 80.
[2] Roger de Hoveden, p. 802.

quelques autres en suspendirent l'exécution : les chanoines de Sens et de Paris, les évêques de Senlis, d'Amiens et de Soissons, placés plus immédiatement sous la main de Philippe, informèrent le pape des motifs qui les empêchaient de garder l'interdit : « Le simple bruit de cette résolution, disaient-ils, avait soulevé tout le peuple; on s'était pressé autour des églises, dont on avait forcé les portes : il était impossible de comprimer ces pieuses séditions de la multitude demandant par la violence qu'on lui rendît ses autels, ses patrons et ses fêtes; Philippe lui-même menaçait les évêques et clercs assez hardis pour obéir aux volontés du légat. »

L'impérieux pontife répondit « que ces motifs étaient frivoles, et montraient la faiblesse de leur ame; qu'il fallait obéir sans retard, car l'Église était depuis long-temps affligée d'un grand scandale. » Les évêques, en effet, n'osèrent point résister; l'interdit commença sur toutes les églises du domaine royal. Quelques monastères privilégiés conservèrent cependant la faculté de célébrer les saints mystères dans le silence de la nuit; les moines de Saint-Denis, en tout temps protégés par les pontifes, purent dire la messe, noues et matines, mais à voix basse, les portes fermées, afin de n'être ni vus, ni entendus par ame vivante [1].

On ne peut se faire une juste idée de la douleur publique, à l'aspect de ce grand deuil de la religion; les fidèles ne s'abordaient qu'en gémissant; toutes les pompes et les fêtes étaient suspendues dans les cités et les campagnes; on courait jusques en Normandie, dans la Bretagne ou dans les fiefs d'Angleterre, pour solliciter les cérémonies de l'Église : le comte de Ponthieu, qui épousa la jeune sœur de Philippe, obtint la bénédiction nuptiale de l'archevêque de Rouen; sur plusieurs points du royaume, des émeutes violentes se manifestaient, et l'on voulut contraindre les évêques et les prêtres à rouvrir les chapelles et à célébrer les saints mystères.

Philippe, toujours épris d'Agnès de Méranie, entra dans une fureur extrême en apprenant que l'interdit était jeté sur son royaume [2], et que les évêques, plus soumis aux volontés

[1] Doublet, Hist. de l'abbaye de Saint-Denis, p. 536.
[2] *De Legat. miss. in Franc.*, ibid.

du pape qu'à ses chartes, commençaient à le garder dans leurs diocèses respectifs; lorsque l'évêque de Paris se présenta devant lui, il dit : « Par la joyeuse de saint Charles le Grand, évêque, n'excitez pas ma colère; vous et vos prélats ne faites attention à rien, pourvu que vous mangiez vos gros revenus et buviez le vin de votre clos, vous ne vous inquiétez pas de ce que devient le pauvre peuple! Prenez garde que je ne frappe à votre mangeoire, et que je ne saisisse tous vos biens [1]. » L'évêque chercha à le calmer, et le supplia d'obéir aux volontés d'Innocent III. « Non, dit Philippe; j'aimerais mieux perdre la moitié de mes domaines, que de me séparer d'Agnès; elle m'est unie par la chair. » Ces menaces n'ayant point effrayé les prélats, Philippe exécuta sa vengeance. La *Chronique de Saint-Denis* dit : « Tant li roi fu corrocié de
» cette chose, qu'il bouta hors de leur siége
» tous les prélats de son royaume, parce qu'ils
» avoient consenti à l'interdit; à leurs chapoines
» et à leurs clercs, tollit tous leurs biens, et

---

[1] Addit. à la Chroniq. de Saint-Denis.

» commanda qu'ils fussent chassiés de la terre,
» et que toutes les rentes et fiefs que ils te-
» noient de lui fussent sési; les prêtres mêmes
» qui demeuroient aux paroisses fît aussi bou-
» ter hors, et les fît dépouiller de tous leurs
» biens [1]. »

Pour rendre efficaces ces mesures rigoureuses, le roi aurait dû s'appuyer sur l'opinion de ses vassaux, et adoucir « par douceur
de paroles et d'actions » l'odieux qui s'attachait
alors dans les sentimens populaires aux actes
dirigés contre le clergé; mais il paraît que
Philippe, au lieu de suivre cette politique naturelle, frappa tout à la fois les prêtres et le
peuple : « Il tierça, dit la *Chronique* déjà citée,
» les chevaliers et les hommes, et leur tollit à
» force la tierce partie de leurs biens, et leva
» de ses borjeois tailles et exactions plus gran-
» des que ils ne povaient s'offrir. » L'impression produite par l'interdit fut d'ailleurs si
grande, que le peuple se prononça pour le
pape, et qu'alors Philippe crut devoir prendre
des mesures égales contre tout ce qui résistait
à sa volonté.

[1] Chronique de Saint-Denis, ad ann. 1199.

Mais sous quelque forme de gouvernement que ce soit, on ne peut long-temps combattre les opinions; elles vous écrasent, si vous opposez une résistance brutale; et si vous cédez, elle vous dominent. Quoi qu'il en soit, le peuple ne put souffrir l'interdit : la révolte éclata parmi les barons et les vassaux; les propres hommes d'armes du roi ne voulaient plus le servir; on s'éloignait de lui comme d'un relaps et rebelle aux lois de l'Eglise.

Dans ces circonstances difficiles, le roi envoya deux clercs à Rome pour demander que l'interdit fût levé, protestant « qu'il était prêt d'ester à droit sur son divorce pour en faire reconnaître la validité. » Le pape répondit : « Je le veux bien; mais, avant tout, il faut qu'il renvoie Agnès, sa concubine, et qu'il reprenne Ingerburge, son épouse légitime : c'est alors, mais seulement alors, qu'on examinera le cas du divorce, et que je leverai la sentence d'interdit que le royaume a méritée. J'apprends aussi, continua le pontife, que Philippe a dépouillé le clergé de France : dites-lui encore que l'interdit ne sera point levé avant qu'il ne l'indemnise complétement, capital et revenus. ¹ »

La réponse insolente du pontife porta le deuil dans l'ame de la belle Agnès et de son royal époux : « Mon Dieu ! s'écria-t-elle, que je suis malheureuse ! où porterai-je maintenant ma douleur? » Philippe partageait les angoisses de celle qu'il aimait : dans un moment de fureur, il s'écria : « Eh bien! je me ferai mécréant; Saladin était bien heureux de n'avoir pas de pape! » Mais toute résistance devait nécessairement s'appuyer sur une force, et le suzerain dut, avant tout, consulter ses barons et les principaux prélats du royaume. Un parlement fut assemblé à Paris; il était nombreux et composé de tous les tenanciers de la couronne de France : Agnès y parut, revêtue d'habits de deuil; ce n'était plus cette jeune princesse brillante de grâces et de beauté, telle, en un mot, qu'on l'avait vue dans le parlement de Compiègne, distribuant les épées et les écharpes aux chevaliers vainqueurs en la

---

¹ *De Legat. miss. in Franc.*, ibid. et epist. Innocent III. — Comp. avec Rigord. — Duch., t. V, p. 43.

lice : une pâleur mortelle couvrait son front ; elle était au septième mois d'une grossesse laborieuse, et ses yeux humides de larmes semblaient demander grâce pour l'enfant qu'elle portait dans son sein ; « semblable à la veuve d'Hector, dit le classique Guillaume-le-Breton, elle eût attendri tout le camp des Grecs. » Mais les barons demeurèrent silencieux ; aucune épée ne fut tirée pour elle. L'interdit avait jeté la terreur dans toutes les ames. L'aspect des églises fermées, cette suspension des cérémonies chrétiennes, avaient tellement frappé les imaginations, que la présence d'Agnès et ses supplications ne changèrent point la détermination des barons et des prélats : il fut décidé que Philippe accomplirait la volonté du pape; qu'il renverrait, jusqu'à décision définitive, Agnès de Méranie, pour reprendre la reine Ingerburge captive. Alors, le roi s'adressant à l'archevêque de Reims, qui avait prononcé la sentence de divorce avec Ingerburge, lui demanda s'il était vrai que cette sentence eût été annulée par le Saint-Siége. — Oui, répondit l'archevêque. — Eh bien ! sire archevêque, vous qui l'avez prononcée, vous ne saviez donc pas ce que vous faisiez. — L'archevêque ne répondit mot [1].

Ce fut alors que la suppliante Agnès de Méranie s'adressa au pape : « Très saint Père, née dans un pays éloigné de France, fille d'un prince chrétien, je devins l'épouse, devant Dieu et l'Église, de mon Seigneur Philippe. J'étais jeune, et tout-à-fait étrangère aux affaires de ce monde; l'on m'a dit que le prince qui me prenait pour sa femme m'appartiendrait à toujours : je m'attachai à lui; je l'aimai de cet amour chaste de l'épouse : je lui ai donné deux enfans; et c'est maintenant qu'on voudrait m'en séparer pour le rendre à ma rivale, cette Ingerburge, qui remue le ciel et la terre contre moi. O mon Seigneur! vous voyez à vos pieds une jeune princesse tremblante! la couronne ne la séduit pas, c'est son époux qu'elle réclame; vous ne le lui refuserez pas, car vous êtes la Providence qui distribue la justice de Dieu sur la terre. »

Innocent III ne répondit à ces supplications

---

[1] Rigord, ibid. — *De Legat. miss. in Franc.* — Duch., t. V, p. 755.

que par l'envoi d'un légat chargé d'instruire l'affaire du divorce, et de prononcer définitivement sur les difficultés qu'il présentait. Ce légat reçut pour mission particulière de ne commencer cette instruction qu'après avoir obtenu la restitution complète des biens, dont le clergé avait été dépouillé par le roi. Il renouvela à ce prince le commandement exprès de reprendre immédiatement Ingerburge, et de donner caution qu'il ne s'en séparerait qu'après que le Saint-Siège aurait prononcé [1]. En même temps la jeune Agnès devait quitter le palais et même le royaume; on la considérerait comme une concubine et une adultère, à moins que le divorce avec Ingerburge ne fût annulé après examen.

Le cardinal Octavien, légat du Saint-Siége, arriva en France vers le mois de septembre 1202; il fut reçu par le peuple avec un respect mêlé d'un sombre enthousiasme, qui dut montrer de plus en plus que les superstitions de l'Église exerçaient sur l'imagination du peuple un ascendant absolu. Le roi était alors à St.-Léger[2];

[1] Roger de Hoved., *Annal. Anglor.*, p. 810.
[2] L'interdit fut levé à Saint-Léger le 7 septembre; il ne le

de sa propre autorité le légat convoqua à Dijon un concile pour décider provisoirement sur l'interdit. La reine Ingerburge y fut mandée et honorablement accueillie; elle s'assit à côté du roi. Le légat prit la parole et demanda si Philippe voulait promettre par serment qu'il cohabiterait avec Ingerburge jusqu'à la décision définitive? s'il voulait s'engager surtout à ne plus revoir Agnès de Méranie, et à la renvoyer de son palais et de son royaume? Philippe promit ce qu'on exigeait de lui, en pleurant de dépit. Il fit observer qu'Agnès était enceinte, et qu'un voyage, dans cette situation, pourrait causer sa mort. Le concile décida que le roi fixerait lui-même un lieu de retraite, pourvu qu'il s'engageât, sous la religion du serment, à ne plus la revoir. Philippe jura, une main sur l'Évangile, qu'il ne la toucherait plus de sa chair. Le concile se sépara, fixant sa réunion nouvelle, pour décider sur le divorce, à six mois, dix semaines à partir du jour où cette assemblée provisoire s'était

---

fut à Dijon que le 13. — Chroniq. de Saint-Denis et de Dijon. — Labbe, t. I, p. 295.

dissoute. Lorsque tout fut ainsi décidé, le légat, au nom du Saint-Siége, leva l'interdit qui pesait sur le royaume. Tout à coup les cloches se firent entendre, les voiles qui couvraient les sanctuaires furent ôtés; le peuple se précipita dans les églises et les monastères; il y eut plus de trois cents serfs écrasés, tant la multitude se pressait; la foule contemplait, en pleurant de joie, les cérémonies chrétiennes, sorte de spectacle dont elle avait été si long-temps privée. Les cités retentissaient d'actions de grâce, et pendant trois jours les travaux furent suspendus.

La malheureuse Agnès, seule frappée par cette sentence de l'Église, préparait à la hâte son départ. Le moine Rigord raconte que Philippe la vit encore une fois dans un appartement de son palais, et qu'on entendait des sanglots, des baisers redoublés, et force juremens. La belle reine partit pendant la nuit; elle vint chercher un refuge dans un château de Normandie. Mais vainement elle appelait le repos; sa passion pour le roi n'en faisait qu'augmenter; on la voyait souvent seule se promener, l'œil égaré, dans les sombres allées de la forêt, marchant tantôt à pas lents, tantôt à pas précipités, poussée par les accès de la folie. Les serfs l'aperçurent quelquefois sur les créneaux de la tour, pâle, échevelée, paraissant comme un de ces esprits que les croyances populaires attachaient à chaque vieux manoir. Agnès ne survécut que deux mois à sa douleur; elle mourut en mettant au monde un fils, fidèle portrait de son père, et qui reçut le nom de *Tristan*, à cause des tristes circonstances dans lesquelles il était né. Philippe la pleura beaucoup; il sollicita la légitimation de ses enfans, et une bulle du souverain pontife satisfit à ce dernier devoir de l'amour. « Notre cher fils, Philippe, n'ayant d'autre enfant qu'un fils et une fille, a procréé avec une femme noble, nommée Agnès, fille du duc de Méranie, aujourd'hui décédée, plusieurs enfans; il nous demande que nous les légitimions. C'est pourquoi, de l'avis de nos cardinaux, et considérant que le roi a cru que cette Agnès était son épouse légitime jusqu'à ce que nous ayons décidé le contraire, nous légitimons les enfans susdits, pour faire plaisir à leur père, et pour faire le bien du royaume de France [1]. »

A la suite de cette bulle pontificale, Eude, évêque de Paris « déclara relaps et excommunié quiconque s'opposerait à l'exécution de la sentence qui avait déclaré légitimes les enfans de Philippe et d'Agnès de Méranie »; ainsi le clergé s'efforçait d'adoucir des amertumes que son inflexible rigueur avait causées [2].

La mort de la malheureuse Agnès simplifiait beaucoup la question du divorce; toutefois le pape demeurait inébranlable dans sa résolution de soumettre à un concile convoqué par ses ordres, les motifs que faisait valoir le roi pour la dissolution de son mariage avec Ingerburge. Même après la levée de l'interdit, le pontife insolent poursuivait de ses rigueurs les barons et les prélats qui avaient hésité dans leur obéissance à ses ordres. L'archevêché de Sens étant venu à vaquer en 1201, le chapitre élut tout d'une voix pour archevêque Hugues de Noyers, évêque d'Auxerre;

---

[1] Gallia Christiana, t. X. Instrument., col. 52.
[2] Duboulay, Hist. Universit. Parisiens. t. III, p. 15.

mais le pape lui refusa le pallium métropolitain, à cause qu'il n'avait pas d'abord gardé l'interdit, et obéi ainsi plutôt au roi qu'à l'Église; ce qui faisait dire aux serfs et aux malins ribauds, « qu'il ne gagnerait jamais autant à braire parmi ses chantres d'Auxerre, qu'il avait perdu pour avoir chanté mal à propos lors de l'interdit [1]. » L'archevêque de Reims, les évêques de Chartres, d'Orléans, de Meaux et de Noyon, qui se trouvaient dans le même cas, et un grand nombre d'abbés, allèrent à Rome pour solliciter leur pardon. Le pape ne leva la censure qu'il leur avait imposée qu'après une longue pénitence; il leur demanda, comme condition indispensable, le serment qu'ils obéiraient ponctuellement dans l'avenir aux ordres du Saint-Siége, sans examiner les dangers pour leur corps qui pourraient en arriver. Le pape ne voulut pas même leur accorder une bulle définitive pour la levée de leur interdit personnel [2].

Le concile qui devait prononcer sur le di-

[1] Cartul. MSS. de l'abbé de Camps, *Famille de Phil.-Aug.*, chap. 1er.
[2] *De Legat. miss. in Franc.* Duchesne, t. V, p. 756.

vorce du roi se réunit alors à Soissons; il était nombreux et composé de prélats gras et bien vêtus; la reine Ingerburge s'y rendit dans de beaux atours qui pouvaient relever ses charmes un peu flétris, et exciter quelque intérêt; elle vint habiter l'abbaye de Notre-Dame de Soissons, qu'elle édifia par ses vertus. « Les religieuses s'empressèrent de la festoyer, comme cela convenoit pour une royne de France [1]. »

Le concile de Soissons se prolongea pendant quinze jours, et durant six séances, les questions des cas particuliers sur le mariage furent vivement discutées selon le droit canon par les clercs expérimentés. Dix évêques, un grand nombre d'abbés, soutinrent les prétentions de la reine; mais ce qu'on remarqua le plus, ce fut un très beau jeune homme qui parla avec tant de force et d'éloquence, qu'il surprit tous les auditeurs; il soutint surtout que la reine était pleine de charmes, et qu'il lui paraissait impossible que le roi ne l'eût pas approchée charnellement : ce jeune

---

[1] Germ. Hist. de l'abb. de Notre-Dame de Soissons, p. 163. — Durmai, Hist. de Soiss., t. II, p. 179.

homme montra une éloquence d'autant plus persuasive, qu'il parla avec beaucoup de respect et de douceur de Philippe-Auguste et de sa cour [1].

Pendant que le concile ainsi délibérait sur la nullité du mariage, et que cette assemblée paraissait prendre un caractère plus solennel par l'arrivée des envoyés du roi de Danemarck, Philippe manda aux archevêques et évêques qu'il consentait à revoir sa femme ; un matin, à peine les prélats avaient-ils descélé cette charte royale, qu'on apprend qu'il est tout d'un coup arrivé à cheval, qu'il a mis Ingerburge en croupe, et s'est enfui de la ville, déclarant son dessein de vivre dorénavant avec la reine [2].

Cet acte, d'une chevalerie un peu brutale envers les bons pères, dissolvait de plein droit le concile : les prélats se retirèrent ; mais à peine le roi avait-il réussi « à disséminer cette

---

[1] Durmai, Hist. de Soiss., t. II, p. 179. Ce fait n'est cependant dans aucune chronique contemporaine.

[2] *De Legato miss. in Franciâ*, Duchesne, t. V, p. 375. — Rigord, Gest. de Philippe-Auguste. — Duch., t. V, p. 81. — Alberic Chronic., ad ann. 1200.

gent bavarde et malavisée », qu'il enferma encore la reine dans un vieux palais[1], où il ne voulut pas lui rendre le devoir conjugal. Cependant Philippe sentait de violens désirs; il en parlait aux prélats, et consutlait leur expérience : dans les épanchemens de sa confiance, il disait : « Je vous assure, très chers évêques, que je ne me suis jamais approché de ma femme; il y a là-dessous les maléfices de quelques sorcières, car je ne puis faire ce que je lui dois[2]. »

Les prélats informaient le pape de tout ce qui se passait : Innocent écrivait lettre sur lettre pour solliciter le roi d'accomplir ses devoirs d'époux : « Essayez encore deux ou trois fois l'œuvre selon la chair, lui écrivait-il; tous les efforts que vous pourrez faire pour l'accomplir ne vous porteront aucun préjudice; et si vous ne pouvez y parvenir, cela ne vous nuira pas pour demander le divorce, quoique vous ayez agi *per tactum et osculum*[3]. »

---

[1] Alberic, Chronic., ad ann. 1200.
[2] Epist. Innocent. 180, liv. xi, t. II, p. 228.
[3] Epist. Innocent. 42, l. x, t. II.

Le roi ne put réussir, et les conseils si pressans et si singuliers du pape n'éveillèrent aucune ardeur dans ses sens; une répugnance invincible l'éloignait de la reine : les clercs et les vieilles matrones disaient tout haut, qu'à mesure que le roi s'approchait de sa femme, *le démon ouvroit en notre sire, de telle sorte qu'amoureux ébats ne pouvoient s'en suivre.* Un vieux clerc avait vu le diable tout rouge *se plaçant entre cors et chair, et folâtrant sur les genoux de la royne, faisant postures et mines horribles;* tout cela paraissait suffisant pour justifier le divorce [1].

Le pape soutenait que les maléfices n'étaient pas invincibles avec l'aide de Dieu et de ses saints : « Tu sais, ô mon fils, que tout se surmonte avec le secours de celui qui règne aux cieux ! Viens encore une fois dans les bras de la reine; mais afin que tu puisses accomplir le commerce de la chair, prépare-toi, par de saintes oraisons, des aumônes, et le sacrifice de la messe [2]. » Ces exhortations n'eurent aucun effet;

---

[1] Grande Chron., t. II, f° 27, édit. de 1493.
[2] Innoc. III, epist. 176, liv. x, t. II.

le roi conserva pour Ingerburge la même répugnance : il ne pouvait la voir ni la sentir; mais le divorce ne fut point prononcé. Jusqu'en l'année 1212 il la tint enfermée dans de vieux monastères et des palais éloignés : les chroniques rapportent qu'enfin cette année il se réunit à elle pour en finir avec les remontrances de l'Apostole de Rome [1].

[1] La pièce la plus essentielle et la plus curieuse sur cette histoire du divorce est incontestablement le procès-verbal du légat du pape envoyé en France pour l'interdit : elle nous a été conservée par André Duchesne, et je l'ai plusieurs fois citée sous ce titre : *De Legato misso*, etc.

CHAPITRE XIII.

Administration de Philippe-Auguste. — Situation de la féodalité. — Mouvement de centralisation pour l'autorité royale. — Coutume de l'hommage-lige. — Le roi ne fait plus hommage à aucun vassal pour ses propres fiefs. — Caractère du système communal. — Franchises bourgeoises. — Gouvernement de l'Église. — Système des métropoles. — Donations aux monastères. — État de l'Université. — Priviléges accordés par Philippe-Auguste. — Hérésies. — Persécutions.

1190—1206.

Tous les événemens dont nous venons de retracer l'histoire, à l'occasion du divorce de Philippe-Auguste, ne peuvent caractériser la marche régulière de la monarchie féodale; ils sont comme une lutte confuse entre l'autorité royale cherchant à faire triompher le principe de l'indépendance des couronnes, et le pouvoir pontifical s'agitant pour constater sa suprématie. Il faut suivre maintenant les progrès du gouvernement, c'est-à-dire de la puissance publique au milieu de ces élémens divers.

Un premier résultat qu'il faut constater, c'est que les actes de la royauté dans la période que nous allons parcourir forment un ensemble dont il est plus facile de saisir la pensée et de classer les effets, que durant les premières années du règne de Philippe-Auguste; les affranchissemens des communes sont plus rares et les droits concédés aux bourgeois moins indépendans des seigneuries féodales; la féodalité elle-même prend un nouveau caractère; on entrevoit dans sa marche une plus forte empreinte de l'action royale, une tendance vers une hiérarchie plus obéissante : la papauté, quoique encore insolente dans ses prétentions, semble s'épuiser dans une dernière tentative; toutes les forces hostiles se heurtent, mais incontestablement il y a progrès et conquêtes pour l'autorité publique [1].

---

[1] Ce mouvement progressif de la société a été très savamment

Au commencement du règne du roi Philippe, nous avons vu la féodalité dans sa plus haute indépendance ; la suzeraineté royale, quoique reconnue en droit, n'avait aucune autorité réelle sur les terres des vassaux, si bien que lorsque le suzerain possédait un arrière-fief dans ses domaines, il devait l'hommage à son propre vassal, comme le plus simple vavasseur. Dans cette seconde période, une véritable révolution s'opère dans l'organisation régulière des fiefs.

Il faut classer, parmi les causes de cette progression vers un principe régulier de gouvernement, les premiers essais d'une législation générale, ne s'appliquant plus seulement aux domaines du roi, mais à l'ensemble de la société féodale. Depuis les Carlovingiens, toute législation commune avait disparu ; les coutumes locales, les priviléges morcellaient le territoire ; les chartes du prince n'avaient force que dans ses domaines ; elles ne commandaient qu'à ses hommes : le vassal, indépendant et

décrit dans l'excellent ouvrage de Brussel sur l'origine des fiefs, un des monumens les plus notables de l'érudition consciencieuse du dernier siècle.

isolé dans son fief, régissait ses domaines, ses serfs, avec une entière liberté; il scellait ses chartes coutumières sans la permission de son suzerain, comme il levait sa bannière, percevait ses tailles et redevances; aucun lien public et général ne l'unissait à la patrie; ses intérêts comme ses affections ne s'étendaient pas au delà de son manoir. Mais à cette seconde époque commence à naître et à se développer une législation commune, s'appliquant à des objets plus généraux et moins isolés. Il n'y a point encore d'ordonnance du suzerain embrassant les intérêts sociaux, commandant l'obéissance à des sujets, mais les rapports se généralisent par des conventions entre le roi et les grands vassaux, sur des objets communs à tous leurs territoires. C'est ainsi, par exemple, que dans le traité souscrit par le roi avec Eudes, duc de Bourgogne, Hervey, comte de Nevers, le comte de Boulogne, Gaucher, comte de Saint-Pol, Guillaume de Dampierre, et plusieurs autres grands du royaume, il est convenu, par un réglement général, que tous les fiefs tenus sous l'hommage-lige ne pourront désormais être partagés qu'à condition que les parties ainsi divisées relèveront dans leur unité du seigneur duquel elles dépendaient avant d'être morcelées [1].

Sans doute le suzerain n'intervient ici que comme partie contractante avec des droits restreints dans les mêmes limites que ceux de ses vassaux; mais la charte n'en était pas moins empreinte d'un caractère législatif, puisqu'elle ne s'appliquait pas seulement aux domaines du roi, mais aux territoires des vassalités. Le suzerain devait trouver dans cette coutume une autorité nouvelle, car plus puissant que toutes les autres parties contractantes, l'exécution restait en définitive entre ses mains : cette coutume affermissait les prétentions de la couronne, et lui permit par la suite de généraliser l'exécution des actes émanés de sa seule autorité.

Cet accroissement insensible de la supériorité royale, qui se manifestait par des signes divers dans l'exercice du pouvoir législatif, était dû plus encore à ces hasards de fortune si fréquens dans l'histoire de la féodalité qu'à

---

[1] Coutumes du Berry et de Lorris, par La Thaumassière, p. 49 et 60.

l'habileté du monarque ; il faut ajouter qu'à cette époque l'introduction des maximes du droit romain, particulièrement du code Théodosien, favorisait les prétentions d'une souveraineté absolue : les jurisconsultes cherchaient à faire prévaloir monarchie despotique d'Orient sur la s été militaire des rois francs. Leurs maximes obséquieuses depuis le règne de Louis VII combattaient la force brutale et militaire des barons. « Ce qui plaît au prince a force de loi, disait déjà, sous le règne de Henri II d'Angleterre, le grand justicier Ranulfe de Glainville[1] »; et ce principe, qui dut étonner d'abord la fière indépendance des vassaux, appliqué dans la suite des temps par la cour de justice, devint une règle du droit public; ce qui a fait dire à Montesquieu qu'en France ce furent les jurisconsultes et les plaids royaux qui créèrent le pouvoir absolu.

Le second résultat favorable à l'autorité royale fut la substitution dans les rapports de la féodalité de l'hommage-lige, à la vassalité

---

[1] Quod principi placet et legis habet vigorem (de leg. et consuetuid. regis anglic. à Ranulf. Glainvill. in proem.).

pure et simple envers le suzerain. L'hommage-lige, dont nous avons déjà indiqué les caractères, créait des obligations plus étroites à l'égard du supérieur; il rendait le vassal *l'homme* du baron, dans le sens le plus absolu de ce mot; de telle sorte que lorsque celui-ci levait sa bannière, le vassal-lige devait en tout temps le suivre, obligation qui ne s'étendait pas au delà de quarante jours au cas de la féodalité régulière; on reconnaissait aussi un caractère particulier à l'hommage-lige; il effaçait le degré intermédiaire, car l'homme-lige n'avait qu'un supérieur; c'est ainsi, par exemple, que le vassal du comte de Champagne devenait immédiatement celui du roi, et brisait par cet hommage le lien intermédiaire qui l'unissait au comte, son droit seigneur [1].

La constitution de cet hommage-lige se trouve dans un grand nombre de chartes du règne de Philippe-Auguste; il est inutile de les rappeler; la principale émane du comte de Champagne : Henri y jure sur l'Eucharistie qu'il se fait l'homme-lige du roi pour le dé-

---

[1] Ducange, in verbo *Ligius*.

fendre contre toutes personnes vivantes, sans restriction de temps et de lieu[1]. De ce changement dans les rapports de la féodalité résultait un immense avantage pour l'autorité royale; l'homme-lige devenait pour ainsi dire le serviteur du suzerain; il devait le servir même contre son supérieur immédiat; il préparait ainsi l'obéissance du sujet, qui, plus tard, servit de base à la monarchie absolue.

Rien ne tendit plus, avec les causes que nous venons d'indiquer, vers l'accroissement de l'autorité royale, que l'affranchissement des devoirs de la vassalité à l'égard des arrières-fiefs acquis par la couronne. On a vu que, dans la hiérarchie des terres, la possession d'un arrière-fief soumettait le vassal à l'hommage envers son seigneur immédiat, qui lui-même pouvait le devoir au suzerain; tant que le système féodal demeura dans toute sa pureté, le roi fut soumis à cette loi commune; de telle sorte que, possédant un arrière-fief, il en devait l'hommage au seigneur dont ce fief dépendait, quoique

---

[1] Dans Brussel, *de l'Origine et de l'Usage des Fiefs*, t. I, p. 11.

celui-ci pût être à un autre titre vassal de la couronne. Durant la période du règne de Philippe, dont nous retraçons le caractère, le roi commença à s'affranchir de ce devoir ; il ne reconnaît plus de supériorité féodale par rapport aux arrière-fiefs qu'il possède ou qu'il acquiert : c'est ainsi que, par une charte de sa propre autorité, Philippe, devenu possesseur du comté d'Amiens, s'affranchit de tout hommage envers l'évêque son seigneur [1], quant à ce comté. Plus tard, il se proclame encore exempt de tout hommage du fief d'Hesdin envers l'évêque de Thérouan, dont ce fief dépendait [2].

De cette coutume résulta pour la couronne la consécration du principe que le roi était souverain absolu de toutes les terres de sa domination, et qu'il ne reconnaissait à cet égard d'autre supérieur que lui-même ; ce qui tendait à bouleverser l'économie du système féodal.

[1] Brequigny, Collect. des Chartes et Diplom., t. IV.
[2] Le principe se trouve même nettement posé dans cette charte royale : « Nemini debeamus facere hominium neque possimus (c'est le roi qui parle). » Ampliss. Coll. Martenne, p. 985, ann. 1185.

Une multitude de chartes féodales constatent, pendant la période que nous parcourons, les rapports nombreux du roi et des barons.

Le comte Hugues de Saint-Pol reçut du fisc les fiefs du Pont, Pompone et Verneuil, en échange du comté de Beauchesne, plus immédiatement sous la dépendance de la couronne, dont le comte se déclare l'homme-lige [1].

Le comte de Flandre fait encore hommage au roi, aussi son seigneur-lige; il promet de le suivre dans toutes ses expéditions militaires, de hisser sa bannière à côté de celle de France, pourvu toutefois que son seigneur ne marche pas, à l'occasion des fiefs du Hainaut, contre l'évêque de Tournay et le sire empereur [2].

Dans l'année 1198, Hugues, duc de Bourgogne, fait à son tour hommage-lige à Philippe; il déclare qu'il ne formera d'alliance avec le roi d'Angleterre, ses proches ou ses barons, qu'avec la permission de son seigneur; il promet de ne s'unir que d'après son consente-

---

[1] Brussel, Usage des Fiefs, t. I, p. 449, not. 3.
[2] Epist. Innocent III, t. I, p. 73, ann. 1196.

ment; en échange, Philippe donne à son homme-lige et loyal baron la ville et l'abbaye de Flavigny, pour les tenir en tout temps comme fiefs de la couronne. L'année suivante, le dauphin, comte d'Auvergne, après une guerre malheureuse, fit l'hommage de son comté à Philippe-Auguste, et se mit sous sa protection [1].

En même temps, le roi concédait un grand nombre de fiefs héréditaires, comme récompense de services féodaux durant la guerre contre les Anglais; Gaulcher de Châtillon, noble et loyal baron, reçut cent acres de terre, en échange du petit domaine de Pierre-Fontaine [2]. Guillaume de Garlande, l'ami du roi, le compagnon de ses conseils et de ses batailles, obtint le bourg de Neufmarché et sa châtellenie [3], tandis qu'une autre charte confirme le comte de Lyon et de Forest dans toutes les antiques donations et les priviléges

---

[1] Cartulaire MSS. de Philippe-Auguste. Elle se trouve aussi dans l'Histoire de la Maison de Vergy. Preuves, p. 152.

[2] Cart. MSS. Elle se trouve aussi dans l'Hist. généalog. de la Maison de Châtillon, Preuves, p. 31.

[3] Martenne, amplissim. Collect., t. I, col. 1003.

que ses ancêtres avaient obtenus des Carlovingiens.

Telle était la situation du pouvoir royal en présence de la féodalité; il faut le suivre dans son action à l'égard des communes, des franchises bourgeoises et des priviléges populaires qui, plus tard, prirent une si large place dans le système social.

Les chartes communales de cette période ont trois objets : 1° elles fondent, concèdent ou confirment des communes; 2° elles répriment toutes entreprises qui pourraient être faites contre leur existence; 3° elles cassent les communes ou les font rentrer dans le système féodal, par suite de rébellion contre le suzerain; enfin, quelques unes concèdent des franchises bourgeoises, des priviléges de cité qui n'ont ni l'étendue, ni les caractères des communes.

Dans l'année 1196, les bourgeois de Bapaulme s'adressèrent au roi Philippe-Auguste pour lui demander des franchises et libertés communales; leur seigneur les obligeait à des tailles rigoureuses, fréquentes et capricieusement levées; Philippe leur permit d'élire, de quatorze en quatorze mois, un maire, des échevins et des jurés pour administrer; la juridiction de ces magistrats devait s'étendre à l'entretien des murailles, à la levée des deniers communs, à la fabrication des poids et des monnaies; en un mot, à tous les actes qui rentraient alors dans l'administration communale [1].

Les bourgeois, à Montdidier, obtinrent aussi du roi le privilége de commune, avec les franchises dont jouissaient, depuis un siècle, les habitans de Laon [2]. Ceux de Saint-Quentin furent confirmés dans la possession de leurs vieilles coutumes, comme ils en usaient du temps de leur comte Rodolphe [3]; les hommes de Cuisieux furent aussi réunis en bourgeoisie [4].

Sans obtenir les grandes libertés communales avec l'élection des magistrats, certaines autres villes reçurent des concessions particu-

---

[1] Recueil des Ordonnances, t. XI, p. 275.
[2] Ibid., t. XII, p. 288.
[3] Ibid., t. XI, p. 270.
[4] Ibid., t. IV, p. 341.

lières; les bons bourgeois de Paris demandèrent à être seuls chargés de conduire le vin nécessaire pour leur consommation, dans leurs bateaux sur la Seine [1]; le roi défendit, en conséquence, à tout autre de se mêler à ce trafic. Il affranchit en même temps les habitans d'Anet des droits de péage et de banvin dans les domaines royaux [2]; enfin, il confirma, moyennant une redevance de cent livres par an, les coutumes que le comte de Nevers avait concédées aux manans d'Autun [3].

Lorsque la commune ou la cité avait obtenu certains privilèges particuliers, le roi en devenait le gardien fidèle et le conservateur de droit; c'est ainsi que le duc de Bourgogne, ayant pendu, avec le licol d'une mule, Gautier-le-Borgne de Dijon, coupable du crime de fausse monnaie, contrairement aux droits de la commune qui attribuait la punition du faux monnoyage aux échevins et jurés, le sire duc fut obligé, par le roi, de jurer, sur

---

[1] Rec. des Ordonn., t. XI, p. 269.
[2] Ibid., t. IV, p. 605.
[3] Baluze *Miscellan*, t. VII, p. 326.

l'Évangile et sur le chef de saint Bénigne, qu'il se conformerait dans l'avenir au texte de la charte communale [1].

Dans d'autres circonstances, le roi se montra, au contraire, le conservateur des intérêts qui luttaient alors avec ceux des cités; c'est ainsi qu'il ordonna, dans une charte de 1193, aux bourgeois de la ville de Tours, de respecter en tout point les priviléges de l'évêque, leur ancien seigneur [2]; il annula deux ou trois communes qui, au nom de leurs franchises, s'étaient révoltées contre leurs droits sires.

Il y avait en ce temps une véritable effervescence pour ces libertés bourgeoises; partout serfs et manans prenaient les armes pour reconquérir cette indépendance que l'action d'un système oppressif leur avait enlevé; à Rouen, à Mantes, à Chartres, les bourgeois s'étaient jetés sur les nobles et les seigneurs; les cris de *commune* se faisaient entendre dans les cités, dans les bourgs, autour des manoirs. A cette époque, le pouvoir royal ne favorisa plus

[1] Rec. de Perard, p. 338, copiée sur l'original, ann. 1198.
[2] Gallia Christ., 2ᵉ éd., t. III, *Inst.* col. 48.

ce mouvement de liberté. Il faut croire que la situation militaire du pays, qui obligeait sans cesse le roi à recourir aux barons pour leur demander des services, ne lui permettait pas de soutenir une révolution qui blessait leurs intérêts; peu de communes offraient en guerre l'appui formidable des valeureux châtelains. « Des marchands de gants de peaux, de cottes de mailles ou fourrure, des armuriers, enlumineurs d'images ou d'émaux, clercs, grands copieurs d'heures et romans, faisaient peu de mine sous leur bannière de la Vierge, à côté d'une forêt de lances, chevaux bardés de fer et gonfanons mi-partie au haut lignage[1]. » Si les rois aimaient à tirer aide d'argent de communes et bourgeoisie, ils devaient préférer, pour les batailles, cette noble foison de chevaliers armés, qui ne demandaient, en échange de leurs services, que le maintien de leurs vieilles coutumes de priviléges, et le droit de piller les marchands, d'opprimer les serfs et les juifs : il ne faut donc pas s'étonner du petit nombre de franchises communales dans la première période du xiiie siècle.

[1] Roman de la Rose.

Une des affaires importantes d'alors, était le gouvernement de l'Église. L'administration ecclésiastique, dans ce temps pieux, avait une si puissante influence sur la société, un ascendant si merveilleux sur les esprits, que la grande occupation des suzerains fut d'en régler la marche, et d'en tourner l'autorité à leur profit.

La Gaule chrétienne avait conservé quelques unes des formes de l'Église primitive. Il n'y avait point encore de ces concordats du quinzième siècle, sorte de pactes simoniaques entre l'évêque de Rome et les rois; les métropolitains, les évêques suffragans, étaient élus par les chapitres et le clergé, puis obtenaient le *pallium* du pape; par cet acte, ils se mettaient en communion avec le Saint-Siége. La puissance des métropolitains était immense; ils dirigeaient le clergé et ses chefs; sous eux toute la population se courbait.

La division ecclésiastique du territoire influait sur l'autorité politique [1]; un fief, un comté, étaient plus ou moins dépendans d'une

---

[1] Cartul. de Philippe-Aug., par l'abbé De Campa (§. Gouvernement).

suzeraineté, à raison qu'ils étaient dans la juridiction d'une métropole située dans cette suzeraineté; ainsi les églises de Reims, Bourges et Tours, soumises aux domaines du roi, attirant à leurs juridictions un grand nombre d'évêchés suffragans, donnaient plus d'influence sur les fiefs qui en faisaient partie; il était donc important d'agrandir le cercle de la juridiction métropolitaine.

D'un autre côté, l'ambition des feudataires était d'avoir une métropole indépendante dans leur fief, ce qui rendait moins fréquens, moins hiérarchiques en tous les points, leurs rapports de soumission avec leur supérieur; tout cela paraîtrait aujourd'hui sans intérêt, mais avait alors un immense poids dans les combinaisons de l'administration et de la politique.

Les évêchés de l'ancien fief de Bretagne ressortissaient, sous les Mérovingiens, de la métropole de Tours; les comtes bretons se trouvaient donc liés, par cette soumission ecclésiastique, d'une manière pour ainsi dire plus étroite au territoire de France; lors des désordres de la seconde race et de l'établissement complet du système féodal, la Bretagne voulut briser ses liens ecclésiastiques. Au moment où ses comtes et ses rois proclamèrent leur indépendance, ils établirent un évêché métropolitain à Dôle, c'est-à-dire dans leur propre territoire; de sorte que les évêques de Bretagne n'eurent plus aucun rapport avec l'antique suprématie de Tours.

Dès que le pouvoir royal prit un caractère plus prononcé en France, les suzerains élevèrent leur réclamation contre cette violation de la hiérarchie ecclésiastique. Un procès s'engagea sur la prédominance de Tours à l'égard de Dôle ; le roi Philippe-Auguste écrivit au pape, qui avait reconnu la nouvelle métropole : « Eh quoi! vous voulez donc briser ma couronne! » Après de longs et nombreux différends, la suprématie de Tours fut reconnue; l'archevêque breton de Dôle dut recevoir de la plus vieille église de France le *pallium*, soumettre à sa sanction l'élection des chanoines et le choix des suffragans; cette adhésion fut considérée comme une conquête de la puissance royale [1].

[1] Toute cette affaire sur la suprématie entre les deux églises est parfaitement racontée dans le cartul MSS. de l'abbé De

Une semblable discussion s'éleva par rapport à la cathédrale de Bourges, prétendant les droits de métropole sur celle de Bordeaux, qui était alors une dépendance du fief de Guyenne au pouvoir de la couronne d'Angleterre. Son archevêque se refusa, vers la fin de la race carlovingienne, à reconnaître comme primat le métropolitain de Bourges. Cette prétention n'éclata cependant avec violence que sous l'archevêque Guillaume de Gebennis, pendant le règne de Richard. Elle se mêla aux longues et sanglantes querelles qui divisèrent la France et l'Angleterre; l'archevêque ne se soumit enfin que lors de l'abaissement des Anglais sous Jean, et comme une des conséquences de la sujétion politique [1].

Les affaires de sainte Eglise absorbaient presqu'entièrement l'attention des suzerains et des barons, lorsque le clairon ne les appelait pas au combat; ils continuaient à l'accabler de dons : « Notre bon roi Philippe,

---

Camps, chap. 3. Le recueil de ce savant est précieux, surtout pour l'histoire des affaires ecclésiastiques de la monarchie.

[1] Hist. de l'Église de Bourges, ch. 27. — Labbe, *Biblioth.*, t. II, p. 59.

disent les chanoines de la cathédrale de Paris, nous a fait don d'une petite maison, avec tous droits de justice, de fournage et chauffage, près du petit pont Notre-Dame.[1] » Les chanoines de Bourges s'étaient plaint de ce que Hugues de la Chapelle, doyen, avait pillé tous le biens-meubles, les tonneaux, chasubles, mitres, du défunt archevêque[2]; selon l'usage, disent-ils, le roi a ordonné qu'ils fussent restitués au chapitre; Philippe donnait en même temps trois cents mesures de vin aux prêtres de l'église de Melun, bons ribauds, grands réjouis, et prenait sous sa protection l'abbaye de saint Vedast d'Arras, rentrée depuis peu dans le domaine de France[3]. Il ordonnait au châtelain de Bourges de restituer à la cathédrale les trois cents livres d'argent qu'il avait pillées sur une châsse[4]; enfin, par un diplôme spécial, il faisait don à l'église de Saint-Evaste, près d'Orléans, d'un petit fief dans le bois qui servait alors de retraite à un pauvre

---

[1] Buleus, *Hist. Universitat. Parisiens.*, t. II, p. 497.
[2] Labbe, *Hist. du Berry*, p. 206.
[3] Martène, *Ampliss. collect.*, t. I, col. 1001.
[4] Gall. Christian., éd. 2, t. II, *Instrum.* col. 19.

ermite. L'Église ne devait en prendre possession qu'après la mort du solitaire, mais à la condition que deux prêtres y vivraient perpétuellement en ermite, dans ce bois planté de chênes verts et de bouleaux [1].

Non seulement Philippe-Auguste donnait l'exemple de cette prodigalité pieuse qui enrichissait les églises de son royaume, mais tous les barons à l'envi comblaient les chapelles et les monastères d'aumônes et de donations. Le roi confirma la charte par laquelle Thibaut de Gallande cédait à l'église de Saint-Denis tout ce qu'il possédait à Melun [2]; celles d'Aliénor, comtesse de Saint-Quentin, et dame de Valois, en faveur de plusieurs monastères, pour la célébration annuelle de l'anniversaire de son baptême [3].

On ne peut se faire une juste idée de tout ce que le clergé recevait à cette époque; il prenait de toute main; les ribauds disaient « qu'il avait la seigneurie sur le boire et le manger de

---

[1] Gall. Christian., éd. 2, t. VIII, Instrum. col. 522.

[2] Doublet, Hist. de Saint-Denis, p. 892.

[3] Martène, *Amplissima*, collect., t. I, col. 1009. MSS. Fragment.

chacun, et que les tonneaux de vins, les grands celliers, étaient serfs des abbés. »

L'organisation du clergé, et particulièrement des monastères, se prêtait alors à cet agrandissement de l'influence et des richesses cléricales. Les bons moines ne possédaient rien personnellement; c'était leur corporation qui acquérait, transmettait; et comme l'existence des corps avait tous les caractères de la perpétuité, ils étaient devenus maîtres de la plus grande partie des fiefs. Citeaux et Clairvaux étaient les véritables merveilles des jouissances monastiques; des chartes portent pour l'année 1202 les possessions de la première de ces abbayes à deux mille acres de terres, que les bons pères cultivaient par des serfs, sous la direction des prieurés dépendans du monastère. On avait amoncelé dans les celliers de l'abbé vingt mille mesures de vin, échelonnées par l'ancienneté de dix, quinze, vingt ans; et des amphores en terre cuite renfermaient des vins de Clovoujeaux qui dataient de la prédication de saint Bernard [1].

[1] Comptes MSS. de l'Abbaye de Citeaux, Bibl. du Roi.

Quand une contrition religieuse ou le désir de se consacrer à Dieu portait un baron, vieux pécheur, à prendre l'habit de Clairvaux, il était rare qu'il ne donnât au monastère ses fiefs, dont la coutume lui permettait de disposer : alors les frères l'accueillaient avec joie. C'était une vie bien douce que celle du monastère; après une jeunesse agitée dans les batailles, le baron trouvait, dans des solitudes embellies, une heureuse oisiveté, « et quelquefois jeune béguine que les repentans embrassent toujours avec dilection joyeuse », comme le dit le troubadour Bertrand de Born. Tout parlait dans ces monastères à l'imagination; la cloche bruyante, l'orgue solennel, les chants de matines et de nones retentissant au milieu de longs cloîtres à ogives, qu'éclairaient les vitraux de mille couleurs. Au réfectoire, le vin de Die et de Clovoujeaux circulait dans des vases d'osier, dont la trop grande capacité avait excité si souvent les vives censures du pape Innocent III. On y mangeait force gibier, de larges pâtés pétris dans les cuisines mêmes du monastère; et il était rare qu'on écoutât, au milieu des nombreuses libations, le bon père qui, la mine alongée, lisait à haute voix le Bréviaire de Rome ou les Épîtres de saint Paul.

Il ne faut donc plus s'étonner de cet entraînement qui poussait les barons à quitter la vie du monde pour prendre l'habit monastique; les abbayes recevaient tant alors, devenaient même une puissance si effrayante, que leur situation excita à la fin l'attention de Philippe-Auguste; nous le verrons, dans la troisième période de cette histoire, mettre un frein aux acquisitions exorbitantes faites par le clergé, ainsi qu'aux empiétemens de sa juridiction.

L'administration de Philippe-Auguste fut marquée à cette époque par des actes réglementaires sur l'Université. Après la décadence de la littérature romaine, quelques traditions de science défigurées par l'esprit monacal s'étaient conservées. De vieux manuscrits du Bas-Empire, quelques livres philosophiques, avaient survécu au grand naufrage de cette civilisation romaine, si grande sous les Césars[1]. On a dit souvent que le clergé avait

[1] Il existe un bien excellent tableau de la littérature, des

préservé l'esprit humain des ténèbres de la barbarie, en conservant les souvenirs de littératures grecque et latine ; cette opinion est peu raisonnée, car la préoccupation d'une antiquité qui n'était point celle de la patrie, cette obéissance régulière à un esprit qui n'était pas le nôtre, ce culte pour une littérature et pour une langue qui n'avaient rien de national, cette scolastique de dogme et de morale, cette commentation minutieuse de texte, de sermons théologiques, toutes ces études diverses, si favorisées par le clergé, ont comprimé la verve si française et si nationale que les trouvères et les troubadours essayaient déjà, et qui fut absorbée par ces études d'emprunt, alors soutenues comme un dogme par les excommunications et les foudres de Rome. Ce serait donc une question grave à examiner, que celle de savoir si le clergé, par la fausse direction qu'il a im-

---

sciences et des arts, à cette époque, dans l'*Histoire littéraire de France*, par les Bénédictins, continuée par l'Institut. Il est de M. Daunou. On ne pouvait apporter à un plus haut degré la connaissance des faits et la critique historique.

primée aux études, n'a pas retardé plutôt qu'avancé les progrès de l'esprit humain.

L'Université venait à peine de se former sous ce titre, qui exprimait la réunion, dans une institution commune, des enseignemens universels. C'était dans les cathédrales qu'avaient paru les premières écoles de la science. On distinguait déjà au onzième siècle celles de Sainte-Geneviève et de Notre-Dame, où l'on élevait des clercs dans l'étude de quelques livres saints, de la grammaire et d'une vaine théologie; ceux-ci n'en sortaient que pour servir Dieu dans le chapitre ou le monastère : à mesure que le nombre des élèves s'augmenta, on chercha à les réunir dans un établissement général qui prit le titre d'*Universitas,* ou d'université, pour exprimer cette fusion des élèves sous les mêmes maîtres. De tous les points de l'Europe chrétienne, se réunissaient à Paris de jeunes clercs qui venaient puiser à la source même de la doctrine : on y trouvait des Danois et même des Italiens, quoique l'université de Bologne fût déjà établie et renommée; Oxford ne retenait pas les Anglais, car l'école de Paris était encore préférée par les familles normandes, maîtresses de l'Angleterre depuis la conquête[1].

Cette grande réunion d'étudians jouissait de beaux priviléges ; ils n'étaient point soumis à la juridiction du prévôt et des bourgeois. Considérés comme clercs, ils ne dépendaient que des cours ecclésiastiques, ce qui occasionait de grands désordres. Les étudians portaient armes et bâtons ; « ils attaquaient les femmes par amour ardent, et les hommes par force coulps. On les voyait toujours quérir vin à quatre ou à six, et la science était moins étudiée que les jeunes pucelles. » Aussi survenait-il maintes rixes entre les bons bourgeois et les étudians.

En la seizième année du règne de Philippe-Auguste, naquit par aventure grande noise entre les étudians et les bourgeois ; il y eut même véritable bataille. Les Parisiens, leur prévôt en tête, attaquèrent les clercs à coups de pierres et de bâtons ferrés : la rue Saint-Marceau, les environs de Sainte-Geneviève, furent

---

[1] Je n'ai besoin que de renvoyer, pour les renseignemens, à l'excellente *Histoire de l'Université de Paris*, par Duboulai, t. III. (Buleus, en latin.)

le théâtre de sanglans débats; « faut bien vous conter cette triste histoire. C'était la veille de la Saint-Martin. Les étudians, selon leur coutume, avaient passé ce jour de vacance dans maints lieux d'amour et de joie. Comme ils avaient commis bien du désordre, les bourgeois se réunirent en armes, et les attaquèrent avec bâtons, arbalètes et cailloux durcis. Il résulta de cette rixe violente, que mults étudians furent blessés; il y en eut vingt-deux de tués, entre autres Henri, archidiacre de Liége. Le roi, furieux de ce que les priviléges scolastiques avaient été violés par les bourgeois, condamna le prévôt à une prison perpétuelle, où il devait être nourri du pain des pauvres, à moins qu'il ne voulût se soumettre à un jugement public [1]; et afin d'éviter que dans l'avenir les franchises ne fussent contestées, le roi Philippe scella une ordonnance en faveur des écoliers.

« PHILIPPE, ROI DES FRANÇAIS. Nous ferons immédiatement jurer à tous les bourgeois, que s'ils voient à l'avenir un laïque chercher noise à un écolier, ils en rendront sans délai un témoi-

[1] Ancien Cartul. de Philippe-Aug., f° 62, v° 1.

gnage véritable. S'il arrive qu'un écolier soit frappé d'armes, de baltons ou de pierres, tous les laïques qui le verront arrêteront de bonne foi le malfaiteur, pour le livrer à la justice du roi; et nul laïque ne se retirera pour ne pas voir le méfait et éviter d'en rendre témoignage.

« Soit que le malfaiteur ait été pris en flagrant délit ou non, le roi ou ses officiers feront faire enquête et information par des personnes fidèles, clercs ou laïques; et s'il est prouvé par l'enquête qu'il ait commis le crime, le roi ou ses officiers en feront aussitôt justice, quand même le criminel nierait le fait, et qu'il offrirait de se purger par le duel ou par l'épreuve de l'eau.

« Le prévôt du roi, ou l'officier de sa justice, ne pourra mettre la main sur un écolier, ni le retenir en prison, à moins que le forfait ne soit tellement patent que l'écolier doive être arrêté. Dans ce cas seul, la justice du roi le saisira sur le lieu, sans le frapper, à moins qu'il ne se défende; et elle le rendra à la justice ecclésiastique, qui le gardera jusqu'à ce qu'il ait satisfait au roi ou à la partie plaignante.

« Si le forfait est grand, la justice du roi ira ou enverra pour en connaître.

« Si l'écolier qui a été arrêté ne s'est pas défendu, et si c'est lui qui a reçu l'injure, le roi ou ses officiers lui feront justice.

« Hors le cas du flagrant délit, la justice du roi ne pourra mettre la main sur un écolier; et s'il est à propos d'en saisir quelqu'un, il sera arrêté, gardé et jugé par la cour ecclésiastique.

« Si le prévôt du roi arrête un écolier en flagrant délit, et à une telle heure que l'on ne puisse avoir recours à la justice ecclésiastique, l'écolier sera mis et gardé en la maison d'un autre écolier, sans injure, jusqu'à ce qu'il soit livré au juge d'église.

« A l'égard des serviteurs laïcs des écoliers, qui ne doivent au prince ni droit de bourgeoisie, ni résidence, et qui ne sont pas marchands, les officiers du roi ne pourront pas mettre la main sur eux, à moins que leur délit ne soit apparent.

« Quant aux chanoines de Paris et leurs serviteurs, ils jouiront seulement des libertés que le roi et ses prédécesseurs leur ont accordées [1]. »

Ces grands priviléges, concédés à l'université de Paris, étaient motivés sur la haute estime que les rois et le peuple avaient pour la science des professeurs et les études scolaires. Si l'on considère cependant les caractères de l'enseignement à cette époque, on apercevra bientôt toute sa faiblesse et son imperfection. La science se renfermait dans ces quatre parties, théologie, jurisprudence, médecine et philosophie; et pour ces études si diverses, une même et commune méthode était employée, sous le nom de scolastique. La scolastique consistait dans certaines formules adoptées qui ne permettaient à l'esprit aucune indépendance, et le jetait dans des subtilités sans fin. Les sciences avaient donc fait peu de progrès. La jurisprudence ne sortait point du code Théodosien et des coutumes féodales; la médecine était dominée par les spéculations des Avicennes et d'Avenzoar, traducteurs infi-

---

[1] Grande Collection des Ordonn. du Louvre, t. I, p. 28.

dèles de l'expérience grecque; la philosophie, enfin, cette noble partie des connaissances humaines, n'allait pas au delà des subtiles distinctions et des syllogismes. Que dirons-nous des sciences exactes? de l'astronomie, confondues avec l'astrologie judiciaire; des mathématiques et de la mécanique, un peu plus tard largement avancées par les travaux d'Albert-le-Grand et du chancelier Bacon? Tout cela ne mérite pas une étude sérieuse et attentive [1]. L'esprit national gémissait comme accablé par cette science d'emprunt, proscrivant la muse française dont les troubadours et les trouvères faisaient entendre quelques vives et grossières expressions.

Cette subtilité d'esprit et de commentation favorisa le développement des hérésies, non pas de celle qui naquit plus tard de l'indépendance de la raison humaine, mais de cette autre espèce d'hérésie qui ne fut, à vrai dire, qu'une subtilisation du catholicisme lui-même. Il n'est point douteux que les idées de *gnoti-*

---

[1] Daunou, préface de l'*Histoire littéraire de France*, déjà citée.

cisme, ou de *science*, si populaires dans l'Église primitive, et régularisées par le manichéisme, se soient introduites par l'Italie dans quelques écoles de France, où, depuis long-temps, elles avaient appelé les persécutions des rois et des papes.

Le règne de Philippe-Auguste fut fertile en hérésies; et, sans parler de la cruelle guerre des Albigeois, dont plus tard il nous faudra raconter la triste histoire, le fanatisme du prince les poursuivit toutes avec une sévérité particulière, alors célébrée par les chroniqueurs.

Les popiliciens enseignaient en secret leur doctrine morale; ils prêchaient contre le mariage et ses plaisirs: selon eux, il existait dans la nature deux principes, l'un du mal, l'autre du bien, entre lesquels luttait l'homme abandonné à son libre arbitre. L'œuvre de la chair était contraire au principe intellectuel et favorisait la reproduction d'une matière abjecte; c'est pourquoi il fallait s'en abstenir.

Les doctrines des popiliciens s'étaient surtout répandues dans le diocèse de Reims [1]; ces hérétiques y avaient des écoles de science, des

---

[1] Marlot, *Hist. métrop. Remens.*, t. II, p. 396.

enseignemens secrets, dans de vieux souterrains creusés au temps des barbares, tout auprès même de la cathédrale. Le roi, en ayant été informé, les fit chercher en tous lieux, « et, selon sa bonne coutume, les fit brûler vifs, en l'honneur de notre sainte foi [1]. » Cette persécution n'arrêta pas leur zèle prédicant; ils vinrent ensuite à Paris, où ils eurent force enseignemens. Ils étaient disciples d'un curé nommé Amauri, qui ajoutait aux leçons des popiliciens que tous et chacun des hommes étaient membres du corps de Jésus-Christ. Il fut condamné par les docteurs, et en appela vainement au pape. D'autres enseignaient « qu'ainsi que la puissance du père et de l'ancienne loi avait fini à l'avénement de Jésus-Christ, ainsi la loi nouvelle avait fini en ce moment, puisque le Saint-Esprit était advenu [2]; quant aux disciples, ils commettaient force péchés de la chair et proclamaient la communauté universelle des femmes. Maurice, évêque de Paris, dénonça ces fausses doctrines et ces mœurs

---

[1] Guillaume-le-Breton, Philippéide, liv. v.
[2] Epist. Innocent. III, lib. X, epist. 206, p. 125.

orientales au roi, qui, selon son pieux us, fit brûler ou empaler les hérétiques. On pardonna seulement à quelques femmes que paillardise et amour de chair avaient entraînées » [1].

Telle est la seconde période de l'administration du roi Philippe-Auguste, et qui paraît empreinte d'un plus grand esprit d'ensemble et de régularité; toutefois, rien de complet ne se montre encore dans la marche de l'esprit humain et de la société. Il y a eu donc, ce nous semble, plus que de l'exagération dans ceux qui ont vu à cette époque une révolution entière, un mouvement social se prononçant non seulement avec force, mais portant déjà tous ses fruits.

[1] Labbe, *Biblioth. Hist.*, t. I, p. 471.

CHAPITRE XIV.

Épisode de la conquête de Constantinople par les barons de France. — Tournoi et cour plénière de Thibault de Champagne. — Prédication de Foulques de Neuilly. — Noms des chevaliers qui prennent la croix. — Barons de Champagne et de Flandres. — Parlement de Soissons. — Ambassade à Venise. — Requête au doge. — Assemblée de Saint-Marc. — Convention avec les Vénitiens. — Les chevaliers ne peuvent l'exécuter. — Arrivée des ambassadeurs d'Isaac. — Départ pour Zara. — Prise de Zara. — Les Francs se déterminent à conquérir Constantinople. — Arrivée de la flotte. — Étonnement des croisés. — Ambassade d'Alexis. — Assauts. — Prise de Constantinople. — Rétablissement d'Isaac.

1199—1202.

TELLE était la France féodale, lorsque la prédication d'un moine soulevait encore une fois les barons du royaume pour une nouvelle croisade; les comtes de Flandres et de Champagne, le comte de Brie et du Perche, et deux mille lances, toutes françaises, possédant fiefs, jurèrent de délivrer Jérusalem, au pouvoir des Sarrasins : c'est un grand et singulier épisode à l'histoire de cette époque, que ce pélerinage armé, dont le résultat fut de donner aux barons de France Constantinople et la Grèce. Nous allons voir les Villehardouin, les Montesquiou, les Brienne, les comte de Champlitte, les La Trémouille, les Courtenay, planter leurs gonfanons mi-partie sur les hautes tours de Constantinople, et devenir prince de Morée, duc d'Athènes, imposant ainsi les dignités de l'Europe féodale aux débris de l'antique Grèce : de telles conquêtes, accomplies par le baronnage de France, se lient essentiellement à notre histoire nationale. Que de souvenirs ne s'attachent pas en effet à ce merveilleux pèlerinage ! Un grand empire qui tombe, une dynastie franque qui revêt la pourpre des Césars, et fonde au milieu de ces populations dégénérées le système féodal, sorte de campement militaire, transporté partout où se hissait un gonfanon de chevalerie ; les provinces grecques conquises, changeant la belle langue d'Homère contre l'idiome grossier des Francs ; la Morée elle-même devenant un fief, et prenant le nom de *Nouvelle-France*, comme pour exprimer la domination de cette colonie de chevaliers que le hasard avait jetés sur ses bords.

« L'an mil cent quatre-vingt-dix-huit après l'incarnation de notre sire Jésus-Christ, du temps du pape Innocent III et du bon roi Philippe de France, il y eut un saint homme appelé Foulques de Neuilly, prêtre et curé du lieu qui est entre Lagny-sur-Marne et Paris : celui-ci se mit à prêcher la parole de Dieu par la France et les terres circonvoisines, et Notre-Seigneur ouvra tout plein de miracles par lui, tant que la renommée en alla jusqu'au Saint-Père, lequel envoya vers cet homme, afin que sous son nom et son autorité il eût à prêcher la croisade [1]. »

Il faut dire que les exploits de Richard dans l'Orient, la trêve qu'il avait conclue avec Sa-

---

[1] Le sire Villehardouin, l'historien de ce pélerinage, liv. Ier. Le nom de Villehardouin ou de Ville-Harduyn a tiré son origine d'un manoir du diocèse de Troyes, entre Bar et Arcy. Il s'est fondu dans la maison de Savoie. Voyez la Notice sur Villehardouin, dans Ducange. M. Michaud, dans son *Histoire des Croisades*, a consacré plusieurs livres à ce grand pélerinage; ils nous paraissent empreints d'un caractère qui se rattache trop à l'épopée antique.

ladin, n'avaient arrêté qu'un moment la valeur indomptable des Musulmans; les colonies chrétiennes de la Palestine étaient encore menacées d'une entière destruction. Le pape Célestin, et après lui Innocent III, avaient souvent excités le zèle attiédi des princes et des barons. Les vives remontrances qu'ils avaient renouvelées pour apaiser les rivalités armées de Philippe et de Richard, ne tendaient, comme on l'a vu, qu'à réunir leurs efforts contre les Sarrasins : une succession d'événemens n'avait pas permis l'accomplissement de cette pensée. Cependant l'esprit des croisades n'était point encore éteint en Occident. La piété religieuse, imposant comme pénitence les hasards et tous les désordres de la guerre, devait naturellement plaire à une chevalerie dévote et belliqueuse : les croisades ouvraient une large voie aux aventures merveilleuses, aux conquêtes militaires, aux repentirs de l'ame; elles devaient être encore très populaires dans les castels de l'Europe.

C'est dans ces circonstances que Foulques de Neuilly commença les prédications d'une nouvelle croisade. Il annonça ce bon pélerinage avec force indulgences : « Que tous ceux qui se croiseraient pour servir Dieu un an durant en l'armée qui se dresserait pour conquérir la Terre-Sainte, auraient pleinière absolution de tous leurs péchés dont ils seraient contrits et repentans ; et ces indulgences furent si grandes, que plusieurs se croisièrent en cette occasion. »

Dans le printemps de l'année 1199, Thibault, comte de Champagne, avait publié un brillant tournoi, où s'étaient réunis tous les chevaliers de France : la cour de Champagne était renommée à cette époque par la splendeur de ses fêtes et par la noble galanterie des barons ses vassaux ; roi des troubadours, Thibault, à peine âgé de vingt-deux ans, chantait les dames avec la même grâce qu'il désarçonnait un chevalier ; les registres de l'église de Saint-Étienne de Blois rapportent que le sire comte Thibault possédait dix-huit cents fiefs qui lui devaient l'hommage-lige, et par conséquent qu'une riche foison de nobles chevaliers lui prêtait féauté entière [1] ; aussi, quand

---

[1] Ducange, Observ. sur Villehardouin, p. 254.

il publiait une joute à outrance, le vassal quittait son manoir, la damoiselle l'antique tapisserie, tandis que le trouvère accourait à la hâte pour faire entendre ses chansons et les vieilles légendes de la contrée. Cette noble fête chevaleresque s'était ouverte d'une manière brillante ; le héraut d'armes visitant les écus et les blasons attachés aux lices pour savoir, selon l'usage, s'il n'y avait aucun chevalier discourtois et félon, avait nommé le comte Louis de Blois ; vingt-sept ans étaient son âge, et son écu blasonné signalait qu'il était neveu du roi de France et d'Angleterre ; Simon, comte de Montfort, depuis célèbre dans la guerre contre les hérétiques Albigeois ; Renaud de Montmirail ; le comte Gauthier de Brienne ; Geoffroy de Joinville, oncle du naïf sénéchal de Champagne, qui fut le compagnon de Saint-Louis ; Gauthier de Montbelliard ; Eustache de Chovelans ou Chauvelins ; Guy de Plaissié ; Henri d'Argilières ; Oger de Saint-Cheron, Villiers de Neuilly ; Geoffroy sire de Villehardouin, l'historien de cette croisade, neveu aussi du comte Geoffroy ; Gauthier de Fuilimes ; Everard de Montigny ; Guy, nouveau châtelain de Coucy ;

Robert-Mauvais-Voisin; Mathieu de Montmorency; Bernard de Montreuil; Enguerrand de Bonne; Robert son frère, et une foule d'autres vaillans chevaliers qui s'étaient déjà signalés par maintes prouesses [1].

Tandis qu'on échangeait *mult* coups de lance en l'honneur des dames, Foulques de Neuilly, dont la réputation de sainteté s'étendait en toutes les églises de France, arriva au milieu des tournois, et parcourant les rangs des chevaliers en armes, il leur peignit avec paroles abondantes et force larmes les malheurs de Jérusalem et les dangers de leurs frères dans la Palestine; en même temps il lut la bulle du pape qui accordait des indulgences pour toutes les fautes commises à ceux qui prendraient la croix. L'effet de cette prédication de la croisade fut prompt et général; le nom de Jérusalem exerçait encore une puissance magique sur l'imagination des chevaliers, et les circonstances ne pouvaient être mieux choisies que celles d'un tournoi où l'on ne parlait que de hauts faits d'armes, de merveilleux coups de lance et de prodigieuses aventures : l'expédi-

[1] Villehardouin, liv. I, p. 3.

tion d'outre-mer fut donc unanimement décidée. Tous les barons et chevaliers présens au tournoi, « excités par les dames et damoiselles, qui, pour les animer, oubliaient guimpes et jupons et cheveux de fin or qui pendaient sur leurs épaules, » jurèrent qu'ils prendraient la croix, et qu'ils suivraient dans la Palestine le comte Thibault leur sire, à la première demande qu'il en ferait.

Cet enthousiasme des barons de Champagne se communiqua aux vassaux de la Flandre : « Au carême-prenant, jour qu'on se donne les cendres, se croisèrent les comtes Baudouin de Flandres, avec la comtesse Marie, sa femme, sœur du comte Thibault, et avec lui Henri son frère; Thierry son neveu; le sire de Béthune; Antoine son frère; Jean de Nesle, châtelain de Bruges; René d'Utrecht; Mathieu de Valencourt; Baudouin de Beauvoir; Eustache de Sambruic; Gauthier de Bonsier, et Bernard de Soubrenghien. Après eux, jurèrent encore le pélerinage, le comte Hugues de Saint-Pol, et Pierre d'Amiens son neveu; Eustache de Canteleu; Nicolas de Mailly; Anseaulme de Lille; Guy de Hordeng; Gauthier de Nesle; et d'autre part le comte Geoffroy du Perche, Yves de la Vallée, Hantimeris de Villeroy, Geoffroy de Beaumont, le châtelain de Coucy, le seigneur de Dampierre¹.

Un grand nombre de vassaux, ou arrières-vassaux du roi Philippe, comme on le voit, *cousaient* sur leur poitrine la croix rouge du pélerinage, aux pieuses exhortations de Foulques de Neuilly; c'était comme la France féodale se levant tout entière pour vaincre les mécréans. Le suzerain n'imita pas ses vassaux, et ne voulut point marcher à leur tête dans cette lointaine expédition. Un premier pélerinage l'avait dégoûté des vaines et périlleuses conquêtes promises à la piété des barons et des chevaliers; peut-être aussi le divorce avec Ingerburge, alors dans toute son activité, ne lui permit pas de suivre la fortune de ses tenanciers.

Ceux-ci indiquèrent d'abord un parlement à Soissons, pour convenir d'un terme de départ; mais le nombre de croisés réunis n'étant pas alors assez considérable pour prendre

---

¹ Constantinop. Belgic. — Tournay, 1638. (Livre très rare.) C'est une histoire de la part qu'a prise la noblesse de Flandre aux croisades.

une résolution définitive, on convint de se revoir dans un nouveau parlement à Compiègne. Les croisés, qui s'étaient alors procuré toutes les choses nécessaires pour la sainte expédition, s'y rendirent en foule : jamais la vaste forêt de Compiègne n'avait vu un si grand nombre de tentes de toutes couleurs distinguées par les armoiries blasonées de la croix rouge. On délibéra d'abord sur les moyens de transporter outre-mer toute cette chevalerie. La puissance maritime de Venise, toutes les merveilles qu'on racontait sur sa navigation, engagèrent les vassaux assemblés à solliciter de la république les moyens de 'es conduire en Palestine. On convint de choisir des messagers pour cet objet. Le comte Thibault désigna Geoffroy de Villehardouin, son grand maréchal, et Miles de Brabant. Le comte de Flandre en indiqua aussi deux de son côté : Conon de Béthune et Alard de Maqueran ; le comte de Blois, deux aussi : Jean de Friaise et Gaultier Goudonville. C'est à ces six députés que les barons remirent toute leur confiance ; ils dressèrent des chartes à *scel pendant*, par lesquelles ils arrêtèrent d'avance de tenir ferme et stable tout ce qu'ils feraient au nom de la *confrérie* et confédération des sires barons de France.

Les six chevaliers prud'hommes et experts se rendirent en toute hâte à Venise, alors sous le gouvernement de Henri Dandolo, ce vieillard célèbre qui porta si haut la gloire de sa patrie [1]; ils lui remirent la charte dont ils étaient porteurs, et lui parlèrent en ces termes : « Sire, nous sommes à toi venus par les haults barons de France qui ont pris le signe de la croix, pour la honte du Christ venger, et pour Jérusalem conquerrir, si Dieu le veut soffrir; et par ce que il savent que nul gent n'ont si grand povoir sur mer, vos prient qu'ils puissent avoir navires por sy transporter.—Certes, répondit le vieux Dandolo, vous nous requérez là une grande affaire; nous vous en respondront d'ici à huit jours. »

Le terme étant expiré, les messagers se présentèrent encore au doge, qui leur dit : « Voici ce qui a été advisé, si nous pouvons y faire convenir notre grand-conseil et le commun de

---

[1] Dandolo avait quatre-vingt-quatre ans lorsqu'il fut élu doge de Venise. 1192. Il faut ajouter huit ans à l'époque de la croisade.

la république, nous fournirons deux cents palandres¹ et vaisseaux plats pour passer outremer quatre mille cinq cents chevaliers et neuf mille écuyers, vingt mille servans avec vivres pendant neuf mois, moyennant que vous nous baillerez quatre-vingt mille marcs². Nous ajouterons à nos despens cinquante galères qui vous aideront de leur secours. » Les députés acceptèrent. Le doge fit réunir son grand-conseil, « lequel estoit de quarante hommes, des plus sages et des plus advisés; il fit tant par ses remontrances comme personnage de bon sens, qu'il leur persuada l'intreprise; de là il en appela jusqu'à cent, puis deux cents, et puis mille, tant que tous l'approuvèrent et y consentirent. » Quand le peuple fult ainsi préparé, le doge admonesta les députés de vouloir bien requérir en public les bourgeois en l'église de Saint-Marc, de trouver bon le traité conclu. » Geoffroi Villehardouin, suivi de ses compagnons, s'y rendit en effet, et prenant la parole, dit : « Sires bourgeois, les princes et barons de France, les plus haults et les

---

¹ Sorte de galères.
² Environ quatre millions de francs.

plus puissans qui y soient, nous ont envoyés
devant vous pour vous prier, au nom de Dieu,
de prendre à pitié Jérusalem, et de les assister
dans leur entreprise et d'autant qu'ils n'en
cognaissent point qui aient si grand pouvoir
comme vous sur la mer, ils nous ont commandé à ce de partir, de nous prosterner à
vos pieds sans nous relever que vous n'ayez
octroyé leur requête. » Là dessus, les dix
chevaliers s'agenouillèrent, pleurant à chaudes larmes : le duc et le peuple les voyant
en cette posture, s'écrièrent tous d'une voix,
et en haussant les mains : *Nous l'octroyons!
nous l'octroyons!* en quoi le bruit fut si grand,
que oncques ne fut vus de tel [1]. »

La convention ainsi ratifiée par le peuple,
on en dressa les chartes; on arrêta qu'il serait
fourni à chaque chevalier six setiers, soit de
pain ou farine, soit de légumes, et une demi-cruche de vin [2] : les nobles pèlerins de France
devaient se trouver à Venise à la Saint-Jean
prochaine (1202), et les Vénitiens s'enga-

[1] Ce passage de Villehardouin nous révèle la forme toute démocratique du gouvernement de Venise à cette époque. (Liv. I.)
[2] Le traité original est dans la Chronique d'André Dandolo, pages 325-328.

geaient à leur tour à tenir prêts les vaisseaux nécessaires au transport. On remit un double de ces chartes aux dix chevaliers, qui les reçurent à genoux, *pleurant fort et ferme*, et l'on jura sur l'Évangile d'en garder le contenu. Après avoir pris congé des Vénitiens, emprunté deux mille escus à juifs et marchands, les députés se disposèrent à retourner en Champagne. « En passant le mont Cénis, dit le vieux maréchal de Champagne, je rencontrai le comte Gauthier de Brienne, qui s'en allait en la Pouille conquérir le pays de Sicile, comme s'il s'agissait du pélerinage [1]; il était accompagné de Gauthier de Montbelliard, Eustache de Couellan et Robert de Brinville, et d'une bonne partie des Champenois qui s'étaient croisés. » Les députés leur rendirent compte de leur mission; ceux-ci répondirent : « Vous voyez que nous nous sommes déjà ébranlés pour gagner les devants. Mais il en advint autrement, ce qui fut fort grand dommage, car ils étaient preux et vaillans [2]. »

[1] Il avait épousé une des filles de Tancrède, et avait des droits sur la Sicile.

[2] Villehardouin, liv. I.

Le maréchal Villehardouin fit bonne diligence et arriva à Troyes en Champagne. Son seigneur, le comte Thibault, était malade et en fort mauvaise disposition de sa personne, néanmoins il fut si joyeux du traité, qu'il voulut monter à cheval. Il se leva de dessus son lit et chaussa les éperons; mais la maladie devint plus violente, et en peu de jours il *fit sa devise et son lay*, et plus jamais ne chevaucha. Il y eut grand deuil dans toute la Champagne. Jamais prince de son âge ne fut plus aimé ni plus regretté. On l'enterra près de la sépulture de son père en l'Église de Saint-Étienne de Troyes. Les moines dirent de lui, pour célébrer sa piété : « Thibault a cherché la Jérusalem terrestre, il a trouvé la céleste »; et plusieurs messes et offices furent célébrés sur son tombeau [1].

Après la mort du comte, Simon de Montfort, Matthieu de Montmorency, Godefroi de Joinville, le sénéchal, et Villehardouin, s'en allèrent auprès d'Eudes, duc de Bourgogne, et lui dirent : « Sire, tu vois le dommage arrivé par le décès de notre comte; nous te sup-

---

[1] *Terrenam quærens, cœlestem reperit urbem;*

plions de prendre la croix en sa place; nous jurerons sur le saint Évangile de t'obéir loyalement comme nous eussions fait à sa personne propre. Mais le comte refusa tout à plat. « Et sachiez, continue la chronique, qu'il eût pu mieux faire. »

Le sénéchal Joinville fut chargé de faire une semblable proposition au comte du Bar, cousin du défunt Thibault de Champagne; lequel s'en excusa encore. Les barons de France résolurent donc de se réunir de nouveau pour choisir un chef afin de les conduire outre-mer. Quand tous les tenanciers furent convoqués, Villehardouin leur dit : « Sires barons, je serai d'avis d'une chose, si vous y advisez. Boniface, le marquis de Montferrat, est, comme chacun sait, un prince des plus valeureux et des plus prisés en fait des guerres; si vous lui mandiez de venir par deçà les Alpes, et qu'il prît la charge de la troupe »? Les barons applaudirent, et des messagers furent envoyés au marquis, qui vint sur les terres de Champagne et fut partout bien accueilli; les barons lui firent grands honneurs. Les croisés se réunirent encore le lendemain dans un verger de l'abbaye Notre-Dame de Troyes; et le marquis de Montferrat étant présent, tous le requirent unanimement au nom de Dieu de vouloir prendre la croix avec la conduite de l'armée, et là-dessus se prosternèrent à ses pieds, tous pleurant à chaudes larmes; mais lui, de son côté, cheust (tomba) aux leurs, et leur dit qu'il le ferait très volontiers[1]. Boniface ayant ainsi accepté la conduite des barons dans la Palestine, sur-le-champ Elvige de Soissons, messire Foulques de Neuilly et deux abbés le menèrent au cloître de l'église Notre-Dame, et lui attachèrent la croix sur l'épaule. Le rendez-vous de toute cette chevalerie fut fixé à Venise. Le marquis de Montferrat leur dit: « Beaux sires, tenez votre cas prêt, j'irai vous rencontrer à Venise. »

Pendant ce temps, Foulques de Neuilly prêchait la croisade dans Cîteaux, où se trouvait un bon nombre de preux chevaliers très experts en fait d'armes : dans le chapitre prirent la croix Eudes de Champlitte le Champenois,

---

[1] Sur le marquis de Montferrat, consultez Muratori (Ann. d'Italie, t. X), p. 163-201. Il était frère de Conrad, célèbre par la défense de Tyr.

Guy de Vésine, et maints autres bons personnages; l'évêque d'Autun, Gilles le comte de Forets, Hugues de Colemi, et Laval de Provence, imitèrent leur exemple. « Après Pâques, environ la Pentecôte, les pélerins commencèrent à s'esmouvoir pour quitter leur pays; et sachez que moultes larmes furent pleurées par les pélerins et les dames à leur département. Ils s'acheminèrent par la Bourgogne, par le mont de Joix et le mont Cénis, descendirent dans les plaines de Lombardie, et finalement ils arrivèrent à Venise, où on les habrita dans une île du nom de Saint-Nicolas[1]. »

Tous les chevaliers n'allèrent point au rendez-vous; les conditions stipulées par la république parurent trop dures à quelques uns. Jean de Nesle, châtelain de Bruges; Thierry, fils du comte Philippe de Flandre; Nicolas de Mailly, qui avaient promis sur le saint Évangile de se réunir à Venise, s'embarquèrent sur les côtes de Flandre avec les meilleurs hommes de la province, et voguèrent directement vers la Palestine; l'évêque d'Autun, le comte de

---

[1] Villehardouin, liv. I.

Forets, Pierre Beaumont, et plusieurs autres du royaume de France, « faillirent aussi à leur promesse, de quoi ils eurent grande honte, et maintes désaventures leur advinrent depuis. »

Cette désertion des pèlerins mettait les chevaliers et les barons présens à Venise dans une situation fort difficile quant au paiement du passage; ils avisèrent d'abord entre eux d'envoyer de côté et d'autres pour recueillir les croisés de France et les forcer à venir s'embarquer avec eux. On apprit que le comte de Blois avait planté son gonfanon à Pavie[1] avec bon nombre de preux; le comte Hugues de Saint-Pol et le maréchal de Champagne furent députés vers lui pour le supplier de se rendre à Venise et de prendre passage moyennant deniers; le comte Loys prit en effet le chemin de la république, mais plusieurs braves hommes l'abandonnèrent dans la route; il fut reçu avec enthousiasme par les chevaliers réunis pour le service de Dieu et l'honneur de la chrétienté. Les Vénitiens avaient préparé une flotte très considérable. Les vaisseaux étaient bien appareillés

---

[1] Villehardouin, liv. 1er.

et bien équipés, et il y en avait trois fois plus qu'il ne convenait pour le nombre des chrétiens qui là se rendirent. La république avait donc fort bien accompli ses conventions; le doge et ses conseils sommèrent en conséquence les chevaliers et les barons d'exécuter les leurs. On fit la quête parmi les gens de baronnage, mais il y en eut beaucoup qui alléguèrent leur impuissance de payer. Cette circonstance fit naître de grandes disputes dans le camp; les uns disaient : « les Vénitiens nous ont fort bien tenu leur promesse; il vaut donc mieux employer tout notre avoir ici, plutôt que de manquer à la foi jurée »; les autres disaient : « Nous avons raisonnablement payé pour notre passage; qu'on nous charge donc si l'on veut, sinon nous nous pourvoirons ailleurs. » Pour faire cesser ces querelles, qui devenaient fort vives sous la tente, le comte de Flandre, le marquis de Montferrat, les comtes Hugues de Saint-Pol et Loys de Blois, commencèrent à donner tout ce qu'ils avaient et tout ce qu'ils purent emprunter sur leurs terres et fiefs. « Alors vous eussiez pu voir tant de riches vaisselles d'or et d'argent trotter çà et là, et portées en l'hôtel du duc de Venise pour les donner en paiement. » Malgré ces efforts généreux, il manqua encore trente-quatre mille marcs d'argent pour compléter la somme promise.

Lorsque Dandolo et les magistrats de Venise eurent connu l'impuissance réelle des barons d'acquitter le passage, ils songèrent à utiliser une armée aussi vaillante au profit des intérêts commerciaux de la république. Dandolo fit assembler le peuple, monta en la chaire ou pulpitre, et dit : « Seigneurs, vous savez que le roi de Hongrie nous a ôté Zara [1] en Esclavonie : il nous sera impossible de jamais recouvrer cette place importante sans le secours des gens de France; employons-les-y, et s'ils nous rendent cette place, nous les tiendrons quittes de ce qu'ils nous doivent encore pour leur passage. » Le peuple ayant adopté cette résolution, Dandolo, sous le prétexte de seconder la croisade, offrit de se joindre aux barons chrétiens, afin de s'assurer les profits de leur expédition militaire. Dans une assemblée convoquée à Saint-Marc, le doge

[1] Zara était une colonie romaine fondée par Auguste sur les côtes de l'Esclavonie.

communiqua son projet de prendre la croix et de laisser le gouvernement à son fils: les bons chevaliers, qui n'apercevaient dans cette résolution de Dandolo, vieillard affaibli et presque aveugle, qu'un grand désir de seconder leurs pieux efforts, ne pouvaient se tenir d'admiration et pleuraient, selon leur coutume, à chaudes larmes, « de voir ainsi ce bon vieux, qui aurait pu rester au logis en repos, montrer encore une si grande force de courage. » Cependant, Dandolo alla se prosterner devant l'autel; là, « on *lui cousit* la croix du pélerinage sur un gros bourlet embarlez de coton, pour être plus éminente, afin que chacun la vist[1] »; et beaucoup de Vénitiens imitèrent son exemple.

La résolution de se détourner de la croisade pour assiéger Zara trouva une vive opposition dans le camp. Les évêques et les moines, dévoués au pape, disaient que Zara était au pouvoir du roi de Hongrie, alors protégé par l'inviolabilité de la croix de pélerin, car il était en Palestine; ils ajoutaient que Jérusalem était le but unique de leur pieuse entreprise, et qu'on

---

[1] Villehardouin, liv. 1er.

prît garde aux excommunications, si l'on s'en détournait [1].

Tandis qu'on disputait ainsi sur la destination de l'armée de France, on vit arriver dans la cité des envoyés de Philippe, empereur d'Allemagne, et du jeune Alexis, césar de Constantinople. L'empire d'Orient, dans sa décadence rapide, était sans cesse le théâtre de nouvelles révolutions. Les croisés étaient à Venise, lorsqu'ils apprirent qu'Isaac, empereur de Constantinople, détrôné par son frère Alexis, gémissait dans une triste captivité; le fils d'Isaac, nommé aussi Alexis, qui partageait la prison de son père, avait trompé la vigilance de ses gardes, et s'était réfugié en Occident, dans l'espoir d'exciter la compassion des princes chrétiens. Philippe de Souabe, époux de la sœur du jeune César ou Varlet de Constantinople, comme l'appelle Villehardouin [2], l'accueillit avec bouté; mais les embarras de sa propre situa-

---

[1] Epistol. Innocent III, Baronius, ad ann. 1202, et les violentes sorties du moine Gunther, dans Canisius, *Monument ecclesiastic.*, t. IV, p. 4 à 8.

[2] C'était le *Nobilissimus puer* du célèbre Formulaire de la cour de Bisance, connu sous le titre: *Notitia Imperii*.

tion, ses guerres avec le pape, ne lui permirent pas de prendre immédiatement sa défense : Alexis s'était vainement adressé au pontife lui-même ; il avait été durement repoussé, soit qu'Innocent III ne pût oublier qu'il était le neveu de Philippe, ennemi personnel du Saint-Siége, soit que le schisme qui divisait l'Église grecque de l'Église latine fût pour lui un motif suffisant de repousser tout sentiment de pitié envers le jeune prince. C'était dans ces circonstances que l'empereur Philippe avait appris la réunion des croisés à Venise, et il pensa que les malheurs d'Alexis, les promesses qu'il pouvait faire à l'ambition des Vénitiens et des barons croisés, seraient suffisantes pour les engager dans sa cause contre l'usurpateur de Constantinople. Il dit donc au jeune César : « Sire, voici une armée près de vous à Venise, des plus nobles et des plus valeureux chevaliers de la terre de France, qui vont outre-mer : allez les requérir qu'ils aient compassion et miséricorde de l'empereur votre père et de vous. Allez vous faire rétablir en votre héritage. » Des messagers vinrent donc à Venise auprès des barons, qui leur répondirent : « Nous croyons bien ce que vous dites : si votre maître veut nous aider à la conquête d'outre-mer, la chose que vous requérez sera faite. » Ceux-ci s'en retournèrent donc vers l'empereur.

Au mois d'octobre 1203, l'embarquement des barons français pour Zara commença, malgré l'opposition de quelques uns : les vaisseaux et les vivres furent répartis ; on y plaça les chevaux, les tentes et les mangonaux : « Il faisait merveilleusement bon voir cette flotte, quand elle fut équipée en mer avec tant de bannières et panonceaux ondoyans au vent sur les hunes, mâts, antènes et chalets de poupe ; les escus estaient rangés tout autour avec leurs couleurs diverses et les armes de bataille : le son des clairons et de la trompette était entre-mêlé, et de toute part faisait retentir la marine. Oncque certes auparavant ne fut vu plus beau convoi qui partît du port de Venise ez octaves de Saint-Remi, l'an 1203 de l'incarnation de notre Sauveur[1]. »

Quelques jours de navigation suffirent pour conduire la flotte et les barons devant Zara.

---

[1] Villehardouin, liv. II.

Quand les pélerins virent une si forte cité, ils se demandèrent comment ils pourraient la soumettre, si Dieu lui-même n'y mettait la main. « Les premiers vaisseaux arrivés jetèrent l'ancre devant la ville : vous eussiez vu alors maints chevaliers sortir des nefs, tirant leurs chevaux par les rennes ; grand nombre d'hommes de pied garnis de leurs armes, portant maintes enseignes, dresser tentes et pavillons tout à l'environ de la place. » Lorsque les habitans de Zara se virent si bien entourés, ils envoyèrent des messagers au doge pour lui rendre la ville ; mais ceux d'entre les barons francs qui s'étaient opposés à l'expédition, dans l'intérêt du pape, leur dirent : « Pourquoi voulez-vous rendre ainsi votre cité ? soyez sûrs que les Francs ne sont pas en volonté de vous chercher noise ; si vous vous pouvez défendre des Vénitiens, vous êtes sauvés. » Les messagers s'en retournèrent et rapportèrent aux habitans les propres paroles des chevaliers. Lorsque Dandolo revint pour annoncer qu'il acceptait le traité, il ne trouva plus les messagers : dès lors il résolut de pousser le siége. Comme il venait sous la tente pour consulter les barons, un certain abbé de l'ordre de Citeaux se leva sur ses pieds, et dit aux chevaliers de France : « Seigneurs, je vous défends de par le pape que vous n'assailliez cette place, car elle est pleine de chrétiens, et vous êtes pélerins croisés pour une autre fin que pour les combattre. » Le doge fut fort irrité en entendant ces paroles : « Quoi ! dit-il, j'avais cette ville à ma discrétion et merci, et vos gens me l'ont tollue. Vous m'avez juré de la conquérir, je vous semonce de ce faire ! » Le plus grand nombre des barons répondit : « Sire doge, c'est juste, nous vous assisterons en ceci. » Le lendemain, les leviers et mangonaux commencèrent à jouer contre Zara, qui se rendit sous peu de jours, aux mêmes conditions dont on était déjà convenu [1]. Le doge rendit grâce aux pélerins de ce succès, et leur dit : « Voici l'hiver qui commence ; nous ne pouvons partir jusques à Pâques-Fleuries [2]. Répartissons-nous des logis dans la ville. » Ce qui fut fait ; et chacun obtint, selon son

---

[1] *Epist. Innocent.*, publiées par Dutheil, liv. VI. p. 99.
[2] Les Rameaux.

rang et son baronnage, une maison ou une chambre. L'hiver ne se passa pas sans dispute entre les chevaliers et les Vénitiens ; plusieurs fois les rues de Zara furent ensanglantées par les coups d'arbalètes, de dards, d'épées et de lances : la sagesse des chefs ne put toujours comprimer ces luttes déplorables entre les ribauds et les varlets de France et les matelots insolens de Venise.

Sur ces entrefaites, revinrent encore au camp les envoyés de Philippe d'Allemagne, protecteur du jeune César. « Sires chevaliers, dirent-ils, Philippe d'Allemagne et le fils de l'empereur de Constantinople nous ont envoyés derechef devant vous pour les causes que vous allez ouïr. Voici les conditions qu'ils vous proposent. Ils consigneront dans vos mains le jeune prince, et puisque vous allez pour l'exhaussement de la foi, et maintenir droit et justice, vous devez réintégrer dans leurs biens ceux qu'on a dépouillés et déshérités à tort. Moyennant ce, il vous promet les plus avantageuses récompenses que oncque fut faite à nul autre : tout premièrement, si Dieu veut que vous rétablissiez Alexis en son héritage, il remettra tout l'Empire en l'obéissance de l'Église romaine, dont il s'est séparé depuis long-temps, et après ce, pour ce qu'il sait que vous avez jusques ici grandement employé du vôtre dans cette entreprise dont vous êtes fortement arriérés, il vous donne deux cent mille marcs d'argent pour vous remplumer, avec des vivres gratis pour tout votre camp ; lui-même mènera son renfort avec vous en la terre de Palestine : ou si vous cuidez (pensez) que mieux soit, il enverra dix mille hommes à ses dépends, et tant qu'il vivra, il entretiendra cinq cents hommes d'armes des siens pour les garder contre les infidèles ; or, sachez que nul parti plus avantageux ne pourrait être offert à nul autre, si vous le voulez accepter [1]. »

Les barons furent très frappés des riches promesses qu'Alexis faisait à leur valeur ; cependant les avis furent partagés. Le parti de l'abbé de Vaux de Cernay, qui défendait le pape, déclara que les barons de France ne pouvaient mie y aller, car ils étaient partis pour la voie de Syrie. A quoi l'autre parti répondit : « Beaux sires, quant à la Syrie, vous ne pourriez en-

[1] Villehardouin, liv. II.

core y rien faire; sachez donc que c'est par la Grèce et la Natolie que cette terre pourra plus facilement se conquérir. Que si nous refusons cette ouverture, et que nous demeurions court, nous sommes vitupérés à jamais. » La discorde devenait à chaque moment plus violente; mais le marquis de Montferrat, Beaudouin, comte de Flandre, le comte Louis de Blois et de Saint-Pol, se prononcèrent pour l'empereur, et déclarèrent accepter l'offre qu'on leur faisait. Les chartes de convenance furent dressées et revêtues des douze sceis des principaux barons, et l'on déclara que le jeune Alexis viendrait se mettre dans les mains des croisés avant Pâques prochaines, et qu'on se rendrait immédiatement devant Constantinople.

La résolution de se détourner du saint pélerinage pour délivrer l'empire grec, qui devait plaire au courage aventureux de la plupart des barons et à l'ambition des chevaliers, fut hautement désapprouvée par le souverain pontife. Innocent III ne pouvait comprendre qu'on retardât la délivrance de la sainte cité pour de vaines conquêtes[1]; peut-être aussi

[1] *Gest. Innocent.*, n°s 86, 87, 88.

voyait-il avec peine qu'une aussi grande entreprise eût été conçue pour ainsi dire en dehors de la volonté pontificale. Selon l'usage, il menaça les croisés de l'excommunication; Robert de Bove et Jean de Nesle furent chargés de se rendre à Rome, porteurs de chartes destinées à apaiser le pontife. « Très saint père, lui dirent-ils, les barons de la sainte ligue de France vous prient de les excuser, s'il vous plaît, de la prise de Zara, car ils l'ont fait par contrainte et ne pouvant mieux; ils vous supplient de leur donner congé pour la guerre de Constantinople. » Le pontife salua les barons, et déclara les absoudre comme de bons enfans pour la prise de Zara : il les somma de ne plus se détourner ni à droite ni à gauche, et d'aller vers le chemin de la Palestine. Les comtes, à leur tour, promirent par serment de réparer leur tort; de mériter, par leur conduite, dans l'avenir, le pardon de leur faute.

Néanmoins, le carême prenant, la flotte se prépara au départ. Les croisés s'embarquèrent

---

[1] *Epist. d'Innocent III*, liv. VI, epist. 99.

sauf quelques chevaliers, tels que Simon de Montfort, Pierre de Nesle, Raoul le Beauvoisin, qui ne voulurent pas suivre la fortune des chevaliers français allant combattre le vieil empire de Byzance. Ils disaient tout haut que les Vénitiens avaient été gagnés par les mécréans pour détourner le baronnage de France de la voie d'outre-mer, et les diriger vers Constantinople [1]. Les vaisseaux vénitiens appareillèrent pour Corfou. Le marquis de Montferrat et Dandolo restèrent en arrière, parce qu'on leur avait annoncé que le jeune César devait venir les joindre. Il arriva en effet, et fut reçu avec acclamation par le petit nombre de chevaliers qui étaient avec le duc et le marquis à Zara. On l'embarqua sur un vaisseau de forme ronde, de compagnie avec les deux chefs de l'armée. Lorsqu'ils arrivèrent à Corfou, ils trouvèrent les croisés déjà logés devant la ville, tentes et pavillons en plainair. « Vous eussiez vu alors maint brave homme d'armes et vaillant soldat aller à l'encontre de leurs sires, et force beaux chevaux galopper.

---

[1] Continuateur de Guillaume de Tyr.

Ainsi reçurent Alexis à grande joie et à grand honneur[1]. »

L'arrivée du jeune César ne calma pas l'opposition papiste qui s'était manifestée dans le camp des pélerins contre l'expédition de Constantinople. On comptait parmi les principaux opposans, le champenois comte de Champlite, Jacques d'Avesnes, Pierre d'Amiens, Guy, châtelain de Coucy, Augier de Saint-Chéron, Richard de Dampierre, et plusieurs autres chevaliers distingués. Le baronnage était comme partagé. Quand les chefs apprirent ces violentes divisions, ils se dirent les uns aux autres : « Sires barons, si tous ces gens se dispersent, nous serons en fort mauvais termes; allons donc vers eux, et requerrons-les qu'ils aient pitié de nous. » Ils s'acheminèrent, ayant à leur tête les abbés et les prêtres, et le jeune Alexis au milieu de leur ost. Arrivés sous la tente des dissidens, ils mirent pied à terre, et s'avançant vers leurs compagnons, ils se précipitèrent à leurs genoux en criant merci. Quand les autres virent leurs seigneurs liges, leurs plus

[1] Villehardouin, liv. II.

proches parens et amis, se prosterner à genoux, ils dirent : « Sires barons, relevez-vous, nous en délibérerons; » et le lendemain ils résolurent de faire cause commune avec l'armée des barons qui allaient à Constantinople, mais seulement jusqu'à la Saint-Michel prochaine. Ce point convenu, la flotte se mit de nouveau en mer dans la direction de Constantinople, et le cœur des hommes se réjouissait en voyant tant d'étendards, de bannières, de devises, flotter et ondoyer à l'envi. Tandis qu'ils étaient en mer, ils rencontrèrent deux navires de pélerins qui voguaient de la Syrie vers Marseille[1]. Comme le comte de Flandre envoyait la nef pour les reconnaître, un des chevaliers de ces navires se laissa couler dans l'esquif en criant à ses compagnons : « Je vous abandonne tout ce que je puis avoir, je vais m'en aller avec ceux qui me paraissent gens à pays conquérir. » On le reçut de bon œil au camp des croisés français, car il avait confiance en eux, et montrait un cœur vaillant.

[1] Villehardouin, liv. III.

Après avoir éprouvé bien des dangers, la flotte des pélerins se déploya devant Constantinople. Ayant jeté l'ancre à trois lieues de cette grande cité, les chevaliers se prirent à la contempler attentivement. « Quand ils eurent aperçu ses hautes murailles, les gros turrions dont elle était munie tout à l'entour, il n'y eut là si hardi ni si assez au cœur, qui ne frémist; ce qui n'était pas grand merveille. Cependant on délibéra sur les opérations ultérieures : les uns voulaient occuper les terres à l'entour; les autres, s'approcher immédiatement de Constantinople. Au milieu de ces discussions, Dandolo se leva sur ses pieds, et dit : « Sires barons, si nous nous abandonnons dans les terres, le pays est fort large, et nos gens pâtiront de vivres, mais il y a des îles tout ici près, qui sont habitées et pleines de blés et autres choses nécessaires; allons y descendre, et râflons d'abord cela. » Le lendemain, qui était la Saint-Jean-Baptiste de juin, les chevaliers *raflèrent*, comme le doge avait dit, tout ce qu'ils purent trouver dans les îles, et vinrent passer à pleines voiles devant Constantinople, et à une si petite distance, que les traits et coups de pierre arrivèrent à plusieurs navires. Ils s'en allèrent débarquer devant un palais de l'empereur Alexis, dans un lieu appelé *Chalcédon*. Les chevaliers, habitués à leurs vieux et simples castels d'Europe, à leurs épaisses forêts de chênes, regardaient ce palais « comme l'un des plus beaux et des plus délectables qu'oncques œil humain saurait désirer, car la contrée était belle, riche, plantureuse et en toute abondance de biens. » Le marquis de Montferrat et les barons s'y logèrent, et la plupart firent tendre leurs pavillons sous des allées de citronniers qui avaient leurs fleurs écloses et leurs pommes mûres. Quelques autres barons vinrent poser leurs tentes à Scutari, à une lieue environ de Constantinople [1].

L'historien grec Nicétas, qui était alors dans cette grande cité, ne put se défendre d'un sentiment d'admiration et de terreur, lorsqu'il vit se déployer l'armée des pèlerins devant les murs de Constantinople. Il compare les chevaliers, bardés de fer, à des statues de bronze, et leur vaillance au glaive de l'ange exterminateur, car ces Francs étaient aussi hauts que leurs

[1] Villehardouin, liv. IV.

piques[1]. Dès qu'Alexis vit s'approcher ces forêts épaisses de lances, précédées des arbalétriers et des archers, l'arc tendu, il fit poser ses tentes ornées du dragon impérial en dehors des murs de sa capitale, pour chercher à envelopper plus facilement cette troupe aventureuse de guerriers qui ne formait pas la centième partie des habitans de Constantinople.

Le doge de Venise et le comte Baudouin avaient expressément défendu qu'on courût sur les Grecs avant l'ordre des chefs; cependant la valeur impatiente des barons français ne pouvant rester oisive, quelques chevaliers, parmi lesquels on comptait Oder-le-Champenois, Augier de Saint-Chéron, Manassé de Lille, et cinquante hommes d'armes, tous preux et vaillans, étant allés pour reconnaître le pays, rencontrèrent le maréchal d'empire avec cinq cents cavaliers grecs, tous d'élite. Ceux-ci se rangèrent en ligne pour résister aux Latins, mais les nobles et braves hommes « les chargèrent de cul et de tête avec tant de vigueur, que les Grecs se desbandèrent, et les barons gagnèrent force montures, chevaux et mulets, avec

[1] Nicétas, hist., liv. III, chap. 2.

des pavillons et mainte autre chose; et là-dessus retournèrent au camp sain et sauve. »

Cette première rencontre, où quelques preux français avaient désarçonné cinq cents cavaliers grecs, montra à l'empereur à quels hommes il avait affaire. Il chercha d'abord à se débarrasser par un traité de ces terribles Francs, et envoya devers eux un Lombard, homme habile, chargé d'une lettre écrite en encre de pourpre : « Sires barons, dit le Lombard, l'empereur n'ignore pas que vous êtes les plus puissans princes parmi ceux qui ne portent pas couronne; il sait aussi ce qui vous a mu de partir de si lointaines contrées, avec tant de difficultés, périls et misères. Mais à quoi bon vous détourner si avant de votre droit chemin? Si vous avez besoin de vivres ou de quelque autre chose pour l'exécution de votre louable entreprise, il vous les donnera très volontiers; mais vuidez seulement ses terres, car il lui serait pénible de vous courir sus. »

Par le conseil des barons et du doge de Venise, l'advoïer de Béthune, qui, sage chevalier était et bien parlant, répondit : « Beau sire, vous dites que vostre maistre s'esmerveille que les chefs et barons de cet ost soient entrés dans ses limites. Certes, il ne sont pas entrés sur le sien, car il occupe, ainsi à tort contre Dieu et contre raison, ce qui devrait appartenir à son nepveu, que vous pouvez voir ici avec nous. S'il voulait lui demander pardon et lui rendre son empire, nous le requerrions volontiers de lui pardonner, et lui assigner des moyens dont il peut vivre. S'il ne veut entendre à cette offre, ne soyez jamais assez hardi pour retourner devant nous. » Le messager s'en revint confus avec cette réponse.

Cependant les barons parlèrent ensemble et résolurent de faire voir au peuple de Constantinople le César Alexis, fils du légitime souverain, afin de conquérir des suffrages[1]. Le lendemain on fit équiper toutes les galères; le jeune homme fut mis dans la plus grande et la mieux ornée; et c'est ainsi qu'ils s'en allèrent voguant tout auprès des murailles, où ils montrèrent aux Grecs, Alexis, en leur disant : « Sieurs Grecs, voici votre seigneur naturel, et en cela il n'y a pas de doute; or, sachez que

---

[1] Villehardouin, liv. III.

nous ne sommes point venus pour mal faire; si vous le reconnaissez; autrement nous vous ferons le pis que nous porrons. » Mais aucun Grec ne répondit à cette harangue. Le lendemain, après avoir ouï la messe, les princes et les barons de la ligue s'assemblèrent en conseil, tous à cheval selon l'usage; là vous eussiez pu voir maints beaux coursiers richement harnachés, galopper à l'envi l'un de l'autre. Dans cette assemblée on régla l'ordonnance des batailles; il fut arrêté que le comte de Flandre menerait l'avant-garde, parce qu'il avait un grand nombre de vaillans hommes, et plus d'archers et d'arbalétriers que nul autre; Henri, son frère, devait conduire la seconde; la troisième fut confiée au comte de Saint-Pol; le comte de Blois et de Chartres, qui était un riche et puissant seigneur, commandait la quatrième troupe, composée de gens de pied et de cheval; la cinquième comptait parmi ses chefs et ses plus vaillans conducteurs : Mathieu de Montmorency, Eude de Champlite, Geoffroy le maréchal de Champagne, Oger de Saint-Chéron, Manassé, Eude, Mille de Braibauts, et sachez qu'ils étaient tous preux et vaillans; le marquis de Montferrat devait mener la sixième aux batailles; elle était la plus nombreuse, car se trouvaient réunis sous ses gonfanons les Lombards et les Flamands. Les choses ainsi convenues, les chevaliers se rembarquèrent. Les trompettes retentissaient jusques au plus lointain rivage; les Francs n'avaient point atteint les bords que déjà ils s'élançaient du haut du tillac, dans la mer, l'armet en tête et la lance au poing. Les Grecs firent quelque simulacre de résistance; mais quand on en vint aux rudes coups, ils tournèrent soudain le dos, laissant pavillons et tentes à l'abandon. Les croisés vinrent camper à la bouche du port, devant la tour de Galata. Une chaîne tendue d'un bord à l'autre en défendait l'entrée. Les barons virent bien qu'ils devaient la briser, pour, de là, s'avancer sur Constantinople; ils s'hébergèrent pendant cette nuit en la juiverie que l'on appelait *Stanor*. Le lendemain, l'attaque commença; les arbalétriers de France prirent la tour presque sans coup férir : alors un nouveau conseil se réunit pour délibérer sur les moyens d'attaquer Constantinople. Les Vénitiens, experts au fait de la marine, étaient d'avis de dresser une escalade de dessus les nefs; mais les Français disaient qu'ils n'étaient guère adroits en cette manière; que, puisqu'ils devaient monter à cheval garnis et équipés de leur armure, « ils se sauraient mieux aider en pleine terre de pied ferme que sur l'instable branlement des ondes. » Ils temporisèrent pendant quatre jours; le cinquième tout le camp se mit en marche vers le palais de Blaquerne, lieu fixé comme point d'attaque. « C'était une chose étrange à considérer qu'une si petite poignée de gens qui à peine pouvait suffire pour brider seulement l'une des portes, entreprit d'assaillir, voire même d'assiéger une étendue de muraille de presque trois lieues de front, du côté de terre. » Les chevaliers demeurèrent deux jours dans cette nouvelle position, souvent assaillis par les Grecs, les Varanges, soldats du Nord [1], et les Pisans, auxiliaires naturels partout où il s'agissait de combattre les

---

[1] Les Varanges étaient des gardes mercenaires à la solde d l'empereur; ils étaient des provinces du Jutland et du Danemarck. Villoison, *Dissert. sur les Waranges*, et Malte-Brun, *Notes sur l'Hist. de Russie*, par M. Levesque.

Vénitiens. Les nobles barons étaient presque toujours l'épée au poing et le casque en tête, s'efforçant de rembarrer les assiégés. Enfin l'on se décida à donner un assaut général. Le marquis de Montferrat eut la garde du camp avec les chevaliers de la Champagne et de la Bourgogne; le comte de Flandre, les comtes de Blois et de Saint-Pol durent conduire les autres vers les murailles, tandis que les Vénitiens tenteraient de s'emparer de la ville du côté de la mer. Au signal donné par les trompettes et les clairons, les croisés se précipitent en bon ordre, et parviennent à planter courageusement deux échelles à un créneau près de la mer; et encore que le mur fût *garni d'Angles et Danois*[1], vingt-cinq hommes d'armes parvinrent à monter sur le sommet et à combattre main à main, à coups de hache; mais ce petit nombre de hardis varlets, isolés de leurs compagnons, succombèrent bientôt. Les barons eux-mêmes furent obligés de songer un moment à la retraite, tant la multitude des ennemis s'accroissait. Les Vénitiens étaient

[1] C'est ainsi que le sire Vilhardouin appelle les Waranges.

plus heureux dans leurs attaques du côté de la mer. Leurs vaisseaux, rangés en très belle ordonnance sur un front qui embrassait plus de trois jets d'arc, s'approchèrent du rivage; « et là, vous eussiez vu tirer maints grands coups de pierre par des mangoneaux et engins jetés du dessus le tillac du navire, voler maints carreaux d'arbalètres et pleuvoir une grosse nuée de flèches sur le rivage. » Les Vénitiens arrivèrent enfin au pied des murailles; les échelles sont aussitôt plantées, et les soldats se hâtent de monter à l'assaut. Le vieux doge de Venise, accablé par l'âge, donnait partout l'exemple; Villehardouin qui était à côté de lui, avec quelques barons de la Champagne, ne peut s'empêcher de dire : « A la vérité c'est une chose presque incroyable de la prouesse que ce bon et valeureux duc de Venise démonstra, car étant si vieil et caduc, et avec ce ne voyant goutte, ne laissa pas de se présenter tout armé en la proue de la galère avec l'estendard de saint Marc au devant, criant à ses gens qu'ils le missent à terre, autrement qu'il ferait justice de leurs corps [1] »: les

---

[1] Villehardouin, liv. III.

matelots, muets d'étonnement à l'aspect d'un si grand courage, obéirent. Le doge se fait porter à terre, précédé de l'étendard de saint Marc, et du geste et de la voix il anime les combattans. Bientôt par les efforts de la valeur que les croisés crédules attribuent à des miracles, le gonfanon de la république paraît au sommet d'une des tours les plus élevées; les Grecs, saisis de frayeur, abandonnent en désordre la muraille, et les Vénitiens s'emparent, sans résistance, de vingt-trois autres tours où ils placent leurs matelots et leurs guerriers. Alors le doge dépêcha un bateau aux barons français, pour leur annoncer l'heureux succès de ses hommes et leur apprendre que les Grecs fuyaient dans toutes les directions [1]. Les chevaliers se formèrent en bataille et se tinrent prêts à marcher de nouveau vers la cité [2].

Le lendemain, l'empereur Alexis, rassemblant tout ce qu'il pouvait trouver de soldats,

[1] Pour les détails de ce siége, consultez la lettre des croisés au pape Innocent III, et dans laquelle ils lui rendent compte de la conquête de Constantinople. — Baronius, ad ann. 1200. — Nicétas, in Alexis Comnène, l. III, chap. 10, p. 349. — Dandolo, Chronic., p. 322.
[2] Villehardouin, liv. III.

sortit de Constantinople, résolu de présenter bataille aux barons. Or, ce jour-là, Henri, frère du comte Baudouin, était de garde; lorsqu'il vit s'approcher un nuage de poussière, il s'écria : « Aux armes! beaux sires, voici les Grégeois qui s'avancent; » sur-le-champ les Français sortirent en six batailles, et s'arrangèrent, tous à cheval, leurs écuyers derrière eux, immédiatement à la croupe, les archers et les arbalétriers au-devant. Ils demeurèrent immobiles en cet ordre, ayant leur camp derrière eux; car, s'ils se fussent avancés dans la plaine, la foule des ennemis les eût accablés. Il semblait que toute la campagne en fût inondée. La position qu'avaient choisie les croisés était très forte; inexpugnables sur les deux ailes, ils devaient être de toute nécessité attaqués de front : comme les Grecs n'avaient point assez de courage pour le tenter, après être demeurés toute la journée en présence de ces carrés hérissés de lances et d'arbalètes, Alexis fit sonner la retraite, et ses troupes rentrèrent en désordre dans les murs de Constantinople. Les barons, de leur côté, grandement las et harassés de cette journée, sans avoir de quoi se refaire, peu mangèrent et peu burent, comme ceux qui ont peu de vivres. »

L'empereur Alexis, voyant bien que toute résistance était désormais impossible, résolut de prendre la fuite. Il pilla les trésors du palais, et se confiant sur une barque légère aux périls de la mer, il se hâta de gagner l'entrée du Bosphore[1]. Lorsqu'on eut appris son départ à Constantinople, le peuple fut plein d'étonnement, et délibéra sur ce qu'on devait faire ; quelques hommes dirent : « Pourquoi n'irions-nous pas vers le vieil Isaac, qu'Alexis retient dans la tour de Saint-Jean, et qui est le droit héritier de l'empire ? Il est le père du jeune prince que les barbares emmènent dans leur camp ; il sera donc le gage de la paix. » Cet avis est unanimement adopté. Le vieil Isaac, aveugle, accablé par les ans, est porté en triomphe. Celui que naguère les courtisans couvraient d'injures et de mépris, afin de plaire à l'usurpateur, reçut le nom d'*Auguste* et de *César*, de cette tourbe avilie[1]. Le premier soin de l'empereur

[1] Nicétas est fort curieux pour tout ce qui concerne cette révolution ; liv. III, chap. 4.

fut d'instruire son fils et les Latins des événemens qui l'avaient reporté à la puissance. Le conseil des chevaliers résolut, avant de prendre un parti, d'envoyer dans la ville pour connaître le véritable état des choses : Mathieu de Montmorency et Geoffroi Villehardouin, maréchal de Champagne, et deux Vénitiens désignés par le doge se dirigèrent vers Constantinople; on les conduisit jusques aux portes, qu'ils trouvèrent ouvertes : ils furent menés à pied, revêtus de leurs armes, au palais de Blanquerne, où le vieil Isaac les reçut sur son trône richement vêtu et appareillé[1]. Sa femme, l'impératrice, était à côté de lui, avec tant d'autres seigneurs et dames, qu'on ne savait où se tourner; car, dit l'historien député, «tous ceux qui, le jour précédent, avaient même été contre lui, estaient alors sous sa volonté et obéissance.» Les deux messagers furent fort bien accueillis; Villehardouin, sans plus tarder, prit la parole : « Sire, tu vois le service que nous avons fait à ton fils, et comme nous nous sommes acquittés envers lui de nos promes-

[1] Villehardouin, liv. iv.

ses, il ne peut pas retourner céans qu'il n'ait été de ta part satisfait aux siennes. C'est pourquoi ton fils requiert que tu ratifies et promettes tout ce qu'il a ratifié et promis. — Quelles sont donc ces conventions? dit l'empereur. — Les voilà, telles que nous allons te les dire présentement : d'abord, tu réduiras tout l'empire grec à l'obéissance du Saint-Siége. Tu nous payeras deux cent mille marcs d'argent, et fourniras d'ici à mars des vivres à notre armée, et puis dix mille hommes d'armes pour la Terre-Sainte. — Certes, dit l'empereur, voilà conventions bien étranges et bien dures; mais vous avez tant fait pour lui et pour moi, que je devrais vous bailler mon empire, si vous le requériez. » Il y eut encore menus propos de part et d'autre; enfin, Isaac ratifia les convenances de son fils par son serment et par chartes à bulle d'or. Lorsque les messagers revinrent, les barons montèrent tous à cheval, et amenèrent le jeune Alexis, revêtu d'habits magnifiques, à l'empereur son père, au palais de Blanquerne : la foule reçut avec joie l'héritier de la pourpre impériale; mais elle vit avec peine cette multitude d'étrangers couverts de fer, et dont Alexis avait invoqué le secours pour reconquérir la pourpre impériale. Les répugnances étaient déjà si vives, que, le jour suivant, l'empereur dit aux croisés : « Sires chevaliers, je crains que quelques rixes et disputes ne s'élèvent entre vous et les Grégeois. Allez loger, je vous supplie, au delà du port, vers le Stanor; vous y aurez grande abondance de vivres. » Les pélerins satisfirent le désir de l'empereur [1].

Ainsi une poignée de chevaliers de France venait de s'emparer de ce vieil empire de Constantinople, que le despotisme, les vaines querelles des moines, avaient réduit en un état complet de faiblesse et d'ignominie. Isaac régnait de nom; mais, par le fait, les Français et les Vénitiens étaient les maîtres de Bysance; les événemens qui suivirent le prouvèrent aux Grecs et à leur nouvel empereur.

[1] Vilhardouin, liv. iv.

CHAPITRE XV.

Situation de l'empire grec après la conquête des Francs. — Caractère d'Alexis. — Le séjour des pèlerins se prolonge. — Mort de Montmorency. — Inimitiés des Grecs et des Latins. — Les chevaliers demandent l'exécution des traités. — Retards qu'elle éprouve. — Nouvelle révolution à Bysance. — Second siége de Constantinople par les barons de France. — Ils s'emparent de la ville. — Massacres. — Destruction des monumens. — Les reliques. — Partage du butin. — Élection d'un empereur franc. — Le comte Baudouin de Hainaut est revêtu de la pourpre impériale.

1201—1204.

Le rétablissement d'Isaac ne mit point un terme aux violentes révolutions qui agitaient l'empire grec, et le vieil empereur sentit bientôt tout ce que sa position avait de difficile : il devait sa couronne aux barons de France, auxiliaires hautains et exigeans; et, d'un autre côté, les Grecs voyaient avec peine une restauration opérée par la main de l'étranger. Les conditions imposées par les barons leur étaient odieuses; leur réunion promise à l'Église latine leur paraissait une profanation du culte, une impiété révoltante : habitués aux disputes subtiles, ils ne concevaient pas qu'on les forçât de croire à la primauté du pape, à la consécration de l'Eucharistie sans azime, et, dans leur foi bigote, ils n'apercevaient leur sujétion que parce qu'on voulait qu'ils reconnussent que le Fils procédait du Père et du Saint-Esprit[1]. Alexis allait souvent visiter les chevaliers d'Occident; et les Grecs qui l'accompagnaient, habitués aux formes cérémonieuses de la cour de Bysance, étaient toujours prêts à s'indigner des familiarités insultantes des derniers soldats de l'armée de France envers l'héritier de l'empire des Césars. Celui-ci avait contracté, pendant son séjour sous la tente des croisés, toutes les habitudes de la vie militaire des barons français. Il jouait aux dés, s'enivrait, et ses expressions avaient quelque chose de cette rudesse chevaleresque que les Grecs étaient accoutumés à

---

[1] Nicétas, p. 348.

considérer comme la barbarie même. On rapporte que des matelots vénitiens, au milieu des joies bruyantes d'un festin, coiffèrent Alexis d'un bonnet de laine, en présence des courtisans grecs, dont la gravité vaniteuse[1] devint un objet de risée. Ainsi méprisé par ses sujets, Alexis dut s'appuyer sur les étrangers qui faisaient toute sa force; il voyait donc s'avancer avec crainte l'instant fixé pour le départ de la flotte de Venise et l'exécution des conventions arrêtées. Aux approches du jour fatal, il vint trouver le comte de Flandre et les principaux de l'armée. « Sire comte, dit-il, je sais que vous m'avez fait plus grand service que nul autre ne fit jamais à prince chrétien; mais sachez que maints Grecs, qui me montrent beau semblant, ne m'aiment pas; tous cachent un très grand despit en leur cœur de me voir ainsi restabli par vos forces en mon héritage. Le terme approche où vous devez retourner. Il me sera impossible de tenir les conventions pour cette époque; ne me laissez pas ici tout seul, car je suis en danger; les Grecs me haïs-

---

[1] Nicétas, page 358.

sent pour l'amour que je vous porte. Si vous voulez retarder votre départ de Saint-Michel jusqu'à Pâques, je remplirai tous mes engagemens, et, en outre, je partirai avec une flotte pour seconder votre entreprise dans la Palestine [1]. » Les barons demandèrent quelques jours pour en délibérer; et, comme ils se trouvaient bien à Constantinople, qu'ils y faisaient bonne vie en toute chose, ils donnèrent un an tout entier à l'empereur. Cette résolution réveilla cependant quelque résistance parmi ceux qui s'étaient toujours opposés à l'expédition du Bosphore, parce qu'elle détournait les pélerins du but sacré de leur voyage, la conquête de Jérusalem, et la délivrance de la Palestine.

Les chevaliers s'étaient hébergés de manière à passer tout l'hivernage à Constantinople. Quelques uns des plus intrépides avaient suivi Alexis, qui achevait de soumettre le territoire de l'empire à son obéissance, et domptait les Bulgares. Au milieu de ces trophées et de ces gloires nouvelles, les barons éprouvèrent une

[1] Villehardouin, liv. IV.

grande mésaventure; car Mathieu de Montmorency, qui était l'un des meilleurs chevaliers du royaume de France, et des plus prisés et aimés, mourut; « ce qui fut une perte irréparable et l'un des plus grands deuils et regrets qui leur advint en tout le voyage, pour un seul homme. »

Les exploits des chevaliers de France pour délivrer l'empire ne diminuaient point la haine qu'on leur portait : les Grecs les considéraient comme des vainqueurs illétrés dont tout, jusqu'à l'idiome grossier, sentait la barbarie. Sur ces entrefaites, un affreux incendie éclata dans Constantinople, à la suite d'une rixe entre les Latins et les Grecs; on accusa les barons d'Occident d'être les auteurs de cette épouvantable catastrophe, et de s'être réjouis d'un malheur public; Alexis lui-même fut considéré comme le principal instigateur de tant de maux : Nicétas [1] compare son visage à celui de l'ange exterminateur. « C'était, dit-il, un véritable incendiaire; et, loin de s'affliger de l'embrasement de la capitale, il eût

---

[1] Nicétas, p. 355; Villehardouin, liv. IV, n° 107.

souhaité que toute la ville fût réduite en cendres. L'opinion se prononça avec une telle force, qu'Alexis, pour ne pas perdre tout-à-fait confiance, fut obligé de s'éloigner des Latins ; il ne les allait plus visiter si souvent. De leur côté, les barons envoyaient demander fréquemment l'exécution des convenances arrêtées ; « mais Alexis les menoit de délai en délai, de respit en respit, le bec dans l'eau, quant au principal, et pour le regard de certaines choses promises, qu'il leur fournissoit comme à lèche-doigt, formoit tant de petites difficultés et chicaneries, que les barons commencèrent à s'en ennuyer.» Le marquis de Montferrat alla souvent le visiter «pour le tancer d'importance,» mais le jeune prince ne l'écoutait point ; les croisés se réunirent donc en parlement pour délibérer sur le parti à prendre [1]. On résolut d'envoyer une sommation formelle aux Grecs ; s'ils se refusaient d'y répondre sur-le-champ, on devait leur déclarer la guerre. Gauthier de Villehardouin et Conon de Béthune furent encore chargés de porter la

---

[1] Villehardouin, liv. IV.

déclaration définitive des chevaliers de France. Ils montèrent à cheval, et, l'épée ceinte, se rendirent, en grand danger de trahison, au palais de Blaquerne. Conon de Béthune salua l'empereur, et lui dit : « Sire, nous sommes envoyés devant toi de la part des barons de France, et aussi du duc de Venise, pour te remémorer les services qu'ils t'ont faits ; nous avons une charte scellée du grand scel d'or pour les promesses que tu as jurées; veux-tu les remplir? Réponds sans détour. Si tu consens à les exécuter, les barons seront contens comme tu as été satisfait d'eux-mêmes ; autrement, ils ne te tiennent plus pour ami et confédéré. Ainsi chercheront à avoir leur droit de toutes les manières possibles; mais avant de te chercher en champ de bataille, ils doivent te défier, selon l'usage; car oncques trahison ni déloyauté n'entre dans leur cœur. Tu as maintenant ouï notre dire, fais ce qu'il te plaira[1]. »

Les Grecs furent très étonnés de ce langage plein de hardiesse; ils n'étaient point accoutumés à voir tant d'audace et de franchise en présence de l'idole couronnée. Le palais fut en

[1] Villehardouin, liv. IV.

rumeur; on voulut arrêter les deux insolens porteurs de message; mais ils étaient déjà à cheval, la lance haute, et traversèrent Constantinople de cette manière. Villehardouin avoue qu'il se sentit très heureux d'être échappé à ce manifeste danger [1].

La guerre fut, dès-lors, de nouveau déclarée entre les Grecs et les Latins. Comme on était dans l'hiver, les chevaliers de France suspendirent les hostilités jusqu'au commencement du printemps. On fortifia le camp, et les chefs cherchèrent à se procurer tout ce qui pouvait être nécessaire pour un siége. Pendant une nuit des plus noires d'hiver, on fut étonné de l'espèce d'attaque qu'on avait à craindre de la part des Grecs. Tout-à-coup les flots paraissent en flammes, des brûlots pleins de feu grégeois se dirigent par un vent favorable vers les vaisseaux des Vénitiens; l'habileté seule de ces maîtres de la mer put les sauver; ils évitèrent les brûlots, qui se consumèrent en éclatant au milieu des vagues agitées [1].

C'est dans ces circonstances que le mal-

---

[1] Villehardouin, liv. IV. — Voyez aussi la lettre de Baudouin au pape, *Gesta Innocent.*, ch. 92, p. 534-535.

heureux Alexis et son père furent renversés du trône par une nouvelle révolution. Un courtisan, aussi du nom d'Alexis, de la maison de Ducas, et que les historiens distinguent par l'épithète de *Mourzuphle*[1], qui avait conseillé la rupture avec les Latins, usurpa l'empire et la pourpre des Césars. « Une fois, dit Villehardouin, environ à minuit, qu'Alexis dormoit en sa chambre, et qu'il se fioit en sa garde, Mourzuphle et ses complices vous le prennent en son lit paré, vous le jettent en un cul-de-basse-fosse ; cela fait, ce Mourzuphle chausse soudain les brodequins impériaux, et à l'aide des siens associés, se fait couronner à Sainte-Sophie. » Lorsqu'Isaac apprit la captivité de son fils, il en éprouva un saisissement si vif, qu'il en eut une maladie dont il décéda tout après. Alexis fut étranglé dans sa prison, par l'ordre de l'usurpateur, et l'on eut soin de répandre le bruit qu'il était mort naturellement. L'autorité de l'usurpateur fut saluée par les Grecs de Constantinople [2].

[1] Ducange croit qu'il était fils d'Isaac Ducas, cousin du jeune César. Mourzuphle signifiait, dans la langue du peuple, le mélange de sourcils noirs et gris.
[2] Nicétas, p. 365.

Cependant les barons et les chevaliers de France, ayant appris la triste fin d'un empereur dont ils avaient relevé le trône, se réunirent en parlement pour prendre une résolution. « Comme il s'agissait d'une affaire de droit, les barons appelèrent les évêques, et même le légat du pape. Les ecclésiastiques prouvèrent par maints textes de canons cités que ceux qui commettaient de tels et si abominables homicides, n'avaient droit de tenir terres et seigneuries, ce qui fut d'un très grand encouragement et confort aux barons et aux pélerins: » toutefois le doge de Venise, toujours plus intéressé que les barons de France, eut une entrevue avec Mourzuphle ; mais les conditions qu'il voulut lui imposer du haut de la proue de sa galère, ne furent point acceptées.

Lorsque le printemps approcha, les chevaliers se préparèrent à faire le siége de Constantinople. Suivant la coutume de France, ils tinrent conseil pour savoir la manière dont la conquête serait partagée. On arrêta que, si Dieu leur permettait d'entrer dans la ville, tout le butin qu'on y ferait, serait apporté en commun, et départi selon les rangs; que les Vénitiens nommeraient six personnes de leur côté, et les Francs six autres, qui seraient chargées d'élire pour empereur celui qui leur paraîtrait le plus capable. Le nouvel empereur devait avoir le quart de tout ce qui serait conquis, avec le palais de Blaquerne et celui de Bourbelyon pour demeure; le restant devait être divisé en deux moitiés, l'une pour les Français, l'autre pour les Vénitiens. On devait élire douze prud'hommes pour répartir les fiefs, titres et dignités de l'empire [1].

Les convenances ainsi jurées, sous peine d'excommunication, et pour le terme d'une année, après lequel chacun pourrait s'en retourner à son pays, les chevaliers se préparèrent à donner un assaut par mer. Les vaisseaux abordèrent vers le rivage, jusqu'au pied des murailles. Ils en vinrent aux mains à coups d'épée et de pieux avec les Grégeois; « mais ce conflit fier et mortel, qui se porta en plus de cent lieux divers, dura jusqu'à une heure du soir, que notre malheur, continue Villehardouin, voulut que nous fussions repoussés, si bien que tous ceux qui étoient descendus à terre, se

[1] Villehardouin, liv. iv.

virent obligés de regagner leurs vaisseaux plus vite que le pas [1]. »

L'échec que venaient de recevoir les barons français et leurs alliés les Vénitiens, était assez grave dans la circonstance, pour appeler un nouveau parlement. « Le samedi et le dimanche tout le jour, ils songèrent à cette affaire. » Il fut arrêté que les nefs où étaient les échelles seraient accouplées ensemble, afin que deux en compagnie pussent assaillir une tour, et l'attaquer plus efficacement. Ils temporisèrent jusqu'au lundi. Dès le matin, les chevaliers coururent à leurs armes, et l'assaut commença fier et meurtrier. Le bruit était si grand, qu'il semblait que la terre et la mer se fussent mêlées et confondues ensemble. La bataille durait depuis long-temps, quand deux galères, l'une nommée la *Pélerine*, et l'autre le *Paradis*, approchèrent si près des murailles, que les hommes d'armes purent se précipiter du haut des mâts au sommet d'une tour. Les deux premiers qui sautèrent tout soudain, et par un très grand effort d'audace, furent un Vénitien et un chevalier

---

[1] Gunther affirme, à l'occasion de ce combat, que *nulla spes victoriæ arridere poterat*. Hist. C. P., c. 13.

français, nommé André d'Arboise [1]; le reste des chevaliers et des matelots suivit ce courageux exemple, et contraignit les Grecs à délaisser la tour. Quand les gonfanons de Flandre, de Champagne et de Venise parurent sur les créneaux, les chevaliers sautèrent à qui mieux mieux de leurs galères en pleine terre, deslogeant tous ceux qui étoient au haut des murailles; fiers de cette première pointe d'armes, ils gagnent encore quatre tours, enfoncent trois portes, entrent pêle-mêle, et commencent à se répandre de toutes parts. Ils courent à toute bride au logis du tyran Mourzuphle [2]. Le nouvel empereur avait rangé ses troupes en bataille devant ses camps; mais, lorsqu'il vit s'approcher les chevaliers du comte de Saint-Pol, la lance haute et la visière baissée, il s'enfuit, lui et les siens, jusque dans

[1] Les chroniques citent aussi un chevalier nommé Pierre Bacheux. Dans sa frayeur, Nicétas lui donne la taille gigantesque de cinquante pieds. Baudouin, dans sa lettre au pape, s'écrie avec l'enthousiasme d'un psalmiste : *Persequitur unus ex nobis ventum alienos.*

[2] Villehardouin, liv. IV, n° 130. Sur la prise de Constantinople, voyez la seconde lettre de Baudouin au pape Innocent III, *Gest.* c. 92, p. 534-537; le règne entier de Mourzuphle, dans Nicétas, p. 363-375; Dandolo, *in Chronic. Venit.*, p. 323, et Gunther, *Hist. Constantin.*, c. 14, 18.

son palais. « Là, vous eussiez vu femmes et enfants, esperdues, transis, et morts à demi de frayeur, se lamentant piteusement, et demandant miséricorde. Nos gens étoient tout lassés du combat et de l'occision ; c'est pourquoi l'on fit sonner la retraite ; et les chevaliers allèrent se ranger en une place spacieuse : ils ne croyoient pas que d'un mois entier, ils pussent conquérir le reste de la ville, tant il y avoit d'églises fortes, de palais et semblables lieux mal aisés à combattre, et de gens dedans pour les défendre, s'ils en eussent eu le courage. » Le lendemain, le comte de Flandre alla se loger sous les tentes vermeilles de l'empereur Mourzuphle, qu'il avait laissées toutes tendues; Henri son frère et le comte de Saint-Pol devant le palais de Blaquerne[1]. Quant à l'usurpateur, il fit assembler ses gens, les appelant à haute voix, et disant qu'il voulait donner *une camisade* aux Latins ; mais il aima mieux gagner la porte dorée et s'enfuir, que de s'essayer encore une fois avec ces hommes de fer à la main pesante. Quelques troupes grecques se montrèrent à l'entour du camp

---

[1] Villehardouin, liv. iv.

du marquis de Montferrat; ce fut alors que, pour éviter toute surprise, les barons ordonnèrent de mettre le feu aux maisons tout autour de leur camp, « et il y eut plus de maisons brûlées que n'en contiennent trois bonnes villes de France. »

On se mit, le lendemain, en quête dans cette ville qui paraissait un monde merveilleux aux yeux des rustiques pélerins de France. Le marquis de Montferrat s'empara du palais Bourbelyon et de ses vastes jardins. Les chevaliers et les barons y trouvèrent la belle Agnès de France, sœur de Philippe-Auguste, leur suzerain, qui avait été unie au César Alexis, et alors reléguée dans ce palais. Ils lui rendirent hommage, lance baissée, comme à la fille de leur suzerain. Le palais de Blaquerne se soumit à Henri, frère du comte de Flandre. L'on y trouva le trésor de l'empire et les riches ornemens des princes de Constantinople. Les barons de France s'emparèrent chacun de maisons somptueuses, et s'empressèrent d'y mettre leurs hommes d'armes. Beaucoup de chevaliers se répandirent isolément dans la ville, et, selon Villehardouin, gagnèrent infiniment en or, argent, pierreries, draps de soie, fourrures exquises de marte et de zibeline, précieux ornemens pour les barons, les jours de fête et d'hommages [1].

Villehardouin, qui se trouvait mêlé aux plus vaillans chevaliers, et prenait sa part du butin, parle peu des excès commis par les Francs dans les murs de Constantinople; le Grec Nicétas, au contraire, en fait une triste description. « Ces barbares ne respectèrent ni la pudeur des femmes, ni la sainteté des églises : couverts de leurs armes de fer, ils parcoururent la ville, et dépouillèrent les cercueils des empereurs; le corps de Justinien, que les siècles avaient épargné, ne put retenir leurs mains sacriléges. Partout où éclatait la soie ou brillait l'or pur, on voyait accourir une multitude de soldats avides. Les vainqueurs jouaient aux dés sur des tables de marbre qui représentaient les apôtres, et s'enivraient dans les vastes calices de l'église grecque. Des chevaux, des mulets, qu'on avait amenés dans le sanctuaire pour recueillir les dépouilles,

---

[1] Comparez le récit du maréchal de Champagne avec l'auteur des *Gestes d'Innocent III*, chap. 94, p. 531.

succombant sous le poids de leur fardeau, étaient percés à coups d'épée, et souillaient de leurs ordures et de leur sang les riches parvis de Sainte-Sophie. Une prostituée monta dans la chaire patriarchale, entonna une chanson lascive au milieu de la foule des soldats, dont les bruyans éclats de rire se faisaient entendre sous l'armure [1].

« Voilà donc ce que nous promettaient ces casques dorés, ces hommes fiers, ces sourcils élevés, cette barbe rase, cette main toujours prête à répandre le sang, ces narines qui ne respirent que la colère, cet œil superbe, cet aspect cruel, et cette langue si prompte à s'emporter [2]. Ces barbares détruisirent la statue en bronze de Junon, qui avait jadis orné le temple de la déesse à Samos; sa forme était tellement colossale, que, lorsqu'elle fut renversée par les Francs, huit bœufs attelés traînèrent avec peine sa tête gigantesque au palais

[1] Nicétas, liv. 5.

[2] Cette poétique description de tous les monumens détruits par les Latins, à Constantinople, ne se trouve pas dans toutes les éditions de Nicétas; elle a été recueillie par Fabricius, *Biblioth. græc.*, t. VI, p. 405-416, et commentée par Heyne, dans les *Mémoires de la Société royale de Gœttingue*, t. XI et XII.

de Bourbelyon. Ils n'épargnèrent pas non plus la statue de Pâris offrant à Vénus le prix de la beauté ou la pomme de la discorde, ni l'obélisque de forme carrée qui étonnait tous les spectateurs par la multitude et la variété des objets qu'il offrait à leurs regards. Sur l'un de ses côtés, l'artiste avait représenté en bas-relief des bergers jouant de la flûte, des moutons bêlans, des agneaux bondissans sur l'herbe, des villageois occupés de leurs travaux rustiques, toutes sortes d'oiseaux saluant le retour du soleil; plus loin, une mer tranquille et des poissons de mille espèces, les uns captifs, les autres rompant les filets et regagnant leurs retraites profondes; des amours nus folâtrant et se jetant des pommes; au-dessus de l'obélisque, en forme pyramidale, on voyait une figure de femme qui tournait au moindre vent. Les barbares détruisirent encore l'âne et son conducteur qu'Auguste plaça dans sa colonie de Nicopolis, pour rappeler une prédiction singulière qui lui avait annoncé le triomphe d'Actium; l'hyène ou la louve qui allaita Romulus et Rémus, souvenir de notre vieil empire de Rome; le sphinx au visage de femme;

le crocodile, habitant du Nil, avec sa queue couverte d'horribles écailles, et l'antique Scylla offrant par devant les traits d'une femme aux larges mamelles, à la figure difforme, et par derrière des monstres semblables à ceux qui avaient poursuivi Ulysse et ses compagnons.

Les barbares firent fondre l'aigle d'airain qui ornait encore l'hyppodrome. Elle déchirait un énorme serpent entre ses serres, et l'emportait vers la voûte azurée. On voyait sur le bronze la douleur du reptile, la fierté de l'oiseau de Jupiter; lorsque le soleil brillait sur l'horizon, le roi des airs, les ailes étendues, marquait, par des lignes adroitement tracées, les douze heures du jour. Les Francs ne respectèrent pas davantage la statue d'Hélène, chef-d'œuvre dont la vue aurait dû désarmer les vainqueurs. La fille des Grecs était telle que nous la peint Homère, avec son attitude voluptueuse, son sourire rempli de grâce; sa chevelure flottait au gré des vents; ses yeux où se peignait la langueur, ses lèvres qui paraissaient de rose sur le bronze ne purent arrêter des mains ignorantes; elle fut jetée dans le fourneau, et transformée en grossières pièces de monnaie. Rien ne fut épargné, ni le groupe de plusieurs animaux de l'Égypte, l'aspic, le basilic et le crocodile, se livrant un combat mortel, image de la guerre que se font les méchans; ni la statue de cette jeune femme, les cheveux tressés sur le front ou noués par derrière, qui portait dans sa main un petit cavalier armé de toutes pièces; ni le terrible Hercule, ouvrage de Lysippe : le dieu n'avait ni son arc ni sa massue, il était assis sur un lit de mousse, son genou plié soutenait son coude, et sa tête s'appuyait sur sa main gauche ; ses regards et son air pensif laissaient voir le dépit et la tristesse que lui causait la jalousie d'Érysthée[1]. »

Si Nicétas déplore la perte des chefs-d'œuvre des arts dans Constantinople, aucun des historiens d'Occident n'y prête la moindre attention; car la grossière avidité des chevaliers n'appréciait dans ces monumens que le métal dont ils étaient formés. Par l'ordre des chefs, le butin fut réuni dans trois églises que l'on confia à la garde d'un nombre égal d'hommes d'armes de Venise et de France. Chacun se mit à apporter son gain, pour le mettre en-

---

[1] Nicétas, liv. VI.

semble;» les uns bien et fidèlement, et les autres, par désir de convoitise, source et racine de tous maulx, mirent leur cas à part. Cependant le butin fut doncques rassemblé au mieux qu'on put, et, sans le laisser croupir davantage, il fut réparti aux Français et aux Vénitiens par égale moitié [1]. »

Les abbés et les évêques, qui avaient suivi l'armée, n'oublièrent non plus un autre genre de pillage qui était pour eux une source de richesses et d'honneurs en Occident. Constantinople, depuis l'avénement de son fondateur, passait dans le monde chrétien pour la ville la mieux garnie de reliques. Toutes les églises conservaient quelques débris mutilés de saints et de martyrs. Une relique était une conquête que prisaient singulièrement les abbés et les moines d'Occident; car le dépôt d'un bras ou d'un doigt saints dans le moutier multipliait les offrandes et les donations pieuses. Les fiefs, les écus d'or, les redevances de bon vin et de blé accablaient les monastères possesseurs de quelques débris vénérés. Martin Lis, abbé du diocèse de Bâle, entra

[1] Villehardouin, liv. V.

dans une église de Constantinople, qui venait d'être livrée au pillage. Pénétrant, sans être aperçu, dans un lieu retiré où de nombreuses reliques se trouvaient déposées sous la garde d'un moine grec, Martin s'approcha du vénérable vieillard, qui priait non loin de ce trésor sacré : « Malheureux, s'écria-t-il avec un accent de colère, conduis-moi près de la châsse à reliques, ou prépare-toi à mourir sur l'heure. » Le vieillard se leva en tremblant, et montra un grand coffre de fer, où le pieux abbé plongea ses deux mains avec avidité, et s'empara des pièces les plus grosses, tels que bras et chefs ornés d'or et de pierreries. Chargé de ce précieux butin, il courut le cacher dans son vaisseau, et sut, par une pieuse fraude, en dérober l'existence à tous les barons et à tous les prélats de l'armée[1]. Un autre prêtre, nommé Galon de Dampierre, obtint la permission d'enlever le bras de saint Mamers ; un autre, les chefs de saint Georges et de saint Jean-Baptiste, dont il orna par la suite la cathédrale d'Amiens.

---

[1] Gunther, *Hist.* C. P., c. 19-21. — Fleuri, *Hist. Ecclésiastique*, t. XVI, p. 139-145.

Lorsque le butin eut été partagé, les barons de France payèrent sur leur portion les cinquante mille marcs d'argent qu'ils devaient aux Vénitiens pour leur passage; et il leur resta bien encore pour leur part environ deux cent mille, dont cent mille furent destinés aux archers, sergens d'armes à cheval et à pied. Après cette distribution, on fit une rigoureuse justice de tous ceux qui furent convaincus d'avoir fraudé pour le butin, et il y en eut tout plein de pendus. Le comte de Saint-Pol fit élever au gibet un de ses chevaliers, convaincu de vol; « on lui attacha, ajoute le vieux maréchal, son *écu au cul*, en signe d'infamie. »

Pour stabiliser cette conquête, il ne restait plus qu'à élire un empereur. Les deux principaux prétendans étaient le comte de Flandre et le marquis de Montferrat. Aucun baron ne pouvait leur disputer la pourpre impériale, ni par l'éclat de l'origine, ni par l'importance des services. Les chevaliers se réunirent en parlement, et le comte de Saint-Pol, sage et prudent chevalier, parla en ces termes : « Si l'on n'élit qu'un seul de ces deux sires, il est à craindre que l'autre n'en conçoive une grande envie, n'emmène ses gens et ne laisse cette terre en grand péril, comme il fut près d'arriver à Jérusalem lorsque Godefroy de Bouillon fut élu. C'est pourquoi faisons que celui qui aura l'empire donne à l'autre toutes les terres au-delà le canal vers la Turquie avec l'île de Crète, de quoi il fera foi et hommage et sera son homme lige [1]. » Cette sage proposition fut adoptée.

Conformément au traité qui avait été précédemment conclu entre les croisés, six prud'hommes furent nommés par les barons de France, six autres par le doge. « Ils se réunirent, dit le maréchal de Champagne, en l'hostel du duc de Venise, qui estoit logé en l'un des plus beaux palais du monde. Là se trouva une grande multitude de gens, car chacun désiroit entrevoir qui seroit nommé. Alors furent appelés les douze qui devoient faire l'élection, et renfermés dans une chapelle qui estoit au palais, où ils tinrent leur conseil, jusqu'à ce qu'ils se fussent accordés à choisir, puis s'en vindrent dehors où estoient les barons et le duc de Venise; vous pouvez estimer qu'ils

[1] Villehardouin, liv. v.

furent regardés de plusieurs à qui il tardoit de savoir lequel auroit été élu. Et alors l'évêque de Soissons, qui étoit un électeur, vint dire : « Sires comtes, nous nous sommes enfin accordés, grâce à Dieu, à faire un empereur. Or nous avons tous promis et juré de tenir celui que nous élirons ; nous vous le nommerons doncques à ce moment : c'est le comte Baudouin de Flandre et de Hainaut. » Là-dessus s'éleva un grand cri d'allégresse par tout le palais, et tout de ce pas emportèrent le nouveau sire de Constantinople droit à l'église. Le marquis de Montferrat qui y mist la main d'un côté, y fit tout l'honneur qu'il put. Baudouin fut couronné et sacré le jour de l'Incarnation, de l'année 1205, et conduit en triomphe au palais de Bourbelyon. Il donna l'investiture de l'île de Crète et des terres au-delà du Bosphore au comte de Montferrat, et en reçut l'hommage, ce dont tous les barons de France eurent grande joie. »

Ainsi fut fondé l'empire des Francs à Constantinople. Baudouin et ses chevaliers s'emparèrent successivement de l'ancien territoire grec ; à mesure qu'ils s'y établirent, la société féodale s'y fonda comme dans la patrie. Chaque baron de France hissa son gonfanon mi-parti dans un fief qu'il reçut sous l'hommage : la Morée, envahie par une colonie de Champenois, devint la souveraineté féodale des comtes de Champlitte et des sires de Villehardouin. Les chroniques grecques du moyen âge citent les donjons des sires de Monteskoub (Montesquiou) et des La Tremoïle (La Trémouille), qui s'étaient établis avec leurs hommes d'armes non loin des ruines de Lacédémone[1]. Plus tard, une révolution renversa la race franque du trône de Constantin, tandis qu'une poignée d'aventuriers catalans et de *condittiori* expulsaient de la Morée et de la Grèce les Champenois et leur comte. L'empire de Trébisonde, tant célébré dans les romans de chevalerie, survécut seul à cette ruine, et l'on parlait encore de son éclat dans les castels d'Europe au xve siècle.

[1] Voir la Chronique grecque sur l'expédition des Francs en Morée, publiée par M. Buchon, dans sa *Grande Collection des Chroniques*.

CHAPITRE XVI.

Situation féodale de Jean, roi d'Angleterre. — Traité avec Philippe-Auguste. — Opposition du pape. — Ses affections pour l'empereur Othon. — Mariage de Louis de France et de Blanche de Castille. — Charte sur les tournois. — Hommage d'Arthur de Bretagne. — Voyage de Jean à Paris. — Visite à Saint-Denis. — Enlèvement d'Isabelle, comtesse d'Angoulême. — Appel du roi Jean le ravisseur en la cour féodale. — Arthur dans l'Anjou et le Poitou. — Siége de Mirabeau, soutenu par la reine Éléonore. — Jean s'empare d'Arthur et de tous les défenseurs de sa cause. — Dure captivité du prince breton. — Sa mort tragique. — Cour des barons. — Sommation au roi Jean. — Sa condamnation, et confiscation des fiefs anglais. — Conquête de la Normandie, de l'Anjou et du Poitou.

1200—1205.

Lorsque les barons de France plantaient leur gonfanon sur les riches palais de Constantinople, et se distribuaient en fief Sparte, Athènes et Thessalonique, Philippe, leur suzerain, avait repris les armes contre son vassal d'Angleterre.

La trève qu'il avait conclue avec Richard

expirait en l'année 1200; les semonces d'usage avaient été faites, et les hommes d'armes parcouraient les châteaux, pour annoncer aux tenanciers de la couronne qu'ils eussent à se préparer à la guerre contre Jean, successeur de Richard. Cependant les deux rois, sommés par les évêques et le pape Innocent III de faire trêve de sang et de carnage, afin de porter leur pensée sur Jérusalem, réunirent un parlement entre Gaillon et Audély : « Roi de France, dit Jean, pourquoi ne me laisses-tu pas en repos? Je touche à peine la couronne; mes vassaux d'Angleterre ne sont pas encore domptés, l'Anjou me refuse la féauté [1], et déjà tes chevaliers s'avancent pour soutenir Arthur : faisons paix et alliance durables. — Jean, répondit Philippe, donne-moi raison de mes fiefs dans la Normandie et le Berry. »

La position du roi d'Angleterre était alors très embarrassée; les barons lui prêtaient une obéissance incertaine, et les évêques reconnaissaient avec peine son autorité; une première question de législation féodale s'élevait

[1] Hoved., p. 451. — Math. Paris, p. 165.

sur la succession de Richard. Dans l'ordre régulier, la couronne devait échoir à Arthur, l'héritier de Bretagne, fils du frère puîné de Richard, Jean n'étant que le cadet de la race ; le droit de représentation, quoique encore incertain, et un ancien testament, appelaient le jeune prince à la couronne des Plantagenets : cependant les intrigues de la vieille reine Éléonore avaient fait donner la préférence à Jean ; il fut reconnu par l'assemblée de Northampton, sous la condition expresse qu'il conserverait à chacun ses droits et ses priviléges. Les barons de Normandie, de la Guyenne et du Poitou avaient adhéré aux actes de l'assemblée de Northampton; mais ceux de l'Anjou proclamèrent hautement les droits d'Arthur [1].

Philippe-Auguste ne manqua pas de profiter de cette situation embarrassée; il imposa le traité suivant au prince anglais :

« Jean cède à Philippe Évreux et ses dépendances posées entre cette ville et Neubourg. Le roi d'Angleterre promet que le comte de Glocester abandonnera au roi de France la

[1] Hoved., p. 450. — Math. Paris, p. 164-165.

portion desdites terres qui fait partie de ses fiefs; le roi anglais se charge d'indemniser son baron par d'autres aleuds dans ses propres domaines. Tout le Vexin normand appartiendra désormais à Philippe, sauf Andély, qui demeure la propriété de l'archevêque de Rouen. Les deux rois ne pourront fortifier aucune place du côté de la Normandie, savoir, Philippe en-deçà de la vaste forêt de Vernon, et Jean au-delà du bois d'Andély. Le roi d'Angleterre promet en mariage au prince Louis, fils aîné de Philippe, Blanche de Castille, sa nièce, blanche de cœur comme de nom, et pour dot les fiefs de Graçay et d'Issoudun; il consent à ce que Philippe jouisse de leurs revenus durant sa vie, soit que la princesse de Castille ait des enfans de son mariage, soit qu'elle n'en ait pas. Le roi Jean ajoute que s'il meurt sans postérité directe, il donne par ce présent traité, à sa jeune nièce et à son mari, tous les fiefs et les moulins de Hugues de Gournay en Normandie, et de plus tout ce que les comtes d'Aumale et du Perche tiennent de lui en-deçà la mer [1]. »

[1] Rymer, t. I, p. 37. — Bibl. du Roi, xviiᵉ vol. des MSS. de Brienne.

« Par une condition additionnelle, il est convenu que le roi Jean payera vingt mille marcs d'argent[1] à Philippe, et celui-ci lui cède toutes ses prétentions sur la mouvance directe de la Bretagne, sous la condition que l'Anglais recevra Arthur, jeune duc de cette province, à l'hommage de bouche et de main; il donnera aussi l'investiture sous hommage au comte d'Angoulême et au vicomte de Limoges, pour toutes les terres qu'ils tiennent de lui : quant au comte de Flandre, il continuera de posséder les fiefs dont il est actuellement détenteur dans la mouvance respective de France et d'Angleterre; cependant les comtes de Boulogne et de Ponthieu demeureront les vassaux immédiats de Philippe. Jean promet de tenir ses terres du roi de France de la même manière que son père Henri II l'avait fait, de ne jamais détourner les vassaux de son suzerain du serment d'allégeance; enfin, il s'engage à ne secourir ni directement ni indirectement l'empereur Othon son neveu, si ce n'est du consentement exprès du roi de France. »

---

[1] Le traité porte que le marc était de 13 sous 4 deniers.

A la suite de ce traité, l'évêque de Beauvais, captif du roi d'Angleterre depuis trois ans, pour avoir combattu, le casque en tête et l'épée au poing, contre Richard, fut mis en liberté. Le guerroyant prélat avait plusieurs fois tenté de s'esquiver de sa vieille tour, et un jour qu'il demanda à être conduit devant la reine Éléonore, il profita de la négligence de ses gardiens pour se sauver à toute bride dans les rues de Londres. Il courut aussi vite qu'un daim d'Écosse vers une église, comme un lieu d'asile; mais les hommes d'armes le saisirent au moment où il touchait l'anneau de fer attaché à la porte de la cathédrale : il criait, le bon prélat, qu'on le traitait plus durement qu'un esclave. Il fut reconduit dans sa tour, et enfin obligé de se racheter pour dix mille marcs d'argent [1]; on lui compta deux mille marcs [2] pour la dépense qu'il avait faite dans la tour, car le bon évêque était un grand réjoui en toute chose [3].

---

[1] Trois cent mille livres.
[2] Vingt mille livres.
[3] Roger Hoved., Annal. Angl., p. 777.

Ce traité fut d'abord exécuté en ses clauses et de bonne foi de part et d'autre, sauf la condition par laquelle Jean s'engageait à ne fournir aucun secours à l'empereur Othon son neveu. Depuis long-temps Innocent III soutenait avec les foudres de l'Église cet empereur contre Philippe de Souabe, que le roi de France avait pris sous sa protection; lorsqu'il sut qu'une des clauses du traité conclu entre Philippe-Auguste et Jean-sans-Terre portait que l'Anglais s'abstiendrait de secourir Othon, il écrivit sur-le-champ au roi Jean la lettre qu'on va lire, et qui contient de singulières maximes sur les obligations du serment.

Innocent III à Jean, roi des Anglais.

« Philippe, roi des Français, n'a pas pu t'exempter des obligations que tu avais contractées envers le roi Othon, élu empereur des Romains, pas plus qu'Othon n'aurait pu te délier des obligations auxquelles tu t'es engagé envers le roi des Français; et de plus, la raison et la nature ordonnent que l'oncle donne du secours à son neveu : or il est certain que puisque le serment que tu as fait au roi de France est préjudiciable à Othon et à l'Église, il doit être déclaré illicite. Nous qui, par un soin paternel, voulons pourvoir à ton salut et à ton bien-être, nous déclarons ce serment nul en tout ce qui regarde cet article, et nous t'en délions, ainsi que tous ceux qui l'ont prêté avec toi. Nous t'enjoignons en conséquence de ne point l'observer, et de donner du secours à ton neveu autant que tu le peux et que tu le dois [1]. »

En même temps le pontife écrivait à l'évêque d'Ostie, son légat en France, de déterminer Philippe à reconnaître la légitimité de l'élection d'Othon; il lui ordonna en même temps de remettre au roi un bref spécial, qui lui était adressé [2].

« Tu ne peux, Philippe de France, reconnaître l'élection du duc de Souabe, car il est excommunié pour avoir cruellement persécuté le Saint-Siége. A la vérité il s'est fait absoudre par notre légat; mais cette absolution

---

[1] Regist. d'Innocent III, *de Negot. Imp.*, epist. 60, p. 714.
[2] *Ibid.*, epist. 48, p. 709.

est nulle, le pouvoir d'un légat ne s'étendant pas à ce point. Je sais que d'ailleurs le duc persiste dans ses mauvais desseins contre nous, et qu'il prend le titre de marquis de la Campanie, ce qui est une usurpation sur la chaire pontificale. Je ne puis certainement pas reconnaître pour avoué du Saint-Siége (titre des empereurs) celui qui s'en est fait le persécuteur et l'ennemi. Si je favorise Othon, ce n'est pas par aucune affection personnelle, mais parce que, comme il ne peut y avoir deux empereurs, et que je ne puis pas en créer un troisième pour mettre à la place du duc de Souabe, il faut bien que je me déclare pour Othon, qui était élu, pour l'opposer ensuite au duc excommunié. Quant aux intérêts du royaume de France, je te promets qu'ils sont bien garantis; car j'ai exigé qu'Othon s'obligeât dans nos mains à ne jamais les troubler. Qui pourrait te faire repousser le prince élu? N'est-il pas le proche parent de Louis, ton fils aîné, héritier présomptif de ta couronne? Fais donc la paix avec l'empereur, dans ce moment surtout où il pourra t'en savoir quelque gré; plus tard tu ne pourras l'éviter:

hâte-toi donc, pour mériter de la reconnaissance. Si tu doutes des droits d'Othon, voici ma décrétale vénérable. Tu y verras que c'est aux papes qu'il appartient de sacrer les empereurs et de leur conférer la pourpre, et cela par le droit acquis au Saint-Siége en la personne de Charles-le-Grand. D'ailleurs, le pape ayant seul la faculté de sacrer les empereurs, ne doit-il pas examiner le caractère et les droits de celui à qui il conférera l'onction sainte? S'il est sacrilége, fou ou hérétique; si c'est un tyran, un corrupteur, il doit pouvoir le rejeter. Outre cela, l'élection de Philippe de Souabe est nulle; car les princes qui ont le droit d'élire ont porté leur suffrage sur Othon : quand bien même les fauteurs du duc l'auraient choisi, ils n'auraient fait qu'une mauvaise élection, car l'abus du droit perd le droit [1]. »

Ce bref de la cour de Rome, plein de faits controuvés et de maximes extraordinaires sur les droits respectifs de la tiare et des couronnes, fut suivi d'une excommunication gé-

---

[1] Cette décrétale se trouve encore dans le Regist. d'Innoc. III, *de Negot. Imp.*, epist. 64, p. 717.

nérale contre tous les protecteurs de Philippe de Souabe. Sans se soumettre tout-à-fait à la volonté du pontife, le roi de France n'osa pas braver une seconde fois les foudres menaçantes de l'Église; il répondit à Innocent que la conduite d'Othon déterminerait sa propre conduite.

Pendant ce temps, un nouveau parlement se tint à Andély, pour l'exécution du dernier traité conclu avec Jean d'Angleterre. Le 27 mai 1201, Philippe et le roi son vassal vinrent y célébrer les fiançailles de Louis avec Blanche de Castille [1]. Dès le mois d'octobre de l'année précédente, la reine Éléonore ou Aliénor était partie de Londres, à la prière de son fils, pour aller chercher la jeune princesse. Aliénor, accompagnée de plusieurs prélats et de quelques vieux chevaliers, s'était rendue en effet en Castille; et, après avoir obtenu qu'on en confiât l'héritière à son expérience, elle s'en était revenue à Bordeaux. Dans cette cité, une dispute qui s'éleva entre les hommes d'armes et les bourgeois lui causa une telle frayeur, qu'elle tomba malade, et fut obligée de s'héberger sur la route en l'abbaye de Fontevrault. Blanche de Castille, sous la garde de l'archevêque de Bordeaux et de prudens barons, se mit en marche vers la Normandie, où elle arriva à l'époque indiquée pour le parlement. Le baronnage était très nombreux; presque toute la chevalerie de France, qui n'avait pas suivi les gonfanons des comtes dans la croisade, assista aux joûtes brillantes qui suivirent la célébration des fiançailles. Plusieurs chevaliers furent désarçonnés par le prince Louis encore adolescent, qui fut légèrement blessé au bras d'un coup de lance. Cet accident inquiéta vivement le roi Philippe, et c'est sans doute ce motif qui détermina les précautions suivantes à l'égard de l'héritier de la couronne.

« Moi Louis, premier né du seigneur roi de France, je fais savoir à tous présens et à venir, que notre très cher père nous a donné les revenus de Poissy, de Lorris, de Château-Landon, de Fayes, de Vitry-en-Laye et de Bois-Commun, et tous les herbages qu'il peut avoir dans ces petits châteaux, ainsi que la pêche des viviers, et cela, pour fournir à nos dépenses et à celle de notre nouvelle femme, sous cette condition que nous ne pourrons pas vendre les bois, ni faire coupes, ni même recevoir les hommages des fiefs qui pourroient y être attachés; tandis que si notre père veut faire tout ce qui nous est défendu, il le pourra. Nous jurons que nous n'irons plus à d'autres tournois, qu'à ceux qui se tiendront tout près de Paris ou de Fontainebleau, et encore seulement afin d'y assister comme spectateur; nous n'y porterons jamais armes de chevalier, pour combattre même à fer émoulu, mais seulement le petit haubert et le casque; nous jurons, en outre, que nous ne ferons désormais aucune violence aux bourgeois ni aux hommes des communes du roi; nous promettons ensuite que nous n'aurons ni écuyer, ni chevalier, qui ne prête, au préalable, fidélité à notre seigneur et père [1]. »

Dans ce parlement, Arthur rendit aussi foi et hommage au roi Jean, son oncle, pour la Bretagne, fief d'Angleterre. Arthur venait d'être reçu chevalier par Philippe de France; il portait les éperons d'acier, et sur son casque un cimier où se peignaient le lion, la licorne et le

---

[1] Extrait de l'ancien Cartulaire de Philippe-Auguste, f° 136.

griffon, vieille devise du roi Arthur. Il s'avança, revêtu de ses armes, au-devant de son oncle, mit un genou en terre, et le héraut lut la formule suivante : « Moi Arthur, duc des Bretons, je fais l'hommage-lige à mon oncle et à mon sire, sauf les droits du roi de France; je lui prêterai mes services, je le racheterai en captivité, et ne ferai jamais outrage à sa fille ni à sa femme, vivant en son hôtel. » Arthur jura toutes ces conditions, mais il refusa constamment de se confier à l'Anglais : il semblait qu'un secret pressentiment lui annonçait sa triste destinée. Il demeura en la cour de France.

Après ce parlement, Philippe et le roi Jean semblaient vivre dans la meilleure intelligence; ils vinrent ensemble à Paris, où les bourgeois fêtèrent leur commune arrivée et le mariage du prince Louis, par maintes folles joies. Il y avait des lampions sur les croisées, même dans la rue aux Juifs. On commençait alors à paver Paris en pierre; les tours et quelques monumens que la magnificence du roi avait construits s'élevaient çà et là. Selon l'usage, les deux monarques vinrent visiter l'abbaye de Saint-Denis, où tous les religieux les reçurent en grandes pompes au-dessous du portail commencé sous l'administration de Suger, et dont on terminait alors les ornemens. Ils visitèrent les saintes reliques du patron de la France, l'oriflamme sacré, les *chefs* de maints abbés. Après avoir entendu messes et offices, ils revinrent à Paris, suivis de tout leur baronnage, en traversant la vaste forêt qui séparait cette cité de l'abbaye, où le seigneur de Montmorency avait si long-temps exercé ses pilleries. Lorsque Jean quitta Paris, il fut comblé de présens; le roi lui donna des étoffes de grand prix, et des chevaux d'Espagne de noble race[1].

Les deux rois se séparèrent ainsi pleins de bienveillance l'un pour l'autre, répondant à toutes leurs paroles par des expressions de douceur et de mansuétude. Jean s'éloigna vers le mois de février, et dirigea ses courses en Poitou. Un jour qu'il chassait dans le comté de la Marche, il aperçut une noble damoiselle qui traversait la forêt, suivie de quelques chevaliers et de plusieurs hommes d'armes. Il s'in-

---

[1] Rigord, *de Gest. Philipp.-Aug.*; Duchesne, t. V, p. 44.

forma du nom de la belle étrangère. Un jeune varlet lui répondit que c'était Isabelle, héritière du comté d'Angoulême, fiancée à Hugues-le-Brun, sire de Lusignan, comte de La Marche, et confiée, depuis son enfance, à sa garde. Le comte de La Marche était un des vassaux du roi d'Angleterre, à cause de ses fiefs dans la mouvance d'Angoulême; Isabelle, héritière de ce comté, était aussi sa vassale. Jean, dont le caractère était discourtois, ardent, impétueux, tout-à-coup épris de la jouvencelle, l'enleva du milieu de ses gardes, et l'emmena dans le château de Guéret. Le prince anglais était alors divorcé avec la fille du comte de Glocester; il portait une physionomie distinguée; et, suivant Roger de Hovéden, il avait quelque chose de doux et d'entraînant dans ses paroles. Il parvint à séduire Isabelle, qui n'aimait pas le sire de Lusignan, à cause de son vieil âge et de sa barbe crépue. L'héritière d'Angoulême n'était point d'ailleurs exempte d'ambition, et la promesse de la couronne d'Angleterre parlait vivement à son cœur. Il paraît donc qu'elle renonça sans peine aux premiers liens de ses fiançailles, et qu'elle demeura sous la protection du roi anglais [1].

D'après les lois de la féodalité, l'enlèvement de la fille ou de la femme du vassal étant un cas de déloyauté, le comte de La Marche, plein de colère de ce que son seigneur-lige allait épouser sa fiancée, porta plainte à Philippe de France, en sa cour de suzerain. Le comte d'Eu et Geoffroy, qui portait le titre de Lusignan, deux de ses frères, se joignirent à lui, et vinrent réclamer aide et appui. Le roi, qui était bien aise d'établir par la coutume la juridiction encore incertaine de sa cour supérieure, somma le roi Jean, comme comte d'Anjou, de comparaître pour répondre sur le fait de trahison et de déloyauté dont il était accusé [2].

Jean répliqua à cette sommation : « Que me veut donc encore Philippe? les comtes d'Eu et de La Marche ne sont-ils pas mes vassaux immédiats? Ils doivent d'abord répondre devant leurs pairs à ma cour; après qu'ils seront

---

[1] Rigord, *de Gest. Philipp.-Aug.* — Duch., t. V, p. 45. — Roger de Hoveden dit que Jean n'enleva Isabelle que par les conseils de Philippe-Auguste.

[2] Guillaume-le-Breton, Philippéide, chant x.

jugés, ils pourront en appeler à la cour supérieure du suzerain; mais, avant tout, qu'ils comparaissent devant leurs pairs. » Comme Philippe insistait par de nouveaux messages, Jean répondit : « Si bien; je promets d'aller en droit devant lui. — Et quel gage en donnez-vous? demandèrent les messagers. — Je mettrai dans vos mains, à jour fixe, les châteaux de Rosières et de Boutavant. » Au terme indiqué, le roi Jean ne voulut ni comparaître, ni donner ses garanties : ce fut là le prétexte d'une nouvelle rupture. Le roi Philippe vint mettre le siége devant les deux châteaux promis comme gages d'exter en droit en sa cour. Il les attaqua avec une grande vigueur; ils furent détruits jusque dans leurs derniers fondemens.

Dans cette guerre, le jeune Arthur, duc de Bretagne, s'était prononcé pour Philippe et l'avait suivi aux champs de bataille. Il venait d'être fiancé à Marie, fille du roi de France, et ces nouveaux liens avaient encore angmenté la noble fraternité qui existait entre lui et le prince Louis, avec lequel il était élevé. On disait hautement dans les châteaux de France que Jean portait mal à propos la couronne d'Angleterre; car Arthur, fils du puîné de Henri III, devait être préféré par représentation à son oncle, le cadet de la race; que si les barons anglais avaient pu ratifier par l'élection ses droits incertains à la couronne d'Angleterre, ce choix ne pouvait priver Arthur des domaines héréditaires des Plantagenets. Ce fut d'après ces motifs que Philippe reçut le prince breton en l'hommage du comté d'Anjou, et qu'il fut chargé d'y conduire la guerre. Le mouvement des chevaliers d'Anjou et du Poitou contre Jean d'Angleterre fut tout national et patriotique. Les trouvères faisaient entendre leurs chansons pour exciter le baronnage contre un prince couard et déloyal. « J'aime les archers, disait le sire de Montcuc, quand ils lancent la pierre au loin et renversent les murailles; j'aime les barons, quand ils se forment en armes dans la plaine. Je voudrois donc que le roi d'Angleterre se plût autant à combattre que je me plais à contempler l'image de ma dame. Quelque méprisé qu'il soit, il acquerroit encore de la gloire s'il entroit en lice avec ses barons, au cri de *Normandie et Guyenne*; mais son scel est si décrié, que je n'ose le dire[1]. » Ainsi, la chevalerie s'indignait de la lâche conduite du roi Jean; mais, épuisés par les croisades, ils ne purent fournir à Arthur qu'un petit nombre de guerriers. Geoffroy de Lusignan lui amena vingt chevaliers; Savary de Mauléon conduisit trente lances et soixante-dix servans d'armes; le comte d'Eu amena quarante chevaliers; Hugues-le-Brun, le même que le roi Jean avait profondément outragé, ne put en réunir plus de quinze, malgré ses efforts et ses menaces féodales contre ses hommes.

Lorsque le jeune Arthur se vit entouré d'un si petit nombre de chevaliers, il leur dit: « Sires barons, croyez-vous que nous soyons une assez grande chevalerie pour conquérir terres et domaines? Attendons encore quelques jours; le roi, notre sire supérieur, nous accorde pour auxiliaires le comte Henri, Hugues de Dampierre, Hugues de Beaujeu et tous les barons d'au-delà de la Loire. La Bretagne m'envoie cinq cents chevaliers à l'épreuve, et quatre

---

[1] Poésies de Bernard de Montcuc. — MSS. de Sainte-Palaye.

mille archers ou hommes d'armes; nous ne sommes aujourd'hui pas plus de cent; demain peut-être nous aurons quinze fois plus de lances; d'ailleurs nous avons affaire à un roi plein de ruses. La terre de Beauce se jaunit de moins d'épis chargés de grains en temps d'automne; le pays d'Eu se réjouit moins de ces pommes dont les Neustriens ont coutume de se faire une agréable boisson; les rochers de Cancale sont battus de moins de coups par les flots de la mer en furie, que la Normandie ne fournit de combattans à ce roi déloyal; de plus, la terre d'Angleterre fait pleuvoir de l'argent, récolte éclatante de blancheur, car le sol est plus propre à produire des sterlings que de vigoureux guerriers [1]. »

Les barons n'applaudirent point à ce discours : « Que ceux-là, dirent-ils, qui manquent de courage, tremblent; que les lâches aient peur, il n'y a rien là d'extraordinaire; les chevaliers du Poitou ne craignent rien. Que Jean vienne, s'il l'ose, si sa lâcheté invétérée laisse en son cœur un mouvement de vaillance;

---

[1] Guillaume-le-Breton, Philippéide, chant x.

mais il n'y a pas à le redouter; il se gardera bien d'arriver où il croiroit pouvoir nous trouver; fais cesser tout retard, nous ne sommes plus les maîtres de différer; Jean nous a déshonorés; il a enlevé à Hugues de Lusignan sa fiancée chérie; il l'a privé de son fief, il a détruit plusieurs de nos châteaux; allons assiéger Mirebeau; Aliénor, mère du roi Jean, qui lui a conseillé ses perfidies, y est renfermée; sois sûr que si nous la tenons une fois, Jean sera tout à nous, et nous pourrons r'avoir ce qu'il nous a enlevé. »

Arthur adopta bientôt les conseils hardis des barons du Poitou, et suivi de cent chevaliers et de quelques centaines de servans, il vint mettre le siége devant Mirebeau. Le château était très fortifié, et du haut de ses tourelles, Aliénor se moquait des vains efforts de cette petite troupe de chevaliers dont la lance venait se briser contre les épaisses murailles et les lourdes chaînes du pont-levis. En même temps le roi Jean, avec ses Anglais et ses Normands, venait de camper non loin de ce castel, pour apaiser la révolte des barons du Poitou.

Il rassembla ses hommes d'armes, et leur

dit[1] : « Je pense qu'il seroit plus sûr d'attaquer les Poitevins la nuit, et lorsqu'ils seront accablés par le sommeil, chargés de viandes et de vin. Or, préparez-vous à envelopper le camp des ennemis; que des chaînes pesantes soient le partage de ceux qui se sont ainsi révoltés! » Alors Guillaume des Roches l'interrompit : « Sire roi, cette nuit même nous te livrerons tes ennemis, si tu promets de les épargner. Jure d'abord que tu ne leur feras aucun mal, ainsi qu'au jeune Arthur, ton neveu. — Je jure, Guillaume, répondit Jean, qu'il sera fait ainsi que tu l'as demandé; que Dieu soit le garant de ces promesses, et me serve de témoin! S'il arrive que de fait ou de parole je manque à la foi que je te donne, et en présence de tant d'illustres seigneurs, qu'il vous soit permis à tous de méconnoître mes ordres, que nul ne me tienne plus pour leur suzerain légitime. »

Rassuré par les promesses du roi, Guillaume des Roches profite d'une nuit obscure; les hommes d'armes du Poitou étaient endormis; ceux qui ne l'étaient pas sont attaqués de vive

[1] Guillaume-le-Breton, Philippéide, chant x.

force. Les hommes du roi Jean pénètrent donc sans bruit jusque sous les tentes : « armés, dit le poète breton, ils marchent ainsi vers des hommes désarmés; innombrables, ils vont combattre un petit nombre d'hommes qui, couchés sur leur lit, et sans vêtemens, sont forcés de recevoir des fers, et la guerre se fait ainsi d'une manière vraiment étonnante. La victoire se donne ainsi volontairement à celui qui n'est point vainqueur; sans avoir la peine de vaincre, l'ennemi triomphe de son ennemi vaincu; que dis-je? il ne l'est point vaincu, il n'est que captif : toutes ces choses arrivoient selon les desseins de Jean; car la trompette ne sonne point l'attaque, le clairon ne proclame point la retraite. Entré comme un voleur, Jean s'en alla comme un larron, se retirant au-delà de la Loire. »

Maître des barons du Poitou révoltés contre sa puissance, et surtout d'Arthur de Bretagne, l'Anglais ne se rappela plus la foi jurée. Il ordonne d'enfermer Arthur dans la tour de Falaise, sur un rocher isolé battu par les flots. « Tous ceux qui étoient décorés de l'éperon de chevalier, et qui tombèrent dans ses mains, furent jetés dans des donjons; Jean prescrivit de ne leur donner aucune nourriture ni même aucune espèce de boisson qui pût humecter leur gosier desséché, les forçant ainsi à succomber à une mort d'un genre inouï : quant aux hommes grands et illustres, comblés d'honneurs, imposans par leur majesté et fiers de leur noblesse, il n'osa ainsi les livrer à la mort, car il craignoit leurs cousins et leurs parens valeureux; mais il ordonna de les disperser en divers lieux dans des châteaux et places fortes, en les gardant soigneusement; il ne permit pas qu'ils fussent réunis, afin qu'ils ne pussent se donner mutuellement des consolations [1]. »

La fureur de Jean n'était point satisfaite. Le jeune Arthur défendait ses droits avec une franchise qui ne permettait pas de douter que le roi ne trouvât en lui dans l'avenir un ennemi redoutable. Il disait tout haut aux preux chevaliers qu'il était l'hoir légitime d'Angleterre, et que, bon gré mal gré, il saurait bien se faire reconnaître. D'un autre côté, Arthur

---

[1] Guill.-le-Breton, chant x.

était le plus grand obstacle aux projets de Jean sur le duché de Bretagne : le zèle et la fidélité des barons de cette terre, qui le considérait comme un prince national, lui étaient acquis; on considérait l'héritier de la Bretagne comme un jouvencel plein de vaillance et devant rappeler par ses prouesses les fabuleux prodiges du roi Arthur dont il portait le nom, et des chevaliers de la Table ronde. Un jour qu'ils avaient mangé ensemble, Jean-sans-Terre dit au prince national des Bretons :

« Beau neveu, renonce à des couronnes que oncque ne porteras; je te ferai part d'héritage comme ton bon et droit seigneur, et t'accorderai octroi de sincère amitié.

— « Bel oncle, mieux me vaudroit la haine du roi de France; car toujours il y a remède de générosité avec noble chevalier.

— « C'est folie de s'y fier, varlet musard; les rois de France naissent ennemis des Plantagenets.

— « Philippe est mon parrain de chevalerie, et m'a baillé sa fille en mariage.

— « Beau neveu, mes tours sont fortes, et il n'y a ici nul qui résiste à ma volonté.

—« Jamais tours ni épées ne me rendront assez couard pour renier droit que je tiens de mon père après Dieu. Angleterre, Touraine, Anjou, Guyenne, sont miens de son chef, et Bretagne de l'estoc de ma mère; jamais n'y renoncerai que par la mort.

—« Ainsi sera donc, beau neveu, dit Jean plein de colère[1]. »

Arthur était détenu dans le château de Falaise. Jean s'adressa à tous ceux en qui il avait le plus de confiance, et leur demanda conseil sur les moyens de s'en débarrasser. Personne ne voulut se charger d'un pareil crime. Préoccupé de son dessein, le roi chercha dès lors à rapprocher son neveu de sa personne, afin d'en faciliter l'exécution. De Falaise, il le fit transférer dans une antique tour de Rouen. Ses projets barbares étaient un bruit public; on en parlait parmi les barons comme d'une chose prochaine, tellement que Guillaume de Brauce, vieux chevalier, à qui la tour de Rouen avait été confiée ainsi que le prisonnier, vint trouver Jean, et lui parla de la sorte :

[1] *Voy.* d'Argentré, p. 271.

« Je ne sais ce que la fortune réserve à l'avenir de ton neveu, dont j'ai été jusqu'à présent le gardien fidèle d'après tes ordres; je te le remets ici en parfaite santé, jouissant de la vie, et intact de tous ses membres. Remplace-moi dans le soin de cette garde : le pénible souci de mes propres affaires m'occupe bien assez. »

Le baron voyant les yeux du roi tout éclatans de colère, se retira dans son fief de Brauce, se disposant à se défendre, si Jean venait l'attaquer. Ce noble refus d'une complicité odieuse ne changea pas la résolution de Jean à l'égard de son malheureux neveu. « Il s'éloigna de tous les chevaliers de sa cour, et se cacha pendant trois jours dans les vallées ombrageuses de Moulineaux; la quatrième nuit étant arrivée, il monte dans une petite barque, et traverse le fleuve en se dirigeant vers la rive opposée. Il se rend à Rouen, et s'arrête devant la porte par laquelle on arrive à la tour, sur le port, que la Seine inonde du reflux de ses ondes, chaque jour deux fois, à certaines heures : le roi étant arrivé sur le port, et se tenant debout, ordonna que son neveu sortît du château, et lui fût amené par un page; puis, l'ayant placé à ses côtés dans sa barque, il s'éloigna tout-à-fait du rivage. L'illustre enfant, déjà placé près des portes de la mort, s'écriait : « O mon oncle! prends pitié de ton jeune neveu; épargne, mon oncle, mon bon oncle, épargne ta race; épargne le fils de ton frère! » Tandis qu'il se lamentait ainsi, l'impie le saisissant par les cheveux, au-dessus du front, lui enfonce son épée dans le ventre jusqu'à la garde, et la retirant encore humectée de ce sang précieux, la lui plonge de nouveau dans la tête, et lui perce les deux tempes; puis s'éloignant encore, et se portant à trois milles environ, il jette le corps privé de vie dans les eaux qui coulent à ses pieds. »

Ce récit de la mort d'Arthur n'est point contredit par les chroniqueurs anglais. Ils cherchent à excuser leur suzerain, mais ils avouent que la rumeur publique disait que le roi Jean avait tué de sa propre main son neveu. « Voilà bien une œuvre digne de Néron, s'écrie toujours le poète breton, de ce Néron qui, après le trépas de tant d'hommes nobles, osa bien percer le sein de sa mère, dans lequel il avoit été conçu; qui, enfin, se frappa lui-même de sa propre épée, redoutant de mourir de la mort des esclaves : le même sort t'est réservé, Jean. Tu as craint de perdre ton royaume par la vie d'Arthur, et par sa mort tu seras dépouillé du royaume; avant que tu ne fusses devenu monarque, tu avois reçu de ton père le nom de *Sans-Terre*, et afin qu'il n'ait pas été menteur, ta mort le justifiera, car ton heure fatale approche; le temps n'est pas éloigné où, devenu odieux à tous par tes crimes, tu vivras sans terre pendant plusieurs années, et, dépouillé de ton royaume, tu seras ensuite privé de la vie. Avant, cependant, tu feras encore beaucoup de fraudes, afin que tu deviennes plus digne d'être frappé par les rudes châtimens de l'enfer [1]. »

Il paraît que ces reproches du chroniqueur, quelque violens qu'ils puissent paraître, étaient encore au-dessous de l'indignation générale qu'excita le meurtre d'Arthur de Bretagne. Il n'était pas un château, pas une tourelle où

---

[1] Guillaume-le-Breton, ch. VIII.

les dames et les écuyers ne déplorassent les tristes destinées d'un jeune prince frappé par un roi déloyal et méchant. Les chants des trouvères de la Bretagne et de la Normandie étaient consacrés au récit des sinistres aventures de la tour de Rouen. On racontait dans les plus grands détails *les perfidies et barbaries* de Jean, poursuivant Arthur à travers l'escalier tortueux qui du donjon conduisait à la Seine; on disait les larmes de l'enfant-chevalier, ses supplications et ses prières; cette indignation profonde ne se manifestait pas seulement dans les fiefs d'Anjou et de Bretagne, et dans le royaume de France, mais dans les propres domaines de Henri; si l'on en croit l'Anglais Mathieu Pâris, plusieurs dames et damoiselles de la cour du roi le traitèrent de suzerain perfide et cruel; Jean punit de la confiscation de leurs fiefs quelques barons qui s'étaient trop librement exprimés sur la couardise d'une telle conduite. Le chroniqueur courtisan ne peut s'empêcher lui-même de dire : « Je souhaite qu'Arthur n'ait pas péri, ainsi que la médisance le raconte [1]. »

[1] Mathieu Pâris, ad ann. 1203.

CHAPITRE XVII.

Préparatifs de guerre contre l'Anglais. — Opposition du légat. — Ligue des barons contre le pape. — Cour féodale pour juger le roi Jean. — Confiscation des fiefs. — Siége de la Roche-Gaillard. — Pirates bretons. — Surprise du camp des barons de France. — Le château est entouré. — Famine. — Prise de la Roche-Gaillard. — Le roi s'empare de Falaise, de Caen, de Bayeux, de Coutances et de Lisieux. — Capitulation de Rouen. — Charte de privilége concédée aux bourgeois. — Réunion de la Normandie à la couronne. — Conquête du Poitou et de l'Anjou.

1204—1206.

Le roi de France ne cessait, depuis une année, de poursuivre avec succès la guerre contre Jean; il s'était emparé de plusieurs places de Normandie, et, après la captivité d'Arthur, il avait passé la Loire et marché jusqu'à Tours; l'indignation générale produite par le crime de l'Anglais secondait ses avantages, et presque tous les vassaux de l'Anjou et du Poitou lui faisaient hommage direct et brisaient d'eux-mêmes les liens qui les unissaient à l'indigne héritier des Plantagenets. Au milieu de ces succès de la couronne, les légats du pape Innocent III, les abbés de Cazemare et de Trois-Fontaines vinrent lui imposer la paix d'après les ordres du Saint-Siége [1] : la guerre de Palestine était toujours le prétexte de ces injonctions hautaines; on donna aussi pour motif que les troupes ruinaient par leur pillage les abbayes et les cloîtres, et ne leur permettaient plus de recueillir paisiblement leurs vins et les aumônes ; les ordres des légats étaient impérieux, et la paix commandée sous peine d'excommunication [2]. Philippe prit alors le parti d'en appeler directement au pape, ce qui suspendait provisoirement la sentence des légats ; les archevêques de Sens et de Bourges, les évêques de Paris et de Meaux, de Châlons et de Nevers, durent se rendre par ses ordres à Rome pour justifier les hostilités contre Jean. En même temps le roi réunit ses barons pour leur demander s'ils le seconderaient dans

---

[1] Rigord, *Gest. de Philippe-Auguste.* — Duchesne, t. V, p. 46 et 47.
[2] *Gest.* Innocent III, n° 102, p. 81.

une résistance contre la cour de Rome; ils répondirent affirmativement, et signèrent de leur scel la charte suivante :

« Nous nous obligeons à seconder Philippe, notre seigneur, dans la guerre qu'il fait contre le roi Jean, et ce nonobstant la volonté du pape ou des légats : nous l'exhortons même à la continuer sans se laisser intimider par de vaines paroles, nous engageant de notre côté à lui donner tout secours, et à ne faire aucune trève ni accord avec le pape, que d'après les ordres du roi notre sire. » Cette charte est scellée du sceau des ducs de Bourgogne, des comtes de Nevers et de Soissons, de Boulogne, de Sancerre et de Beaumont; des comtesses de Blois, de Clermont, de Saint-Quentin; des sires de Dampierre et de Coucy [1]. »

Il n'est pas douteux que l'indignation produite par la mort d'Arthur, et l'insolente conduite d'Innocent III protégeant le meurtrier, n'eût excité cette résistance des barons, si peu conforme à l'esprit superstitieux du moyen

---

[1] Juin 1203, *Trésor des Chartres*, Layett. Angleterre, II, liasse 3. — *Invent. du Trésor des Chartes*, vol. XV, p. 22.

âge. Philippe sut en profiter avec adresse, et ce fut alors qu'il songea à faire convoquer la cour des barons pour juger le roi Jean accusé de félonie et de forfaiture.

On a déjà dit que la tenure féodale établissait entre le seigneur et le vassal un véritable pacte qui les soumettait l'un envers l'autre à des obligations particulières. Si le vassal remplissait les devoirs de sa tenure, l'hommage, la fidélité et les services, dans les termes portés par les coutumes, le seigneur supérieur n'avait plus aucun droit sur la terre inféodée. S'il y avait, au contraire, violation des engagemens de la part du vassal, le pacte était annulé; la propriété du fief rentrait dans le domaine du suzerain [1].

Mais qui pouvait légalement décider si les obligations de la tenure avaient été accomplies? Fallait-il s'en rapporter à la décision du supérieur intéressé à réunir les fiefs immédiatement à son domaine? Croire le tenancier aussi intéressé à les garder et à s'affran-

---

[1] Voir le premier chapitre de cette histoire.

chir des devoirs de la vassalité? Les coutumes féodales, car les plus bizarres systèmes ont leurs garanties, avaient attribué le jugement sur les contestations entre le supérieur et le tenancier à la cour des barons ou des pairs [1].

L'usage était qu'un baron ne pouvait être jugé que par ses pairs, c'est-à-dire, par la cour de son supérieur, composée de ses égaux en tenure; de sorte que le roi d'Angleterre relevait du plaid des barons de France pour ses fiefs de Normandie, de l'Anjou et du Poitou. Cette cour se composait de tous les possédant fiefs immédiats de la couronne, et par conséquent aussi bien des ducs de Bourgogne, des comtes de Champagne, que des sires de Coucy, de Montmorency, de Nanterre, dont la puissance était moins grande, sans doute, mais qui relevaient directement du suzerain de France.

La cour des pairs fut donc réunie à Paris, d'après les ordres du roi, afin de juger Jean

---

[1] Le système féodal faisait même une obligation au supérieur de rendre justice en sa cour. Cette clause est stipulée en plusieurs chartes. — Brussel, *de l'Usage des Fiefs*, liv. II, chap. 15.

d'Angleterre, accusé de trahison pour le meurtre de son neveu Arthur, duc de Bretagne. Des messagers furent envoyés à Londres, afin de sommer l'accusé de se présenter en personne, et de répondre sur les faits dont il était chargé. Jean ne déclina pas la compétence de la cour; il envoya auprès de son suzerain et des barons, savoir, Eustache, évêque d'Hély, et Hubert du Bourg, avec mission de déclarer que leur maître comparaîtrait volontiers devant la cour des pairs, pourvu qu'avant tout on lui donnât un sauf-conduit [1]. « Qu'à cela ne tienne, dit Philippe; qu'il vienne sans craindre aucune violence [2]. — Mais pourra-t-il retourner aussi en sûreté après le jugement? — Oui; je lui donnerai un sauf-conduit, si le jugement de ses pairs me le permet [3]. — Et si la cour le condamne, le lui donnerez-vous aussi? — De par tous les saints de France, non; il n'en sera que ce qui sera décidé par les pairs. — Tu sens alors

---

[1] Significans ei quòd libenter veniret ad curiam suam, juri per omnia super illà re pariturus et responsurus. Mathieu Pàris.

[2] Libenter in pace salvus venerit. *Ibid*.

[3] Ita si parium suorum judicium hoc permittat. *Ibid*.

que Jean ne peut paraître à ta cour ; les prérogatives de la suzeraineté d'Angleterre ne permettent pas qu'une tête couronnée s'expose à un jugement sur meurtre. D'ailleurs, les barons anglais ne le souffriraient pas. — Eh! seigneur évêque, qu'est-ce que tout cela me fait? Les ducs de Normandie, il est vrai, ont fait la conquête de l'Angleterre; mais, parce qu'un vassal augmente son domaine, le suzerain doit-il perdre ses droits?[1] » Les évêques se retirèrent donc sans avoir rien obtenu du roi de France.

Deux mois furent donnés pour la comparution de Jean en personne devant ses pairs. Au jour indiqué, la cour se réunit dans la tour du Louvre; elle était nombreuse, et les barons couverts de leur hermine; les hérauts d'armes parcoururent les places publiques, sommant le roi Jean, à haute voix, de venir répondre pour cas de félonie. Il ne comparut point; « car il ne voulut pas se confier, dit Mathieu Pâris, aux barons de France, qui point ne l'aimaient. »

---

[1] Et si subdito aliquid accrescit, in honorem perdet ne per hoc dominus capitalis? *Ibid.*

Quoi qu'il en soit, un arrêt fut porté par défaut; il prononça la confiscation au profit de la couronne, et pour *meurtre et déloyauté*, de tous les fiefs que le roi Jean tenait en France. C'étaient la Normandie, l'Anjou, le Poitou; quant à la Guyenne, qui formait comme une province séparée dont la reine Eléonore avait la jouissance, et qui était, sous certains rapports, en dehors de la mouvance du roi, la confiscation n'en fut prononcée que pour la forme. Quelques chroniques ajoutent que Jean fut condamné à mort par ses pairs [1].

A peine l'arrêt était-il rendu, que Philippe était déjà en armes pour envahir les fiefs confisqués. « La terre, dit le poète chroniqueur, s'était revêtue de fleurs, les champs déployaient le luxe de leurs plantes; déjà plus de la moitié du printemps s'était écoulée, quand le roi, rempli de colère, appelle de nouveau les chevaliers à la guerre, pressé de rendre enfin à Jean la juste peine du talion, et de le punir de l'assassinat de son neveu, de tant de crimes,

---

[1] Math. Paris. Voyez aussi *Chronique de Simon de Montfort*, Duchesne, *Collect. des Hist. de France*, t. V, p. 764.

de tant d'actes de fureur dont ce misérable ne put jamais s'abstenir [1]. »

Les barons et les chevaliers du roi de France pénétrèrent d'abord dans la Normandie, et vinrent assiéger *Château-Gaillard*. C'était un castel situé sur un rocher escarpé, au milieu de la Seine, près d'Andély's, que Richard avait fortifié d'une tour très élevée et d'une triple muraille. Il avait pris le nom de *Gaillard*, de son inexpugnable situation : on le considérait comme la clef de la Normandie; ce qui donnait une grande importance à sa soumission. « Une triple digue construite au-dessous de ses remparts, et formée de pieux carrés et de chêne très dur, se prolongeoit jusque sur la rive opposée du fleuve, destinée à interdire toute navigation à nos vaisseaux. Mais les jeunes hommes, à qui l'art de la nage n'est point inconnu, vont arracher cette digue, la renversent à coups de hache; et tandis qu'ils travaillent ainsi, des pierres et des dards, lancés du haut du rocher, tombent sur eux comme grêle : plusieurs s'en défendent avec leurs boucliers ou des pièces de bois; plusieurs aussi reçoi-

---

[1] Guillaume-le-Breton, *Philippéide*, ch. VIII.

vent la mort. Enfin ils ne cessent de travailler qu'après avoir ouvert un libre chemin, pour que la flotte puisse venir apporter des vivres et toutes les choses dont ont besoin ceux qui marchent à la suite d'un camp. Aussitôt après, le roi leur ordonna d'amener de larges navires tels que ceux que nous voyons voguer sur le cours de la Seine, et qui transportent ordinairement les chevaux et les chariots le long du fleuve. Le roi les fit enfoncer dans le milieu des eaux, en les couchant sur le flanc, et les posant immédiatement l'un à la suite de l'autre, un peu au-dessous des remparts du château. Afin que le courant rapide des eaux ne pût les entraîner, on les arrêta, à l'aide de pieux enfoncés en terre et unis par des cordes et des crochets [1]. »

Lorsque le roi Jean apprit que toutes les forces des chevaliers de France s'étaient portées sur Château-Gaillard, il fit appeler Guillaume de Glocester, son maréchal. « Guillaume, tu sais que les gonfanons de Philippe brillent tout auprès de Château-Gaillard; il faut nous en délivrer. Prends trois cents chevaliers, mille

[1] Guillaume-le-Breton, ch. VIII.

servans d'armes, et quatre mille bourgeois de mes communes; vous vous avancerez, pendant la nuit, vers le camp; j'ai appris que le roi a passé de ce côté-ci du fleuve, avec le tiers des barons et les hommes de Champagne; de l'autre côté sont demeurés Robert de Dreux, Hugues, héritier de Neuf-Château, Simon de Montfort; dans la plaine sont couchés pêle-mêle les servans d'armes, les pique-chiens et tous ceux qui suivent les camps pour vendre des provisions et gagner des sterlings, et sur lesquels il vous sera facile d'assouvir votre fureur. Tu prendras en outre avec toi Brandimer et Desroutiers[1]. Alain Le Breton, qui sillonne les mers avec ses navires à éperons, te joindra suivi des pirates qu'il conduit lorsqu'il se plaît à aller piller tout ce qu'il peut trouver dans les îles Guernesey et d'Ouessant. Tu placeras tous tes hommes sur les soixante-six bâtimens que l'on nomme coureurs, et que Richard a fait construire pour le service de la mer et du fleuve. Remontez la Seine; moi, je vous attends ici, je vous suivrai de la main pour

---

[1] Chefs de cottereaux et routiers.

mettre un terme aux travaux de cette guerre. »
Ainsi, continue le chroniqueur, le grossier
paysan donne ses ordres à ses serviteurs quand
le loup lui a enlevé une brebis. « Va, dit-il,
berger, précipite-toi dans les ronces, tout
nu, et toi encore, bouvier, pénètre dans
cette caverne; moi, je vais en lieu de sûreté
avec mon chien : de même Jean poussoit ses
hommes d'armes à affronter les plus grands
périls, et lui cependant n'osoit marcher avec
eux [1]. »

D'après les ordres de l'Anglais, Alain le Breton
conduisit une partie de ses pirates par la Seine;
l'autre marchait sous les ordres du maréchal
Guillaume pendant les ténèbres de la nuit, à
travers les campagnes, précipitant ses pas
pour surprendre les chevaliers de France avant
l'aurore. « La troupe du maréchal arriva la première, au moment où l'oiseau annonce de sa
voix perçante l'approche de l'aurore dorée :
elle se précipite sur le camp; les ribauds, les
marchands et les gens du peuple sans armes,
après s'être rassasiés de vin, et déjà à demi-

[1] Guillaume-le-Breton, *Philippide*, ch. VIII.

morts, succombent sous le glaive, semblables à des moutons. Un grand nombre d'hommes tombent frappés; la vie s'échappe de leurs corps avant même qu'ils aient senti le coup qui les tue, tant ils sont accablés sous le poids excessif du vin et du sommeil. »

Le bruit fut terrible sous la tente des chevaliers; tandis que la multitude fuyait, se précipitant vers le fleuve, le brave Guillaume des Barres, si redoutable aux Anglais, fait briller son glaive à la multitude des fuyards qu'une terreur panique pousse hors du camp. Renaud, comte de Boulogne, Gauthier, Guy, Mathieu, tous nobles chevaliers, imitent son exemple, et parviennent à réunir autour de leur petite troupe un certain nombre de lances et d'hommes d'armes. « Où fuyez-vous, s'écrient-ils? vous recevez la mort et ne la donnez pas! tournez donc le visage et votre épée contre l'ennemi. » On allume des flambeaux en toute hâte sur la rive droite du fleuve; des bûchers ardens pétillent dans les camps; ceux-ci ajoutent des bottes de paille; ceux-là des fagots de bruyère; l'un apporte de la graisse et du lard, l'autre verse de l'huile sur la flamme, sans cesse augmentée. La nuit disparaît complètement, et les ombres se dissipent. Lorsqu'il leur fut permis de voir en face leurs ennemis, les chevaliers de France n'eurent plus qu'à les attaquer pour vaincre. Ils renversent, massacrent, saisissent des prisonniers, et font payer, par un juste retour, le prix d'une trahison nocturne¹. »

L'armée reposait déjà, lorsque les arbalétriers poussent de nouveau le cri d'arme. Plus de cinquante barques fendent les ondes; « leurs flancs renferment plusieurs milliers d'ennemis. C'était la flotte d'Alain le pirate, qui n'avait pu arriver en même temps que la troupe de Guillaume le maréchal, à cause des sinuosités infinies de la Seine. Au cri des sentinelles, on s'élance sur la tour de bois. Les arbalétriers tendent l'arc, les hommes d'armes se pourvoient de blocs de pierre, de masses de fer, de troncs d'arbres nouvellement coupés, de tisons ardens et de pieux en bois. Les plus braves chevaliers se placent intrépidement sur le pont, en attendant la flotte. Elle s'avançait

---

¹ Guillaume-le-Breton, *Philippéide*, ch. VIII.

à la hâte, et les hommes qui la dirigeaient, le fer en main, semblaient se disposer à couper les pieux qui retenaient le pont. A cet aspect, on redouble d'efforts : chevaliers, servans d'armes et arbalétriers font pleuvoir sur eux une grêle de traits. « L'un, dit toujours le poète classique que nous aimons à citer, l'un tombant dans le fleuve, se tient à l'ancre, et, pour être inhumé, implore le chœur des Néréides, afin d'en obtenir les honneurs de la sépulture; l'autre, déjà mort, tombe sur son compagnon blessé, au milieu du navire, et l'achève par son poids [1]. »

La courageuse résistance des chevaliers contraignit bientôt les pirates bretons à faire un mouvement rétrograde, « et ramenant leur proue, ils présentèrent leurs poupes, rasant les flots avec leurs rames. Habitués aux périlleuses navigations, ils remontent la rivière avec l'agilité d'un trait d'arbalète, et les javelots vinrent bientôt mourir dans les ondes. Cependant Galbert, surnommé le Barbu, Thomas-le-Pourfendeur et Jean-le-Noir, tous trois au service

[1] Guillaume-le-Breton, ch. VIII.

de France, réunissent un grand nombre d'hommes du commun et de varlets habitués aux combats sur l'eau; ils montent en toute hâte de longues barques avec lesquelles les pêcheurs naviguent sur la Seine; les rameurs mettent plusieurs voiles aux mâts, et atteignent bientôt les pirates; ils leur jettent des traits, du bitume, et parviennent enfin à s'emparer de deux de ces navires tout remplis d'hommes. »

Ce Galbert était tellement habile dans l'art de naviguer, qu'il pouvait parcourir, dans l'heure, une distance de mille pas [1]. L'armée de France étant délivrée de l'attaque inattendue des pirates, le hardi marin se chargea d'aller mettre le feu aux palissades qui défendaient Château-Gaillard. Ayant rempli des urnes avec des charbons ardens, il les ferma et les frotta de bitume à l'extérieur, avec une telle adresse, qu'il devint impossible aux eaux de les pénétrer : alors il attache autour de ses reins une

[1] J'ai donné quelques détails sur ce siége afin de faire connaître avec précision les moyens employés dans le moyen âge contre les castels assiégés. Le chroniqueur Guillaume-le-Breton était témoin oculaire.

corde qui tenait aussi à ces vases, et, plongeant dans la Seine sans être vu de personne, il va subitement aborder aux palissades construites en bois de chêne, qui enveloppaient d'une double enceinte les murailles du Château-Gaillard. L'adroit nageur y mit le feu : « la flamme s'attacha aux pièces qui forment les retranchemens, et aux murailles qui enveloppent l'intérieur du château ; bientôt elle s'élève dans les airs en tourbillons tout chargés d'étincelles, trouvant un nouveau secours dans les rayons du soleil et dans le souffle du vent de l'est, que l'orient poussait avec force, et qui, athlète vigoureux, secondait parfaitement les artifices de Galbert. Ainsi qu'Encelade, à la gorge embrasée [1], vomit sur l'Etna des vapeurs brûlantes et des roches calcinées par le feu, telle la flamme dévorante, allumée furtivement par l'habileté du fidèle Galbert, dépouillait les murailles de tout ce qui servait à les défendre, et consumait les palissades, les retranchemens, les maisons, les tours à trois étages et les claies en bois doublées de cuir, qui concouraient pareil-

---

[1] Guillaume-le-Breton, ch. viij.

lement à la plus grande sûreté des remparts. »

Malgré les incroyables efforts des chevaliers de France, la position de la Roche-Gaillard restait inexpugnable. Le siége avait duré tout le printemps et l'été; l'automne s'approchait déjà, et les barons annonçaient que les services féodaux touchant à leur terme, ils voulaient rentrer dans leurs manoirs pour la saison d'hiver. Philippe eut besoin, pour les retenir, de leur donner de nouveaux fiefs et de leur distribuer une partie de l'argent de son trésor. Mais de la prise de la Roche-Gaillard dépendant la conquête de la Normandie tout entière, le suzerain se soumit à tous ces sacrifices. Il fit donc construire un camp d'hiver entouré de murailles et de tours; il voulait réduire la Roche-Gaillard par la famine, en lui coupant toute espèce de communication avec les deux rives de la Seine.

« C'est ainsi [1] que l'auguste roi sut entourer l'ennemi d'une ceinture de fer, et fournit aux chevaliers un sujet de plaisanteries, de proverbes et de chants joyeux; car ils se diver-

---

[1] Guillaume-le-Breton, ch. VIII.

tissaient de voir tous ces hommes enfermés dans une seule enveloppe, et ce nid tout gonflé d'une abondante semence, qui devait enfin être forcée d'en sortir dans la saison du printemps[1]. » La Roche-Gaillard avait alors pour châtelain un vieux et prudent chevalier nommé le comte Roger. Des milliers de bourgeois étaient venus de tous les points de la Normandie chercher un refuge contre les désordres des varlets et ribauds de France, en se mettant sous la protection de Roger. Lorsque les vivres commencèrent à manquer, le châtelain appela tous les hommes inutiles, les femmes et les enfans, et leur dit: « Je ne puis vous garder; allez où le sort vous conduira. » Dès le soir, cinq cents de ces malheureux furent mis hors du château. Les jours suivans, un pareil nombre en fut aussi expulsé; de sorte que le roi Philippe, voyant bien que par ce moyen les vivres suffiraient pendant long-temps au petit nombre de chevaliers qui resteraient pour défendre la Roche-Gaillard, ordonna qu'on repoussât la foule dans le château à coups d'arbalètes et de flèches: les hommes d'armes et les archers

---

[1] Guillaume-le-Breton, chant VIII.

se tinrent prêts; aussitôt qu'ils virent sortir de l'enceinte fortifiée, et se diriger sur le fond de la vallée, en suivant le flanc d'une colline, ces hommes portant des visages pâles et défaits, et tout couverts de haillons, ils les attaquèrent de loin en poussant des cris. Ces malheureux veulent faire leur retraite sous la roche; mais le comte Roger leur fait impitoyablement fermer les portes : « Allez chercher d'autres demeures; je ne vous connais plus, s'écrie l'impitoyable châtelain. » Les bourgeois infortunés se précipitent alors dans la plaine, se cachent dans les rochers, et meurent de faim; ils pillent tout ce qu'ils rencontrent : « Je vis alors, chose extraordinaire! une poule qui volait, et qui tomba au milieu d'eux, saisie et avalée avec ses plumes, et un œuf tout chaud qu'elle portait en son corps : tout ce qui peut céder sous la dent est aussitôt englouti dans ces estomacs, et ils en viennent enfin à se nourrir de la chair de chiens; car Roger, n'oubliant aucune précaution, avait ordonné d'expulser tous les levriers et les faucons du château, afin de ménager les vivres [1]. » A l'aspect

---

[1] Guillaume-le-Breton, *Philippéide*, ch. VIII.

de tant de misère, Philippe ne put résister plus long-temps; il commanda qu'on fournît des vivres à ces malheureux, afin qu'ils ne tombassent pas d'inanition; « ceux-ci, ayant reçu cette nouvelle, et, sortant de leur caverne, nous vîmes parmi eux un certain homme, spectacle déplorable! qui s'obstinait à emporter encore la cuisse d'un chien, et comme on lui disait de la jeter, il s'écria: « Je ne renoncerai à cette cuisse, qui m'a fait vivre si long-temps, que lorsque je serai rassasié de pain. » Alors un autre la lui enleva, et lui donna du pain; il le porta à sa bouche, mais à peine pouvait-il mâcher : cependant, et quoique les morceaux fussent mal broyés entre ses dents, il les avalait avec une extrême voracité, tant ses longues souffrances l'avaient à la fois affaibli et affamé ! Philippe laissa ces malheureux habitans gagner les villes prochaines [1]. »

La persévérance du comte Roger ne se lassait pas : l'hiver était passé, et le gonfanon, mi-parti d'Angleterre et de Normandie, flottait encore sur les tours élevées de la Roche-Gaillard. Aux approches du printemps, les tra-

[1] Guillaume-le-Breton, chant VIII.

vaux du siége furent repris avec une ardeur nouvelle : des machines s'élèvent comme par merveille; les archers, sous la conduite du ménestrel Perigas Blondel [1], placés derrière des fascines, font pleuvoir une grêle de traits; les pierriers lançaient d'immenses blocs de pierres et de fer : tout cela était inutile contre un château dont l'épervier seul, dans son vol audacieux, pouvait toucher la cime. Cependant les chevaliers de France plantent des échelles au pied de la roche, d'où s'élève la principale tour, mais nulle échelle ne peut encore l'atteindre; les intrépides varlets tirent leurs poignards de leur cotte d'armes, taillent le rocher, et parviennent à faire des trous suffisans pour placer leurs pieds. Les voilà donc, ces braves hommes, comme suspendus dans les airs; ils tendent la main à ceux de leurs compagnons qui les suivent de plus près, et bientôt plus de trois cents routiers, sous la conduite de Cadoc, hommes légers et courageux, se trouvent parvenus au sommet du rocher, au pied des tourelles : alors, se couvrant de leurs

[1] Il ne faut pas le confondre avec l'ami et le troubadour de Richard-Cœur-de-Lion.

boucliers, ils s'avancent au-dessous d'une des tours, et commencent à la miner; ils soutiennent les crevasses avec des pieux et des morceaux de bois, afin que cette masse ne s'écroule pas sur eux-mêmes : lorsque le travail est fini, ils y mettent le feu, se retirent, et cette tour s'écroule avec un horrible fracas. Cadoc, le premier, planta son étendard au milieu des débris, et les chevaliers du camp répondirent à ce signal par des acclamations répétées [1].

L'écroulement de la tourelle n'achevait point l'ouvrage du siége : le château, entouré de murailles élevées, formant une double enceinte, pouvait faire encore une longue résistance; les servans d'armes, dont l'office est de combattre avec le glaive ou la lance; Oger, Eustache, Manassé, Garnier, se mettent à rôder autour de la muraille, cherchant partout si le hasard ne leur ferait pas découvrir quelque endroit praticable pour s'élancer dans le château. Vers un des coins était une maison que le roi Jean avait fait construire l'année précédente; la partie inférieure était destinée « à

---

[1] Guillaume-le-Breton, *Philippéide*, ch. VIII.

un besoin qui veut toujours être satisfait dans le mystère du cabinet[1]. » La partie supérieure, servant de chapelle, était consacrée à la célébration de la messe, et il y avait à la hauteur du milieu une fenêtre en dehors que deux ou trois hommes montés l'un sur l'autre pouvaient atteindre, et qu'on n'avait pas eu le temps de murer. Aussitôt un intrépide varlet du nom de Bogis se glisse, au milieu de la nuit, de l'autre côté du fossé, puis grimpe, suivi de ses compagnons, jusqu'au pied du rempart ; alors s'élevant sur les épaules de deux servans d'armes, avec une légèreté admirable, il s'élance de tout son corps vers la fenêtre ouverte. Une fois parvenu dans la maison, il tend une corde à ses suivans, et bientôt soixante d'entre eux se trouvent réunis : ils font sauter les portes avec le feu, et les voilà au milieu du château, face à face du comte Roger et de sa troupe, alors réduite à cent cinquante chevaliers. Bogis et ses compagnons se serrent et se retranchent contre un mur, tandis que quelques uns d'entre eux font tomber le pont-levis, pour ouvrir un pas-

---

[1] Guill.-le-Breton, *Philippéide*, ch. viii.

sage à une troupe nombreuse qui était restée en dehors. Le comte Roger, voyant que tout espoir de défendre cette partie du château était perdu, se retira dans la citadelle, qu'environnait une nouvelle et plus formidable enceinte. Rien n'arrête l'ardeur des chevaliers de France; la catapulte lance contre ces murailles d'énormes blocs de pierre, tandis que les routiers pratiquent une mine en dessous pour précipiter l'écroulement : la muraille enfin s'ébranle; une large brèche s'ouvre sous les coups redoublés du bélier : les chevaliers volent à travers les décombres, que défendent vaillamment les hommes du comte Roger, qui, bientôt accablés par le nombre, s'ensevelissent sous les ruines : le lendemain ils furent trouvés morts dans la poussière; tous étaient blessés à la face et à la poitrine; grand sujet de louange et d'honneur pour la chevalerie [1].

Maître de Château-Gaillard, Philippe dompta facilement le reste de la Normandie: Falaise, quoique entourée de sept tours, et dans une position formidable, fit sa soumission au roi,

---

[1] Guillaume-le-Breton, *Philippéide*, ch. VIII.

après quelques jours de résistance; les bourgeois de la commune, et Le Loup[1], chef des routiers, qui commandait la citadelle, rendirent la ville, moyennant qu'on leur conservât leur liberté et leurs biens. Les chevaliers de France marchèrent ensuite sur Caen; « Caen, ville opulente, qui se reconnaît à peine inférieure à Paris, et qui doit son origine à Caius, porte-mets d'Arthur[2] : » les bourgeois se remirent aux mains du roi de France. Bayeux imita cet exemple, avec les diocèses de Seez, de Coutances et de Lisieux.

Tandis que Philippe et ses barons se portaient sur la commune de Rouen, défendue par ses vaillans bourgeois, on apprit dans le camp que Guy de Thouars, duc de Bretagne, fidèle vassal de France, s'avançait sur la Normandie du côté d'Avranches, pour seconder les opérations de son suzerain. Guy et ses farouches Bretons s'étaient dirigés sur les rivages qui avoisinent le Mont-Saint-Michel, où le roi Jean avait fait bâtir un de ces castels à vol de

[1] On a dû remarquer que presque tous les chefs de routiers portaient des surnoms formidables et vaniteux.
[2] Guillaume-le-Breton, chant VIII. Toutes ces origines appartiennent aux fables de la Table ronde.

faucon, tant il se rapprochait des cieux. Les hommes d'armes du comte Guy plantent des échelles au pied de ces hautes tourelles, « et les enfans de la Bretagne [1], animés d'une fureur sauvage, grimpent ainsi au sommet des tours, et livrent aux flammes les maisons, le castel, et le monastère sous l'invocation de saint Michel. » C'est non loin de Rouen que le comte Guy vint joindre le roi Philippe et ses barons.

Les bourgeois avaient fermé les portes de leur double muraille et rempli d'eau leur triple fossé; « la commune de Rouen, au cœur superbe, et qui portait une haine éternelle au roi Philippe, aima mieux se laisser vaincre, que de se soumettre volontairement à sa suzeraineté [2]. » Pendant quatre-vingts jours, elle se défendit avec un courage digne d'un meilleur sort; enfin ses prud'hommes se virent obligés de signer la charte suivante :

« Il y aura une trève entre le roi et les bourgeois de la ville; elle devra durer trente jours, à commencer du premier de juin 1204. Après

[1] On s'apercevra qu'une portion des barons de la Bretagne combattait pour Philippe, l'autre pour Jean.
[2] Guillaume-le-Breton, *Philippéide*, ch. VIII.

ces trente jours, si le roi Philippe ne faisait paix avec Jean, leur légitime suzerain, ou si celui-ci ne délivrait pas les habitans, ils rendraient de bonne foi leur cité. En attendant, ils abandonnent au roi la tête du pont, s'engagent à en couper les quatre arches à sa première volonté : au cas où la ville lui serait livrée, le roi prend l'engagement de maintenir bourgeois, chevaliers et sergens, dans leurs fiefs, pourvu qu'ils lui fassent hommage, et lui rendent les services et devoirs. Les habitans du comté d'Auge et les bourgeois de Driencourt et d'Aumale, qui étaient à Rouen le premier jour de juin, devaient être rétablis dans leurs tenemens, s'ils voulaient retourner aux lieux où ils étaient situés; les chevaliers et sergens du comté d'Alençon, qui étaient aussi venus porter des secours aux habitans, devaient être rétablis dans leurs fiefs, en faisant l'hommage dû au comte. Toute sûreté serait donnée aux bourgeois de Rouen d'être maintenus dans leurs anciens priviléges, coutumes et libertés; ils ne paieraient que le même péage qu'ils acquittaient auparavant, excepté dans le comté d'Évreux, dans le Vexin normand, à Paris, au

Pont-de-l'Arche, du côté de Rouen, dans le Poitou, l'Anjou, la Bretagne, le Maine et la Gascogne. Tous les chevaliers qui, se trouvant à Rouen, ne voudraient pas servir le roi, devaient obtenir des sauf-conduits pour aller où bon leur semblerait. Les bourgeois pourraient librement commercer dans toutes les terres de France, et leurs priviléges devaient s'étendre aux marchands du Pont-de-l'Arche et de Verneuil, s'ils voulaient accepter la charte de capitulation [1]. »

Le roi Jean ne secourut point Rouen dans le temps fixé par les bourgeois; ses barons lui disaient : « Voilà que Philippe prend toutes les terres de Normandie. » Il répondait d'un air béat : « Je reconquerrai en un seul jour ce qu'il me prend petit à petit. » Il n'en fit rien.

Rouen se soumit au roi de France ; les hommes de la commune furent obligés de détruire les propres murailles de leur cité. « Grande douleur, s'écrie le chroniqueur breton, pour des bourgeois; mais si un malheur est plus supportable lorsqu'il est partagé, je dois dire que

---

[1] Duchesne, *scriptor. rerum Norman.*, p. 1057.

Verneuil subit le même sort, afin que Rouen ne s'affligeât pas seule¹. »

Ainsi fut soumise la terre de Normandie, et le roi plaça des hommes d'armes dans tous les lieux fortifiés. En même temps, Guillaume des Roches, Cadoc et ses impitoyables routiers, marchaient vers Angers pour conquérir le Poitou, tandis que Henri-Clément le Maréchal, qui portait au combat la première lance, s'avançait vers le Poitou.

Les seigneurs poitevins n'avaient pas attendu cette invasion des barons de France : excités par le roi Jean, quelques châtelains dévoués à la maison des Plantagenets, tels que Aimeri de Lusignan, Savari de Mauléon, avaient pris les armes pour envahir les terres du domaine de Philippe sur la frontière du Poitou. Henri le Maréchal surprit cette ardente chevalerie tout près d'un marais; elle fut dispersée. Le noble comte désarçonna de sa main le sire de Portaillé, et lui fit mesurer la terre de son corps; Aimeri de Lusignan et le brave Savari lui-même furent contraints de prendre la fuite. Les com-

¹ Guillaume-le-Breton, *Philippéide*, ch. VIII.

battans étaient si pressés, qu'on put employer le poignard de miséricorde, arme meurtrière lorsque les chevaliers se prenaient corps à corps.

Après ce combat, Henri, la lance haute, compta les prisonniers qu'il avait réunis autour de lui; il put envoyer au roi cinquante-deux chevaliers et cent bourgeois chargés de chaînes : « ce qui réjouit les barons qui, de compagnie avec Philippe, soumettaient alors Poitiers, Loudun, faible en grains, Niort, riche en vins, Montreuil, et la rebelle Parthenay; » puis, ayant placé dans chacun de ces châteaux des hommes chargés de garantir en son nom la sûreté du pays, le roi ramena ses paladins bardés de fer vers Chinon. Les traditions fabuleuses du moine Geoffroi de Montmouth disaient que cette ville devait son origine à Chaius, sénéchal d'Anjou, sous le roi barde Pendradoridas. Jean en avait fait une prison redoutable, et l'on racontait que l'évêque de Beauvais, toujours guerroyant, et Conan-le-Bref, qui depuis fut duc des Bretons, y étaient renfermés. On y retenait aussi dans les fers Guidomarche, renommé par sa force prodigieuse. D'un coup de poing, il avait cassé la tête d'un cheval et d'une sorte d'hippogryphe, monstre ailé, qui avait désolé les terres de Bretagne. Chinon et Loches furent assiégés par le roi. « Chinon et le pays à l'entour étaient gouvernés par le farouche Gérard, serf issu de père et de mère également serfs. Il avait, dans sa jeunesse, appelé tous les habitans à la révolte, et Jean avait été obligé de lui concéder cette terre pour calmer la sédition des esclaves, et l'on sait qu'il n'y a pas de pire seigneur qu'un serf, lorsqu'il foule sous les pieds des têtes libres! Chinon et Loches se rendirent aux barons de France, et le roi, maître du Poitou et de l'Anjou, chargea Gérard de plus fortes chaînes que celle qu'il portait lorsqu'il était esclave, et le retint captif dans les tours de Compiègne [1]. »

[1] Guillaume-le-Breton, chant VIII.

CHAPITRE XVIII.

Résultats de la réunion des provinces anglaises. — Normandie. — Son territoire. — Baronnages et fiefs. — Coutumes normandes. — Actes qui suivent la réunion. — Ordonnances et jugemens de l'Échiquier. — Territoire de l'Anjou. — Coutumes. — Le Poitou. — Coutumes. — Sénéchaux établis dans les terres réunies. — Hommage-lige de la Bretagne. — Considérations générales sur l'état du domaine de France.

1200—1206.

Les résultats obtenus par la conquête des fiefs anglais étaient immenses pour la suzeraineté de France, car ils faisaient rentrer dans la hiérarchie régulière du système féodal des territoires qui jusqu'alors pouvaient être considérés comme des annexes de la couronne des Plantagenets. Lors de la domination anglaise sur ces provinces, le simple hommage était l'unique obligation imposée à de superbes vassaux envers leur suzerain nominal. Voulaient-ils lever bannière, même pour le com-

LA NORMANDIE APRÈS LA CONQUÊTE. 341

battre, ils appelaient librement sous leur gonfanon ducal les châtelains, les communes de Normandie, de l'Anjou, du Poitou et de la Guyenne : ainsi près de la moitié du territoire féodal de la France accourait se ranger derrière leur cheval de bataille, à la moindre semonce des hommes d'armes portant le lion des Plantagenets [1].

La réunion au domaine de France du plus grand nombre des provinces naguère sous la domination anglaise changeait absolument cette situation féodale. Au lieu d'une suzeraineté fictive, qui ne pouvait requérir ni hommes d'armes, ni aides des communes, Philippe acquérait un véritable pouvoir de fait. L'autorité médiate des princes anglais s'effaçait, et la suzeraineté royale, ne trouvant plus la résistance d'un vassal unique et insolent, n'avait à dompter que l'opposition isolée et impuissante de quelques châtelains, qui regrettaient les cours plénières du roi Jean, et les vieilles couleurs d'Éléonore.

[1] C'est ce qu'on voit dans toutes les guerres de Henri II, de Richard et du roi Jean, contre Louis VII et Philippe : on doit même remarquer que jamais les rois de France ne s'en plaignirent, tant c'était là une habitude admise ! Ce n'est que sous Saint-Louis que les jurisconsultes commencèrent à établir des maximes contraires.

La Normandie, la plus importante des provinces réunies, comprenait, lors de l'inféodation, en 912, au pirate Roll ou Rolf, toute la terre qui s'étend depuis l'Epte jusqu'à la mer[1]; ses frontières, qui avaient souvent varié dans les traités entre Philippe et Richard, étaient alors fixées entre Gaillon et le val de Rueil. On avait posé des bornes à Moyenville, et depuis ces bornes d'un côté jusqu'à la Seine, et de l'autre jusqu'à l'Eure, ce qui était vers Gaillon appartenait au roi de France, et ce qui était près du val de Rueil dépendait du duché de Normandie[2].

La constitution de cette province était comme le type du système féodal; colonie militaire, et sorte de campement chevaleresque, le régime de la conquête s'y était maintenu. Un brillant et nombreux baronnage y portait armes pour le service du duc; le Domesday indique plus de cent-vingt châtelains arborant gonfanon de chevalerie; on y comptait l'évêque de Coutances qui devait en guerre cinq che-

[1] Roman du *Rou* de Robert Wace, un des monumens les plus curieux pour les antiquités de Normandie. — Dudon de Saint-Quentin, *de Moribus et gest. Normanorum*, liv. 2, ch. 20 à 29.
[2] Traité de l'année 1200. — Ancien Cartul. de Philippe-Auguste, *regist. Heroval.* folio 100.

valiers et dix-huit varlets; celui de Bayeux vingt chevaliers et cent-vingt servans d'armes; celui de Lisieux, vingt chevaliers et trente servans; les abbés de Jumièges et de Saint-Michel, chacun trois chevaliers; le comte de Chester, dix chevaliers et sept servans; le comte de Leicester, Robert de Montfort, Richard de Vernon, chacun dix chevaliers; Hugues de Mortemart, cinq; Richard Talbot, un seul [1].

Le territoire du duché de Normandie était organisé sur le même modele que les monarchies féodales de France et d'Angleterre; il était inféodé à des comtes héréditaires; on citait les sires comtes d'Harcourt, du Cotentin, d'Evreux, de Beaumont, de Pont-Audemer, d'Eu, de Mortain, de l'Aigle, de Longueville, de Bayeux, d'Avranches, de Mortemart, de Breteuil, d'Ivri, et d'Orbec. A un petit nombre de ces fiefs, selon la coutume des cours féodales, étaient attachées les dignités hiérarchiques de l'écurie et des festins: le titre de grand maréchal de Normandie appartenait au Bessin; l'office de connétable, à la terre de Varengebec; au fief de Goüy, près de Rouen, la charge de

[1] Houard, *Coutumes anglo-normandes*, t. I.

panetier, et celle de chambellan à l'aleud de Tancarville. Chacune de ces inféodations créait des devoirs héréditaires pour les charges qu'elle instituait [1].

Au milieu de cette société féodale, inhérente pour ainsi dire au sol, des traces restaient encore de la domination scandinave. Presque toutes les terres allodiales et inféodées portaient le nom de quelques uns de ces vieux chefs normands auxquels on avait ajouté l'épithète latine de *villa*: tels étaient les fiefs de *Frober*ville, *Beuze*ville, *Rolle*ville, *Tancar*ville, *Varenge*ville, *Bier*ville, *Norman*ville. Plusieurs autres avaient conservé une dénomination tout empreinte des dialectes du Nord : le *sted* ou *stad* (la cité) des langues germaniques s'était changé en *tot*; telles étaient *Ive*tot, *Garne*tot, *Houde*tot, *Louve*tot: d'autres fiefs leur empruntaient la terminaison en *bec*; tel que *Bol*bec, *Caude*bec, de l'expression *beke* ou *bec*, qui signifie encore ruisseau ou eau courante, dans la langue originaire [2].

[1] Ancienne coutume de Normandie, le plus vieux monument de notre droit coutumier.

[2] Notes sur les noms topographiques de Normandie, dont

On voyait aussi, çà et là dispersées, ces tours danoises nommées *borghs*, qui ont depuis donné leur nom aux habitations groupées à l'abri de leurs créuaux. Des postes militaires, de construction toute scandinave, s'élevaient sur les rivages, sorte de lieu de débarquement [1]. Le nom de *falaise* désignait les rochers de la Normandie, comme dans la Norwège et le Danemarck, et l'on disait encore *houlme* ces îles dispersées qui bordent des côtes battues par les flots [2].

La langue et les dieux de l'Edda n'étaient point effacés de la mémoire des vaillans hommes du Nord; les habitudes des châtelains rappelaient quelque chose de leur patrie primitive : le sire Raoul de Tesson, au milieu des batailles, poussait pour cri d'armes : *Torie! Tor ie!* [3] en souvenance du dieu, vaillant compagnon d'Odin et des jeunes vierges qui versent l'hy-

---

l'origine est étrangère. — Depping, *Histoire des expéditions maritimes des Normands*, t. II.

[1] *Anglo-Normands. Antiquités*, London, 1767.

[2] Estrup, *Remarques faites dans un voyage en Normandie*, Copenhague, 1821.

[3] Que *Thor m'aide*, comme les ducs de Normandie, qui avaient pour cri d'armes : *Die aie ou ie* (que Dieu m'aide.)

dromel dans le crâne des ennemis. Dans les côteaux du Cotentin, survivaient les traditions du Nain des montagnes, qui se retrouvent chez toutes les nations du Nord [1].

Des institutions, mélange des lois saxonnes et des besoins de la conquête, défendaient les conquérans et les vieux possesseurs du sol. L'échiquier, cour plénière des barons, fondée par Roll, se rassemblait deux fois par année, à Pâques et à la Saint-Michel, pour régler les comptes et l'emploi des aides d'argent, et services militaires. Souvent convoqué à d'autres époques, il prononçait sur des causes qui appelaient plus particulièrement la sollicitude des magistrats : tels étaient les droits des mineurs, du mariage, reliefs, escuage, sur lesquels les cours inférieures des vassaux ne décidaient qu'en premier ressort [2]. Une injustice était-elle faite à un homme libre, il poussait le cri de *haro*, sorte d'appel aux lois, et tous lui devaient alors protection et appui; le son

[1] Rom. du Rou, vers 9109 et 9759.
[2] On l'appelait *échiquier*, parce qu'il se tenait dans une salle dont le pavé, en forme de carreaux, représentait un échiquier. — Ducange, v⁴ *Scacarium*, t. III, p. 714. — Ancienne Coutume MSS. de Normandie, p. 1, distinct. 5, ch. 7.

du couvre-feu annonçait aux châteaux et aux monastères, à la case du serf et du manant, qu'ils devaient éteindre la lampe de fer enfumée, et le tison ardent des vastes foyers de famille. Les lois forestières protégeaient les bois touffus, et les habitations des champs, le faucon et les chiens, tandis que des punitions sévères, la perte des biens ou des membres, tendaient à comprimer les habitudes de pillage, dont les traces avaient quelque peine à s'effacer dans une colonie de pirates [1].

Ces mœurs indomptables et rebelles à tout frein agissaient non-seulement sur les masses, mais encore résistaient à la piété et aux macérations de la vie monastique. Les évêques, les abbés mitrés, portaient casque, et s'armaient volontiers de l'arbalète, de la masse et même du poignard de miséricorde, arme chérie des ribauds et des routiers. Les cathédrales et les monastères étaient le théâtre de continuels et sanglans débats [2]. Dans l'abbaye de Grestain, les moines portaient de profondes cicatrices

[1] Houard, *Lois anglo-normandes*, 21.
[2] Nicol. de Clemengis, *de Corrupto ecclesiæ statu*, cité par D. Bessine, *Observat. in Concil. Rothomag provinc*, au 1055.

qu'ils s'étaient faites à coups de couteaux. Il y avait à peine un siècle que les religieux de Saint-Ouen, arrachant de l'autel l'archevêque qui officiait la crosse en main, l'avaient foulé aux pieds, et qu'ameutant les bourgeois de Rouen, au son du beffroi, ils avaient provoqué le meurtre de leur archevêque [1]; les moines défendaient par les armes tout, jusqu'à leurs concubines [2]. Un jour ces jeunes ribaudes se rassemblèrent comme des furies contre l'évêque Godefroy, qui, dans le synode de Rouen, avait prêché sur l'incontinence des clercs, hantant les mauvais lieux et les folles filles. Elles s'armèrent de pierres, et parvinrent, par douces paroles et postures de leur corps, à soulever les bons bourgeois de Rouen. « Vous les eussiez vues trotter çà et là, avec les petits bâtards de clercs, couverts d'aubes et de surplis, et animer tous les mauvais bour-

---

[1] *Chronique de Caen*, citée par D. Bessin, *Concil. Rothomag. Provin.*, p. 63.

[2] Le pape refusa de sanctionner l'élection de l'évêque d'Avranches, parce qu'il avait des enfans partout, et *cum filios habeat undecumque*. — Lettre d'Innocent III au chapitre d'Avranches, dans D. Bessin, *Concil. Rothom. Prov.*, p. 368.

geois à courir sus tous les serviteurs de l'archevêque[1].

Telle était la Normandie, avec ses mœurs et ses habitudes nomades, lors de la conquête par Philippe-Auguste. Cet événement y produisit une véritable révolution, surtout dans le haut baronnage : un grand nombre de familles attachées par les liens du sang, ou par des fonctions domestiques, à la domination des Plantagenets, se retira outre-mer. Depuis la conquête de l'Angleterre par les Normands, les barons possédaient tout à la fois des fiefs sur le continent et dans les terres conquises : les comtes de Chester, Leicester, Talbot, Montfort, portaient également dans leurs armoiries les tourelles des châteaux de Neustrie et celles des anciens manoirs saxons. Lorsque les armes de Philippe eurent soumis la Normandie, de grandes mutations s'opérèrent ainsi dans la possession des fiefs. Parmi les fugi-

---

[1] Orderic Vital ne peut s'empêcher de s'écrier : *Et sanct. synodus in debacchationem et ludibrium conversus est. Recueil de Duchesne*, p. 886. — Voyez, pour tout ce qui concerne les désordres du clergé de Normandie, le travail déjà cité de D. Bessin sur les conciles.

tifs qui suivirent la fortune du roi Jean et des Anglais, on remarqua Marie de France, dont les lays et les tensons étaient si populaires dans les cours plénières et les veillées. Les dames et les varlets aimaient à réciter particulièrement son recueil de fabliaux alors connus sous le nom d'Isopet ou petit Esope; et surtout son *Purgatoire de Saint-Patrice*, conte de superstitions mystérieuses et dévotes recueillies sur la caverne de ce nom, en Irlande. Marie ne voulut point chanter en une autre cour qu'en celle des Plantagenets. Elle quitta les vivantes cités de Normandie, pour les vieilles tours de Londres et de Wodstook[1]. Par contraire, d'autres poètes normands s'attachèrent fidèlement à Philippe, et le suivirent en sa cour de Paris.

Le roi profita de ces émigrations volontaires des barons normands en Angleterre, pour consolider sa domination; il fonda sa suzeraineté, non-seulement sur les droits de sa couronne, mais encore sur la possession réelle des

---

[1] Voyez l'édition de ses Fabliaux, publiés par M. Roquefort. Paris, 1820.

terres, seul lien reconnu et puissant sous la féodalité.

Il avait déjà obtenu, depuis quelques années, d'Amaury, comte de Glocester, la cession du comté d'Évreux; il acquit ensuite, de Richard de Vernon, le fief de Longueville; la seigneurie d'Orbec, de Guillaume comte de Pembrok, grand maréchal d'Angleterre; Breteuil et ses dépendances, d'Anicie de Montfort; du comte de Leicester, tous les fiefs qu'il possédait sur le continent; de l'abbaye de Jumièges, la ville de Pont-de-l'Arche; enfin le comté d'Alençon, d'Émeri vicomte de Cleraud[1]. Toutes ces possessions réelles et territoriales augmentaient l'influence royale dans le duché de Normandie.

Un des premiers actes de la conquête fut de réunir en parlement les barons, pour recueillir témoignage sur les privilèges des terres, hommes, clergé, et communes. Des enquêtes préparèrent les conventions féodales, et les concessions *de proprio motu* de la couronne. Ce fut à Caen que se rassembla la cour plénière, où s'assirent à côté du roi les comtes d'Aumale

[1] Cartul. de l'abbé De Camps, et MSS. Fontanieu, *cahier des acquisitions du domaine de la couronne*, § 1 à 30.

et de Mortain, et la plupart des vassaux de Normandie[1]. On reconnut que l'archevêque et les évêques étaient obligés, par la coutume, d'installer dans les bénéfices les clercs qui étaient désignés par les barons sous le patronage desquels le bénéfice était constitué; il fut encore constaté que les clercs, en aucune circonstance, n'auraient le droit d'excommunier les barons ou les officiers du roi, à moins qu'ils n'en fussent requis par le suzerain ou son sénéchal; qu'ils ne pourraient non plus attirer à leur cour de justice les causes de sermens prêtés par les laïques, à moins qu'il ne s'agît d'un mariage ou d'un croisé. On reconnut que, du temps de Henri II et de Richard, on ne payait la dîme ni du foin, ni des genets, ni des bois, à moins que ces terres ne fussent aumônées[2]; on déclara que l'archevêque de Rouen n'avait aucun droit dans les fiefs de Gournay, la Ferté Gaillon, fors pour mariage, legs testamentaires et meubles ecclésiastiques; que le clerc tenancier d'un fief laïque pouvait être saisi en tous ses

---

[1] Ancien Cartul. de Philippe-Auguste, *sive Regist. heroval*, f° 121. — Duchesne, *Hist. norm. scriptor.*, p. 1059.

[2] Ancien Cartul. de Philippe, f° 103.

meubles, s'il se mettait en forfaiture envers son seigneur; que s'il retenait une terre, fief ou aleud, il devait prouver en cour laïque qu'elle avait été donnée à l'Église; que s'il était saisi par hommes d'armes, et que l'évêque le réclamât, il serait rendu à ses juges ecclésiastiques; convaincu de meurtre ou de larcin, il devait être banni de la terre de Normandie; lorsqu'un usurier faisait des legs, distribuait ses biens par testament, sa volonté devait être exécutée comme celle d'un homme libre; s'il n'avait pas fait de dispositions, tout ce qu'il possédait appartenait au roi. On reconnut enfin que la *trève de Dieu* devait durer depuis le mercredi au soir jusqu'au lundi matin; que si quelqu'un était tué ou blessé dans cet intervalle, la connaissance du meurtre appartenait au roi, en sa cour tenue à Lisieux [1].

Un autre parlement fut réuni par Philippe, pour entendre les nouvelles plaintes des hommes du duché. Les châtelains, vassaux et communes s'y plaignirent de ce que les clercs s'attribuaient, contre le droit et la coutume, le

---

[1] Ancien Cartul. de Philippe, f° 103.

jugement des fiefs, sous prétexte qu'on prêtait serment à chaque mutation de feudataires.

Le roi et les barons répondirent : « Nous consentons à ce que l'église connaisse de la transgression des sermens, mais ce n'est point à elle à juger de la propriété ni des services d'un fief ; cependant une veuve pourra plaider en cour ecclésiastique. »

On demanda ce qu'il adviendrait pour le partage d'une succession de biens en bourgeoisie.

« La cour répondit qu'aucun bourgeois ne pouvait donner à l'un de ses fils plus de la moitié de ses biens au préjudice des autres. »

On demanda comment seraient punis ceux qui vendaient le dimanche, ou trafiquaient avec les Juifs.

La cour répondit « qu'aucune peine serait appliquée, mais que les anciens réglemens subsisteraient contre les nourrices chrétiennes qui allaitaient des Juifs. »

On demanda encore : « Si quelqu'un est conduit en prison pour un crime dont la peine est la perte de la vie ou d'un membre, et qu'il se sauve, invoquant les franchises d'églises, qu'adviendra-t-il ? »

La cour répond « que si le détenu atteint le parvis, il sera en franchise d'église [1].

Les fouages de Normandie furent aussi réglés par un autre parlement [2]; « on décida que cet impôt, perçu par feux, serait exigé sur trois, quatre, six ou un plus grand nombre d'habitans. Les magistrats de la commune devaient prêter serment de lever la taxe avec fidélité, en prenant d'un à deux deniers par feux. Que si plusieurs personnes habitent la même maison, et qu'elles possèdent chacune d'elles pour plus de vingt sous de meubles, elles seront les unes et les autres soumises au fouage. Les veuves en seront exemptes, à moins qu'elles ne possèdent plus de quatre sous en mobilier. Le fouage ne s'applique point aux clercs, gens de noble race ou officiers du roi. »

En même temps, l'échiquier de Normandie reçut une organisation nouvelle; les évêques et les barons durent être présidés en cette cour par un officier du service du roi, délégué

---

[1] Ancien cartulaire de Philippe-Auguste, f° 103.

[2] MSS. de la Biblioth. de Bigot, n° 292, f° 2, v°. — Ducange, v° *Focagio*, t. II, 2ᵉ part., p. 468.

pour rendre justice. Diverses causes furent immédiatement vidées par l'échiquier. Il prononça que les procès des mineurs seraient suspendus, et qu'on attendrait leur majorité pour juger. L'échiquier de Falaise défendit en conséquence à Bernard de Barneville de répondre sur l'héritage qui lui était contesté, jusqu'à ce que Robert Bertrand, qui devait le garantir, eût atteint sa majorité [1]; le même échiquier décida à la Saint-Michel que le mineur ne pouvait être poursuivi pour dette de son père avant majorité, et que même l'intérêt était suspendu pendant cet intervalle. Il jugea encore, à l'occasion d'un bâtard qui avait appelé à Rome pour une terre qu'on lui revendiquait, qu'aucun appel n'aurait lieu hors le duché de Normandie [2]; les poursuites des comtes de Boulogne contre la personne d'un religieux à cause d'une dette, furent déclarées nulles, mais il

---

[1] MSS. de la Biblioth. de Bigot, n° 107, p. 242. Ces jugemens ont une date un peu postérieure à la conquête de la Normandie par Philippe-Auguste. Je les ai réunis, afin de ne plus revenir sur les résultats de cet événement.

[2] Même manuscrit, p. 243.

fut décidé que les biens du religieux répondaient de l'emprunt [1].

Une cause curieuse fut encore résolue par l'échiquier : il s'agissait d'une revendication de terre poursuivie sur Guillaume de Rivers; des témoins furent entendus, et jurèrent, sur leur foi, que Rivers avait plus de droit en ce fief que sa partie adverse. Sur cette affirmation, l'échiquier déclara qu'il lui serait dévolu; mais, un moment après, les témoins revinrent de leur affirmation et déclarèrent que Guillaume de Rivers avait trompé la cour des barons; l'échiquier maintint la chose jugée, mais condamna les témoins à indemniser la partie qui avait souffert dommage de leur faux serment [2]. Il décida en ce même plaids que les possesseurs de fiefs de haubert pourraient en donner le tiers à l'église, sauf en tous cas le service dû au seigneur dont ils étaient tenanciers [3].

Tels furent les premiers actes d'administra-

[1] MSS. de la Biblioth. de Bigot, p. 245.
[2] Même manuscrit, p. 246.
[3] Même manuscrit, p. 247.

tion du roi Philippe-Auguste dans la Normandie. La race des habitans primitifs, de ces Neustriens long-temps unis au domaine, renoua ses anciennes habitudes d'obéissance envers les rois francs; le baronnage eut plus de peine à rompre ses rapports avec ses frères d'armes, ses parens de race normande qui vivaient à la cour du roi Jean; les clercs, toujours si admirablement doués de cette souplesse qui s'abaisse devant le pouvoir, pour le dominer ou l'exploiter, prêchèrent avec onction dans les cathédrales la domination de Philippe, et en moins de cinq ans le roi put compter sur le fidèle appui des barons et des communes de Normandie.

L'Anjou subissait en même temps la domination du gonfanon de France; le comté de ce nom comprenait toute cette terre située entre le Maine, la Bretagne, le Poitou et la Touraine: les populations angevines, subjuguées par César, envahies par les barbares sous Honorius, avaient été réunies à la couronne des rois francs pendant le règne de Clotaire. Sous la seconde race, l'Anjou fut divisé en deux comtés, l'un au-delà de la rivière du Maine; il avait pour capitale Château-Neuf ; l'autre en-deçà, dont Angers était le centre : le comté d'outre-Maine fut donné par Charles-le-Chauve à Robert-le-Fort, pour le défendre contre les incursions des Normands et des Bretons ; l'Anjou, en-deçà, fut inféodé à un manant affranchi nommé Tertulle[1], dont la force extraordinaire et la vie au milieu des forêts excitaient la crainte et l'admiration. Plus tard, s'opéra la réunion des deux comtés sous la race des Foulques, qui prirent tour à tour le titre de comtes et de consuls. Ce noble lignage, « dont les aïeux chantaient office comme clercs savant, » se continua jusqu'à Geoffroy-le-Bel, dit Plantagenet, tige de la race des rois Anglais. C'est ainsi que l'Anjou avait été uni à la couronne d'Angleterre et confié comme apanage aux puînés de la branche royale[2].

Lors de la conquête par Philippe-Auguste, l'Anjou reconnaissait une longue hiérarchie

---

[1] *Rusticanus... de copia silvestri et venatico exercitio victitans.* — Art de vérifier les dates. — Chronologie des comtes d'Anjou.

[2] Voyez, sur l'histoire des comtes d'Anjou, le livre si curieux et si original, *de Gest. Consul. Andegav.* Dans le *Spicelag.*, in-4°, t. X, p. 445 et seq.

de nobles seigneurs sous les titres de comtes, vicomtes, châtelains, hauts et moyens justiciers dont il fallait maintenir et défendre les priviléges. Ils prétendaient tous à une brillante et fabuleuse origine, car là se trouvaient aussi ces vieilles traditions françaises, d'une colonisation de Troyens portant leurs dieux et leur gloire au milieu des populations primitives de la Gaule. Tous les vaillants châtelains s'enorgueillissaient aussi de compter parmi leurs ancêtres le vaillant Roland, comte d'Angers, neveu de Charlemagne dont les exploits merveilleux avaient fourni au bon archevêque Turpin le sujet de ses grandes chroniques [1].

Les comtes, vicomtes et barons de l'Anjou avaient tous l'exercice de la haute et moyenne juridiction sur leurs vassaux, sans que le suzerain pût s'en mêler; ils avaient devant leurs tourelles gibet à six et à quatre piliers, pour marquer le droit de correction et de punition. Trois fois l'an ils pouvaient tenir leurs assises, imposer leurs communes, et leurs

[1] L'auteur des *Gestes*, déjà cité, n'a pas manqué d'orner d'une multitude de fables et de légendes cette origine chevaleresque.

hommes sans l'intervention du suzerain; ils avaient châtellenies sujettes, villes closes, abbayes, prieurés conventuels avec bois usagers [1]. « Aux barons d'Anjou appartenait le droit d'épave ou de chose trouvée, en ce qui touche argent et dextrier, et en ceci il faut entendre cheval de guerre, coursier de batailles; ils possédaient bacs, grands chemins, péage, chasse à la grande bête dans les taillis et forêts, sur toute l'étendue de la seigneurerie, sans qu'ils fussent tenus d'offrir en hommages hures et faucons. » Toutes ces seigneuries formaient donc de véritables suzerainetés politiques.

Le Poitou réuni en même temps à la couronne comprenait le territoire des anciens *Pictones*, ou *Pictaves*, appelés ensuite Poitevins, l'un des quatorze peuples répartis entre la Garonne et la Loire sous César. Clovis, lors de la conquête sur les Visigoths, établit des comtes dans les villes soumises, et de là la première origine des comtes de Poitiers. Lors de l'établisse-

---

[1] Vieille Coutume d'Anjou, chap. 1 à 15. Ce que j'en donne est un simple résumé.

ment du royaume d'Aquitaine sous la seconde race, le Poitou y fut réuni de telle sorte, que même après la chute de cette royauté éphémère, le titre de comte de Poitiers demeura inhérent à celui du duc d'Aquitaine. Un moment dans le domaine de France par le mariage d'Éléonore, il en fut séparé pour passer dans la maison des Plantagenets [1], lors de l'union de cette riche héritière avec Henri II. Richard-Cœur-de-Lion porta le titre de comte de Poitiers; mais, appelé à la couronne d'Angleterre, il l'inféoda à Othon son neveu, qui plus tard fut élevé à l'empire. Othon fit hommage en cette qualité de plusieurs fiefs à Guillaume évêque de Poitiers, et il prend dans la charte d'hommage le titre de duc d'Acquitaine et comte de Poitou [2]. Mais, après la mort de Richard, Éléonore avait ressaisi ces deux provinces, et en fit l'hommage pur et simple, de bouche et de main, au roi Philippe-Auguste, peu avant la conquête

---

[1] Sur la série des comtes de Poitiers, on peut consulter le Cartulaire de la cathédrale de Poitiers, dit *le Grand-Gautier*, p. 1 à 85, et l'Art de vérifier les dates. *Chronologie des comtes de Poitiers*.

[2] *Gall. Christ.*, t. II, col. 1181.

de cette province et sa confiscation sur Jean d'Angleterre.

Dans le Poitou, les nobles hommes barons et châtelains possédaient de larges immunités et de beaux priviléges. Tout seigneur qui avait comté, vicomté ou baronnie, était fondé par la coutume d'avoir droit de châtel, châtellenie, haute justice, moyenne et basse; «et pouvait le seigneur comte, vicomte ou baron, avoir et tenir à quatre piliers sa justice; c'est à savoir, fourches patibulaires pour pendre et exécuter malfaiteurs; ils pouvaient porter bannière, c'est-à-dire qu'ils avaient armoiries sur leurs gonfanons carrés, ce que n'avaient les simples châtelains, dont le pénonceau n'offrait armoiries qu'en forme d'écusson [1]; et pouvaient lesdits comtes et vicomtes bannir les délinquans hors de leurs terres : mais pour se dire haut seigneur et comte, il fallait avoir nombre de châtellenies sous son vol-de-chapon. Le comte et même le simple châtelain avaient carcan, gibet et prisons bâties au rez-de-chaussée, mais sans creux et culs de basses-fosses en

---

[1] Vieilles Coutumes du Poitou, ch. 1 à 10.

terre. Quiconque avait juridiction, pouvait tenir son assise, mais les comtes et barons en jouissaient d'une manière plus étendue et plus complète. » Les cités avaient des priviléges et des immunités, comme les possédant fiefs, et Poitiers avait reçu, en 1200, le droit de commune de la reine Éléonore, princesse alors très-populaire et protectrice des bons bourgeois [1].

Le premier soin de Philippe-Auguste, en réunissant l'Anjou et le Poitou à la couronne, fut d'établir, au milieu de tous ces droits et de ces priviléges qu'il était impossible d'effacer, une administration tant soit peu régulière. Comme dans toutes les réunions à la couronne, le roi promut immédiatement des sénéchaux, officiers de cour et des provinces. Le sénéchal était en quelque sorte le représentant du suzerain, chargé de veiller à ses droits, de *semondre* [2] les barons aux temps de bataille, et de recueillir les tailles des com-

---

[1] Art de vérifier les dates. — Chronol. histor. des comtes de Poitiers, t. III, p. 146.
[2] Appeler.

munes. Deux sénéchaux furent donc désignés : Guillaume Des Roches pour le comté d'Anjou, le vicomte de Thouars pour celui du Poitou; vaillans chevaliers, très experts dans l'art des joûtes sanglantes. Mais comme il était à craindre qu'ils ne se rendissent par la suite tout-à-fait indépendans de la couronne, dans les terres qu'ils tenaient d'elle, des chartes royales réglèrent le pouvoir qui leur était confié, et eux-mêmes firent la déclaration suivante : « Nous n'avons aucun droit, ni sur les revenus, ni sur les bois, ni sur les forêts du roi, en nos sénéchaussées; nous ne percevrons les tailles que pour lui; nous ne pourrons élever notre gonfanon sur les châteaux forts qui ne seraient pas dans les fiefs à nous propres, à moins que notre sire ne nous en ait confié la garde; et en ce cas nous nous engageons à les rendre à ses officiers, à leur première demande. Si notre sire vend fiefs ou offices dans les terres de nos sénéchaussées, il aura deux tiers de la valeur, et nous aurons, nous, le tiers restant [1]. »

---

[1] Regist. des Chart., cot. 31, art. 519. — Recueil de Colbert, vol. 3, f° 725. — Anc. Cartul. de Philippe-Auguste, f° 94, rect.

L'Anjou et le Poitou étaient ainsi réunis à la couronne, d'une manière immédiate et complète. Il n'en fut pas de même de la Bretagne. Elle conserva le gouvernement de ses ducs; mais les rapports d'hommage et de ligéité devinrent plus étroits et plus obligatoires. C'était pour les Bretons une ancienne et naturelle politique que leur alliance avec le roi de France. En lutte presque continuelle avec les princes anglais, envieux de leur indépendance, comtes bretons requéraient volontiers aide et assistance en la cour de Philippe et de ses prédécesseurs. Sous le règne de Louis VII, après son divorce avec Éléonore, la Bretagne aurait pu être réunie au domaine du roi par son mariage avec Constance, droite héritière de ce duché, qui le pressait vivement : « Si, touché, lui disait-elle, de l'amour que je vous porte, vous voulez bien échanger quelque gage de retour, votre anneau même, je me trouverais la plus heureuse des femmes. Disposez de tout ce que le pays peut produire, faucons, chiens et chevaux, toutes mes terres vous appartiennent [1]. » Ce

---

[1] Duchesne, *Recueil des Hist. de France*, t. IV, p. 725.

mariage n'eut point lieu; mais l'amitié et le dévouement des barons de Bretagne se manifesta en toutes les circonstances : ils suivirent le goufanon du roi Philippe contre Richard et Jean. Après le meurtre d'Arthur, ils ne le quittèrent plus; les hommes de haut parage soutinrent Philippe dans sa conquête de la Normandie, le secondèrent lorsqu'il dirigea ses armes contre l'Anjou et le Poitou, sauf quelques enfans perdus, qui préférèrent les bons sterlings du roi Jean. Plus tard nous verrons les barons de Bretagne derrière l'étendard royal, à la bataille de Bovines.

Des acquisitions partielles augmentèrent encore les possessions du domaine ; ce n'était plus ici des provinces entières acquises à la couronne, mais de simples cités, des terres confisquées pour félonie, échangées ou rachetées des deniers royaux. C'est ainsi qu'en 1204, Beaumont-le-Roger fut réuni, par confiscation, au domaine. Dans une charte contemporaine, Guy de La Roche-sur-Yon, étant au château d'Anet, déclare qu'il a interrogé Gaultier de Maudre, traître au roi de France, et que celui-ci, convaincu de félonie, lui a cédé le château de Beaumont-le-Roger pour être réuni au domaine [1]. Le fief de Buire-en-Ponthieu fut aussi transmis au roi par Aenor, comtesse de Dreux [2]. Il acquit la suzeraineté de Crépi, en Valois [3], la forêt de Cruie [4], les pariages de Dizi [5], de Dun [6], la propriété de Falaise, Domfront et Bonneville [7], le fief et mouvances de la Fère en Tardenois [8], la terre de Hannemont [9], qu'il paya à Barthélemy des Monts cent cinquante marcs d'argent; le bois d'Henneville [10], la mouvance d'Issoudun [11], la seigneurie de Langés dans l'Anjou [12]. Les religieux de Louret, dans le diocèse d'Auxerre, associèrent Philippe à la possession de tous leurs biens [13]; ceux de Saint-Denis de la Chartre lui cédèrent le terrain sur lequel la deuxième

---

[1] Ancien Cartul. de Philipp.-Aug., f° 88.
[2] Regist. de Chart., cot. 31, art. 451.
[3] Anc. Cartul. de Philip.-Aug., f° 112.
[4] *Ibid.*, f° 91.
[5] Reg. des Chart., cot. 31, art. 280.
[6] *Ibid.*, cot. 31, art. 253.
[7] Ancien Cartul. de Philipp.-Aug., f° 119.
[8] Reg. B, art. 4, scrinii 116, p. 289.
[9] Anc. Cartul. de Philipp.-Aug., fol. 128.
[10] Recueil des Chart., cot. 31, art. 290.
[11] Lathaumassière, *Hist. du Berry*, p. 370.
[12] Anc. Cartul., fol. 88.
[13] Reg. des Chart., cot. 31, art. 277.

tour du Louvre fut bâtie[1]; les habitans de Melun lui donnèrent trois toises de terrain, tout autour des murailles[2]; Jean de Nanteuil lui vendit le fief de Monceau-Saint-Gervais[3], et Pierre de Courtenay lui céda Montargis, pour le payer du droit de rachat, à cause du comté de Nevers, dont Courtenay épousait l'héritière[4]. On sent bien que toutes ces acquisitions augmentèrent les richesses du domaine; et le roi de France, possesseur de terres nouvelles, ne fut plus ce faible suzerain obligé de solliciter aide et soutien de ses vassaux rebelles et insubordonnés.

[1] *Traité du Franc-Aleu*, chap. 3, p. 33.
[2] Anc. Cartul., fol. 165.
[3] Anc. Cartul., fol. 153.
[4] Anc. Cartul., fol. 81.

RÉSUMÉ.

DEUXIÈME ET TROISIÈME PÉRIODES.

Résultats acquis pour la politique générale. — Rapports de la couronne avec les États étrangers. — L'Angleterre. — L'Empire. — La cour de Rome. — Situation de la puissance pontificale. — Premières résistances aux doctrines d'autorité. — Les hérésies. — Situation du gouvernement. — État des personnes. — Des propriétés. — Progrès des franchises populaires. — Chartres communales. — Formes nouvelles de la monarchie. — Premier germe des armées permanentes. — Organisation de la justice. — Progrès de l'esprit humain. — État des sciences, des lettres et des beaux-arts. — Mœurs de la société féodale.

1191—1205.

La période que nous venons de parcourir comprend l'espace de quatorze années, toutes remplies d'événemens importans, dont l'esprit et les résultats ont besoin d'être observés. C'est une époque de progrès et de développemens : depuis le retour du roi Philippe et l'accomplissement de son pélérinage jusqu'à la confiscation des fiefs sur Jean d'Angleterre, il y a évidemment tendance sensible vers l'unité et la force du gouvernement. Ce ne sont plus, comme dans les premières années de ce règne, quelques essais imparfaits, des luttes chevaleresques sans résultats ; nous avons laissé la France féodale, avec son territoire morcelé, sa législation individualisée en chaque baronie, nous la retrouvons, au temps de cette seconde période, avec des conquêtes, des rapports de politique générale, une influence établie, un germe d'armée permanente, d'administration intérieure, et d'organisation de la justice. Toutes les forces sociales se sont pour ainsi dire développées.

L'Angleterre vit le règne de deux princes, celui de Richard-Cœur-de-Lion et de Jean Sans-Terre. Sous le premier, les rapports de Philippe-Auguste et des Plantagenets furent une véritable lutte, un conflit laborieux et souvent indécis. Le bouillant courage de Richard balançait l'intrépidité chevaleresque de son rival ; et si le roi de France s'efforça déloyalement de profiter de toutes les infortunes du prince anglais, de sa longue captivité, le dévouement des barons d'Angleterre et de Normandie résista à toutes les suggestions perfides. Lors du retour du prince captif, la victoire suivit plus fréquemment les gonfanons de Richard, que ceux des chevaliers de Philippe.

Mais la fortune semblait favoriser le roi de France : Richard meurt au milieu d'une trêve; une question d'hérédité entre Arthus, duc de Bretagne, neveu du roi anglais, et Jean, son frère, divise l'obéissance des barons, et morcelle les forces féodales d'Angleterre: Philippe intervient dans la querelle, profite de ces circonstances difficiles, protège secrètement Arthus, et traite publiquement avec Jean, proclamé roi. Prince plein de couardise et de lâcheté, Jean s'aliène ses vassaux par son manque de foi, et le meurtre d'Arthus soulève la grande question de la confiscation des fiefs des Plantagenets devant la cour des grands feudataires.

On a discuté la justice de cet acte, la validité de la sentence rendue par les pairs contre Jean d'Angleterre : ces sortes de discussions nous paraissent oiseuses, lorsqu'il s'agit d'une époque de violence et de faits, où les résultats seuls peuvent et doivent être observés. Que la sentence contre Jean soit équitable ou injuste, qu'elle ait outrepassé le pouvoir de la cour des pairs et les prescriptions de la législation féodale, tout cela importe peu; ce qu'il faut voir dans la marche des idées, c'est cette puissance territoriale nouvelle, acquise à la couronne de France par la confiscation des fiefs anglais. Il est certain que les Plantagenets possédaient une grande autorité sur le continent, qu'ils intervenaient dans les affaires intérieures du gouvernement de la France, qu'ils pouvaient marcher quand et ainsi qu'ils le voulaient contre leur suzerain, tandis qu'à partir de cette époque, relégués dans leur île, poursuivis par les sentences du pape, assiégés plus tard, comme nous le verrons, par le baronnage de France, les rois d'Angleterre restèrent près d'un demi-siècle sans influence sur les destinées de la France jusqu'à ce que la politique imprévoyante de Louis IX, restituant les terres acquises par son aïeul, donna, pour la seconde fois, aux Anglais cette haute puissance qui menaça ses descendans.

L'Empire eût pesé d'un poids immense sur les affaires générales de l'Europe, si l'élection d'un chef n'eût ébranlé, à certaines époques, ce vaste corps. Cette perpétuité de brigues, cette intervention simultanée de tout ce qui avait un peu d'influence sur la politique imparfaite de ce siècle pour dominer le choix, tout cela jetait une sorte de langueur dans les résolutions militaires. Après la mort de Henri VI, Philippe de Souabe et Othon de Brunswick, simultanément élus, se disputèrent la couronne impériale, et c'est ici que l'activité des deux princes influens et rivaux, Philippe et Richard, se réveilla pour protéger chacun le candidat qui pouvait faire entrer les forces de l'empire dans la balance de leur intérêt.

On voit déjà poindre cette politique d'intervention, qui suppose une certaine force, reconnue dans l'intérieur des États. Il est rare qu'un souverain, préoccupé d'affermir sa puissance autour de lui, incertain de sa propre autorité, porte son attention sur des intérêts éloignés et complexes. Lorsque Louis VI et Louis VII voyaient, du haut de leur palais en l'île, les sires de Montmorency et de Montlhéri insulter leurs hommes et leurs gonfanons, ils devaient peu s'inquiéter des élections impériales. Ainsi cette différence dans les préoccupations de la souveraineté indique un progrès important dans la force de l'autorité royale. Les querelles de l'empire tiendront une plus large place dans la dernière partie de la vie de Philippe, alors que la grande dispute entre Othon et la France se vida dans les champs de Bovines.

C'est au milieu de ces dissensions qu'apparaît surtout la puissance de la cour de Rome. Le pape Innocent III est le seul pontife contemporain de Philippe-Auguste, qui ait montré cette vaste et active capacité embrassant l'univers catholique. Célestin avait passé sur le siége romain, sans laisser de traces, mais le nom de son successeur se trouve mêlé à toutes les affaires de ce siècle : il n'est pas une question domestique, se rattachant à des têtes couronnées, à des barons, à des châtelains; pas une querelle privée ou publique entre les rois, pas un différend entre les barons, les abbayes et les monastères, qui n'appelle sa vigilance. Sa vaste correspondance est encore un des grands monumens du moyen âge. Ses légats, ses cardinaux parcouraient les empires, les provinces, prescrivaient des lois, jetaient des interdits, semaient des anathèmes, et tout courbait la tête devant les foudres apostoliques. On ne peut se faire une idée de cette autorité levant des armées par une bulle et des indulgences, dirigeant la politique des États, se mêlant du gouvernement de la France, de l'Angleterre, de l'Empire, et tout cela par le seul ascendant des opinions. Partout où je rencontre une grande capacité, j'aime à la saluer; et, disons-le, Innocent III domine son siècle bien autrement que Philippe-Auguste, et les princes contemporains.

Il y a une école qui veut trouver dans l'influence des papes sur la société le triomphe des idées morales et le principe des lumières; sans doute les pontifes intervinrent quelquefois pour rappeler aux puissans les devoirs de la vie sociale, les grands principes du mariage, de la paternité souveraine, mais l'action générale de l'autorité papale fut étroite et mesquine. N'envisageant jamais les questions de morale et de politique que sous un seul rapport, l'exclusive domination de la puissance pontificale; resserrant tout dans les limites des dogmes catholiques, l'influence des papes fut nuisible aux efforts généreux et spontanés de l'esprit humain : pas une découverte du génie, pas une œuvre hardie de la raison, qui ne trouva des obstacles et une opposition constante en l'autorité du Saint-Siége, et l'inquisition établie à cette époque fut le dernier acte de ce système d'opposition et de résistance à la marche des idées neuves et des opinions rationnelles.

Quoique le pouvoir des papes fût parvenu à son apogée, cependant des principes de décadence se faisaient remarquer, et comme toute puissance qui tend trop son ressort, elle était à son dernier terme, et menaçait ruine. Le fondement de l'influence des pontifes était l'autorité; ainsi la liberté dans les opinions devait être pour elle une cause de mort, et c'est la conviction qu'elle en avait qui lui faisait poursuivre l'hérésie avec tant d'acharnement.

De quelque manière qu'on envisage l'hérésie, elle est au moins un signe de liberté. Qui se sépare, proclame son indépendance, et l'indépendance des opinions est la condition nécessaire de tout progrès. Je considère donc l'hérésie comme la première cause de la marche de l'esprit humain, et cela est si vrai que presque tous les hommes de force et de capacité des douzième et treizième siècles, si l'on en excepte saint Bernard dont le génie fut obéissant au Saint-Siége (car, à toutes les époques, il y eut des talens serviles), furent accusés d'hérésies : Abélard, Gilbert des Poirées, Pierre-le-Vénérable, tous ceux enfin qu'une exaltation mystique ou qu'une raison supérieure entraînaient à des croyances indépendantes ou au doute rebelle, éprouvèrent la colère de la cour de Rome.

Au treizième siècle, le ressort de l'autorité pontificale s'affaiblit par la double action de l'opposition populaire et de la résistance royale. Les croyances des Vaudois, des Albigeois, furent une protestation de l'indépendance religieuse, comme les actes de la royauté contre les papes furent dictés par le sentiment tout-puissant de la souveraineté publique. Vainement les pontifes font-ils éclater tout le tapage des foudres romaines, vainement luttent-ils par la persécution contre la liberté intellectuelle; celle-ci, plus forte que toutes les oppressions, dominera tôt ou tard, comme pour rappeler à l'Église que les tourmens du Cirque n'arrêtèrent pas les progrès d'une indépendance généreuse dans ses premiers martyrs! Sous Philippe-Auguste, l'autorité royale se fatigua à son tour des exigences des pontifes. Un royaume jeté en interdit, les fiefs, les terres féodales envahies sans cesse par une milice de légats et de cardinaux, réunissant des conciles, lançant des anathèmes, tout cela ne pouvait convenir à la puissance régulière qui s'organisait; et ici, nous ne devons point oublier la charte scellée du sceau de sept barons, que nous avons déjà rappelée, déclarant au roi Philippe qu'ils le serviront même contre le pape, progrès immense dans les idées du temps.

Les rapports de l'autorité royale et des grands vassaux prenaient aussi un certain caractère de force et d'unité. Après la réunion des fiefs anglais à la couronne, le langage des chartes et des ordonnances du roi indique des idées de souveraineté générale : le duc de Guyenne, le comte de Poitou, les ducs de Normandie, ont cessé d'être comptés parmi les grands tenanciers ; le duc de Bretagne suit le roi, comme un fidèle vassal ; le comte de Flandre, par la plus fabuleuse des fortunes, s'élève sur le trône de Constantin, et laisse son comté sous la régence de Philippe, comte de Namur, son frère : plus tard, sa fille, héritière de son domaine, passa sous la garde des rois de France ; et ce fut une grande querelle entre le suzerain et les fières communes de Gand, de Mons et de Tournay, que de savoir si l'héritière de Flandre épouserait un vassal de Philippe-Auguste ou un prince anglais qui pût favoriser le commerce et protéger les rapports des marchands flamands et des nautonniers de Londres. Le comté de Toulouse était déjà en feu par l'hérésie des Albigeois : la suzeraineté du roi de France n'avait point acquis assez de force pour s'étendre sur ces populations éloignées : il fallut plus tard, pour l'établir, l'intervention armée du prince Louis, et l'élévation de Montfort.

L'affranchissement de la souveraineté royale s'accomplit, surtout, par l'intervention des armées permanentes et stipendiées. Les services demandés aux barons à l'occasion de leurs fiefs étaient, comme nous l'avons déjà dit, dans le système féodal même : ils créaient des rapports de devoir et d'obligation réciproques; ils ne donnaient pas au prince une force indépendante. Ainsi la présence des feudataires dans le camp du suzerain ne lui prêtait que des secours passagers et conditionnels. C'était une ressource puisée dans le gouvernement des fiefs lui-même, et par conséquent qui protégeait les franchises et les droits des barons contre l'autorité royale.

A la fin du douzième siècle, les rois d'Angleterre et de France essayèrent de chercher des armées en dehors de la féodalité hautaine : ce fut une de leurs préoccupations militaires; et dans les guerres qu'ils eurent entre eux, les routiers, côtereaux, troupes stipendiées, combattirent pour l'un ou l'autre, à raison de la solde plus ou moins élevée.

Ces grandes compagnies de routiers, côtereaux, gens sans aveu, se composaient d'étrangers, Flamands, Italiens, Anglais, Bretons, auxquels se joignaient les serfs secouant la glèbe, le bourgeois turbulent, et quelquefois même les barons et les chevaliers qui fuyaient jugement pour crime. Ils parcouraient les provinces sous des chefs qui prenaient tous des noms bizarres, exprimant, dans une sorte d'argot populaire, la force, l'audace et la barbarie : c'était Cadoc-Brise-Tête, Alain-le-Pourfendeur; et ces surnoms, dont ils se glorifiaient, étaient encore trop faibles pour désigner leurs exploits barbares. Les routiers parcouraient les provinces, faisaient rançonner villes et châteaux, jusqu'à ce que les suzerains les prissent à leur solde; et alors ils les servaient, comme auxiliaires, avec un fabuleux courage. C'étaient les routiers qui les premiers montaient à l'assaut, engageaient le combat, et, après beaucoup de sang répandu, ils demeuraient sur le champ de bataille, dépouillant chevaliers, barons, varlets de leurs riches armures, ce qui les avait fait souvent comparer aux corbeaux s'attachant aux cadavres.

Les rois anglais, Henri II, et Richard-Cœur-de-Lion surtout, avaient presque toujours à leur solde les routiers et côtereaux : ces hommes aventureux s'étaient même attachés de dévouement à Richard; ils aimaient cette valeur à l'épreuve, cette audace du champ de bataille, et peut-être aussi cet amour de rapine et de butin qui distinguait le roi anglais. Dans toutes les guerres de Normandie, de Poitou ou de Bretagne, ce sont toujours les routiers et côtereaux qui le suivent aux combats et au pillage. Sorte de volontaires en dehors de l'armée féodale, ils portaient des gonfanons particuliers, surmontés d'attributs bizarres, de figures d'animaux ou de signes de reconnaissance, qui laissaient croire qu'une initiation mystique préparait leur admission dans les grandes compagnies.

C'est surtout après la mort de Richard que Philippe-Auguste prit à sa solde plusieurs de ces bandes de routiers. Déjà, sous le prétexte de quelques menaces venues du Vieux de la Montagne, il s'était entouré d'une garde fidèle, armée de masses d'armes, et qui veillait sans cesse autour de lui. Par l'admission des côtereaux sous les gonfanons de France, il compléta le système d'armée permanente, prise en dehors du service de fief, et là fut le principe le plus actif de décadence pour la féodalité; car la couronne eut alors une force indépendante de la tenure des barons, et qu'elle put leur opposer dans la suite avec succès.

Pendant la grande période que nous venons de parcourir, s'organisa aussi un système plus large et plus régulier d'administration de la justice et de perception des droits du domaine. A cette époque, ces deux ordres d'idées n'étaient point séparés l'un de l'autre. Au commencement du règne de ce prince, trois espèces de juridiction existaient : 1°. celle des communes sous leurs maires, échevins ou magistrats; 2°. celle des barons, organisée pour chaque fief, selon le ressort; 3°. la juridiction royale, exercée par des prévôts relevant d'un grand sénéchal auxquels ils rendaient compte dans les assises. Cette fonction, confiée aux comtes de Chartres et de Blois, fut abolie sous le règne de Philippe-Auguste, et remplacée par une hiérarchie régulière de magistrats, de baillis, réunissant plusieurs prévôtés sous leur juridiction. Une fois par mois, ils durent tenir leurs assises pour écouter les plaintes de tous ceux qui avaient griefs en justice. Le bailli devait juger, assisté de ses assesseurs et des prévôts dans la juridiction desquels il tenait son plaids. Par cette organisation nouvelle, la charge de grand-sénéchal fut abolie [1].

Il y avait, à cette époque, un double mouvement qui partait tout à la fois du haut et du bas de l'échelle sociale : la couronne s'avançait dans des idées de force monarchique : la classe mitoyenne secouait ses vieilles chaînes pour acquérir des franchises qui pussent la défendre des petites tyrannies locales. Ainsi, il y eut instinct réciproque plutôt qu'intelligence raisonnée entre la royauté et le peuple; ce qu'on attribue à la protection généreuse et à l'obéissance reconnaissante s'opéra par la marche naturelle des intérêts. Il n'y eut pas plus alors de trône protecteur que de commune fidèle. Cette langue des temps plus rapprochés

---

[1] Ordonn. de 1190. — Recueil des Ordonnances du Louvre, tom. I. — Brussel, *de l'Usage des Fiefs*, t. I, liv. II.

de nous est inconnue à nos vieux chroniqueurs.

Si les bourgeois acquirent de l'importance, nous ne voyons pas que la classe des serfs ait conquis quelque liberté. Partout où la résistance éclate violemment, la force d'oppression qui l'a produite doit avoir été violente elle-même; et ces grands mouvemens de pastoureaux, la jacquerie tant redoutée des seigneurs et des monastères, nous indiquent qu'aucun soulagement n'avait été accordé aux infortunés attachés à la glèbe. C'étaient le désespoir, le fouet du majordome, les pénibles travaux de la terre et du moulin, qui soulevaient ces populations opprimées. Ces malheureux étaient barbares comme toute multitude servile; mais ce n'est pas le moins dramatique ni le moins instructif des tableaux du moyen âge, que ces mouvemens populaires qui ne furent pas sans influence sur la marche de l'esprit de liberté; car il faut quelquefois de rudes leçons au pouvoir pour l'éclairer sur ce qu'il doit faire de raisonnable pour la société [1].

[1] On n'a point assez étudié les mouvemens de pastoureaux et jacqueries qui, dans le moyen âge, ont révélé l'existence d'une

On a dit que l'Église avait influé sur la liberté des personnes, et que beaucoup de familles de serfs durent leur affranchissement à des contritions religieuses produites par le clergé. Sans doute, quelques maximes évangéliques rappelées dans les lettres pontificales, dans les conciles, donnèrent aux hommes une plus haute idée de la nature humaine; quelques vieux barons, au lit de la mort, purent affranchir des serfs fidèles par esprit de pénitence religieuse; mais des exemples d'affranchissement vinrent peu du clergé. Presque toutes les cathédrales, tous les monastères avaient de nombreuses familles de serfs : Cîteaux, Clairvaux, Saint-Denis, en comptaient plus de mille. Nous montre-t-on quelque charte d'affranchissement émanée des abbés? car il ne suffisait pas d'étaler de grandes maximes, il fallait encore donner au moins quelques rares exemples de cette égalité évangélique. Les bons moines refusaient-ils quelques-uns de

---

force populaire qui jusqu'alors n'avait tenu aucune place dans notre histoire. Ces annales seraient aussi curieuses à écrire que celles des rois et des cours, qui nous ont un peu trop occupés jusqu'à présent.

ces vieux pécheurs qui, pour expier une vie de pillage et de plaisir, venaient se déclarer serfs de l'abbaye, et lui rappelaient-ils la dignité de l'espèce humaine, pour l'empêcher de s'attacher à la glèbe au profit du sire abbé [1] ? Qui se plaint des mouvemens de liberté spontanés des bourgeois et des pastoureaux ? Qui considère les efforts d'une indépendance généreuse comme les symptômes précurseurs de la venue de l'Antechrist et le signe visible de la fin du monde ? Les abbés et les moines, ces vieux chroniqueurs qui proclament les communes *choses détestables*, et les bourgeois *des maudits de Dieu et de ses saints* [1] !

L'affranchissement des personnes fit donc peu de progrès dans la période que nous venons de parcourir; la société manquait des ressorts nécessaires pour se mouvoir encore d'une manière large et complète. Le commerce, l'industrie, cette première source d'indépendance et de fortune, étaient concentrés dans les mains des Juifs et de quelques compagnies italiennes ou flamandes, qui exploitaient dans le moyen

---

[1] Il existe une multitude de ces chartes par lesquelles un homme libre par esprit de dévotion se déclare serf d'église.

âge toutes les sources de la richesse publique; l'esprit d'association libre se montre aux époques où il y a progrès; car cette collection de forces individuelles est admirable pour vaincre les obstacles : le luxe des églises et du manoir, les châsses dorées, toutes couvertes de soies, d'émeraudes et de fins rubis, les calices et les vases sacrés ; et dans le castel l'hermine du baron, sa bonne épée et sa cotte de maille, l'escarboucle, la robe de fin linon broché, l'écharpe à mille couleurs, la haute coiffure des dames et des damoiselles; enfin tout l'étalage pompeux des tournois et des cours plénières, étaient fournis par ces grandes compagnies qui parcourent l'Italie, Venise, les villes de Flandre, déjà renommées par leur industrie, et se fournissaient de tout ce que le besoin de ces siècles pouvait demander; puis, traversant les provinces couvertes de péages, souvent exposées aux pilleries des barons, aux insultes des routiers, quelquefois affranchis par charte de priviléges de toutes ces vexations, ils venaient étaler dans les foires publiques les merveilles des pays lointains.

Les arts eux-mêmes, qui marchent toujours avec la civilisation, avaient fait quelques progrès. Ces magnifiques cathédrales, avec leur style si hardi, datent presque toutes de cette époque. Notre-Dame de Paris, l'église de Bourges, de Caen, de Bayeux, de Strasbourg, les plus beaux monumens de l'architecture gothique, sont des ouvrages du douzième et du commencement du treizième siècle, entreprise gigantesque, mais que favorisa l'esprit et le dévouement religieux des compagnies secrètes de maçonnerie, qui, s'associant pour la construction des ouvrages publics, avaient leur chef, leur doctrine et leurs mystères.

Toutes ces images roides, ces figures froides et grossières, quelquefois plus légères et plus hardiment contournées lorsqu'elles représentent des fleurs, des animaux, autre chose enfin que la nature morale; ces ornemens enfin qui décorent les édifices religieux, prouvent cependant que la sculpture était encore dans l'enfance; car les progrès des arts se calculent d'après l'expression plus ou moins vraie des sentimens de l'ame, que l'artiste sait imprimer à son ouvrage. Les peintures et les desseins ont les mêmes défauts. Tous les personnages sont dans des situations matériellement indiquées par les lignes courbes ou droites; l'attention, l'amour, la colère, tout cela est exprimé par des poses. Rien d'intérieur, rien de cette parole des yeux et du regard qui signale la douleur, la joie, et jusqu'aux plus intimes pensées. La sculpture sur bois, sur or, sur ivoire, est d'un fini remarquable, et ce mélange de pierreries et d'or façonnés en ogives, qui ornent les manuscrits royaux, les mitres ou les crosses des abbés, ne sont surpassés que par les vitraux merveilleux, qui offrent en couleurs vives et brillantes la plupart des sujets de l'Écriture sainte [1].

La musique complétait aussi sa grande révolution, c'est-à-dire la substitution des notes à point aux notes par lettres, et l'introduction de la mesure et des accords parfaits, dont l'orgue et sa large harmonie donnèrent la première idée. Les hymnes d'église et quelques chants

---

[1] Le dépôt des manuscrits de la Bibliothèque du Roi contient la plus précieuse des collections pour l'histoire des arts dans le moyen âge; j'ai souvent étudié les coutumes, les mœurs, dans ces miniatures si brillantes, si bien conservées, et qui représentent les cours plénières, l'intérieur des cloîtres, les tournois, les travaux de la campagne et des serfs. Voyez d'ailleurs d'Agincourt, *Histoire de l'Art, depuis sa décadence au IVe siècle, jusqu'à son renouvellement au XVIe*.

populaires formaient tout le répertoire de la musique contemporaine[1]. On s'en occupait très activement, et maintes bulles du pape, ou certaines lettres épiscopales, furent lancées pour régler les points d'orgues, les lignes musicales, les accords à trois voix, le chant organisé ou *déchant*. On composait des prières pour les processions publiques, pour les fêtes des patrons du voisinage. Dans le castel, la chanson d'amour et le lay plaintif étaient cultivés avec frénésie par les jeunes damoiselles et les varlets. Lorsqu'une troupe de troubadours ou de menestrels s'arrêtait dans un noble manoir ou même dans une simple hôtellerie, il était rare qu'on ne leur fît répéter quelques uns de ces sirventes moqueurs, qui poursuivaient les clercs et les jeunes béguignes, ou le baron couard, ou le vieux châtelain trompé[2]. Les plus graves personnages du temps, saint Bernard, Abélard, Pierre de Blois, avaient fait de nombreuses et bonnes chansons à l'usage des grandes et petites gens. La musique en est

[1] La musique était cependant placée parmi les sept arts libéraux.— Gerbert, *Script. de re Musica.*— Lebœuf, *Traité hist. du Chant ecclésiastique.*

[2] Legrand d'Aussi, préface des *Fabliaux*, t. I, p. xv.

écrite en notes carrées, sur quatre ou quelquefois cinq lignes tracées en encre rouge; le premier couplet seul est noté. S'il est presque impossible de retrouver le véritable mouvement de ces airs, les modulations, qui n'ont rien d'âpre ni de bizarre, peuvent être facilement saisies, et ressemblent un peu dans leur combinaison aux airs vulgaires que l'on chante encore dans nos campagnes[1].

Ces chants populaires ou d'église sont presque tous destinés à être accompagnés par des instrumens de musique, et on est étonné de leur nombre, en le comparant avec la simplicité et la monotonie des accords notés. On connaissait la guiterne ou guitare, la citole, instrument à corde très doux, le psalterion, les harpes qui avaient alors la forme d'un delta majuscule, le tambour, la trompette, les nacaires ou timbales d'Orient, les orgues portatives, les cornes, cornemuses, les flageolets, les duceines, flûtes à bec, les cimbales et clochettes, le grand cornet d'Allemagne ou trombone, le flageolet de saule ou

[1] Voyez l'excellente Dissertation sur l'état des beaux-arts dans le moyen âge, en tête du 16ᵉ volume de l'*Histoire littéraire de France*, par les Bénédictins, continuée par l'Institut.

flûte, la pipe ou grand chalumeau[1]. Les règles d'harmonie n'étant point encore découvertes et posées, il en résultait un bruissement discord entre cette multitude d'instrumens peu agréables à l'oreille.

Dans ce grand mouvement des intelligences, à la fin du douzième siècle et au commencement du treizième, la littérature ne resta point stationnaire. Ce fut, à vrai dire, la plus notable des époques, car elle vit la lutte vigoureuse et décisive entre l'esprit national et l'imitation des anciens ; entre l'idiôme populaire et la langue latine. C'est alors, en effet, que

---

[1] Voici un passage d'un poëte, où tous les instrumens de musique sont désignés :

« Je vis là tout en un cerne (cercle),
« Viole, rubebe et guitterne,
« L'ennorache, le micamon,
« Citole, et le psalterion,
« Harpes, tabours, trompes et nacaires,
« Orgues, cornes, plus de dix paires
« Cornemuses, flajeols et chevrettes,
« Douceines, cimballes et clochettes,
« Tymbres, la flauste brehaingue,
« Et le grand cornet d'Allemaigne,
« Flajol de saus, fistule, pipe,
« Muse d'Aussay, trompe petite,
« Buisine et les monocordes, etc. »

Guillaume de Machault, *le Temps des Pastours*, au chap. *Comment li amant fut au diner de sa dame.*

parurent les meilleures compositions des trouvères et des troubadours, en même temps que les études classiques recevaient une haute impulsion dans les écoles et les monastères. Déjà nous l'avons constaté, les anciens triomphèrent, et pendant plus de quatre siècles la langue française et les productions de sa littérature furent flétries par l'épithète de *barbares*; notre génie fut ainsi arrêté dans son essor; et s'il est vrai qu'il vaut mieux être soi avec ses défauts que d'imiter un sublime qui n'est pas nôtre, il faut peut-être déplorer cette influence de l'imitation sur la marche naturelle et spontanée de notre littérature. Supposons qu'on eût laissé à lui-même, à sa propre force, l'esprit français, qui sait les productions originales qu'il eût osé? Abandonné à toute son énergie, toujours contemporain, il nous aurait légué je ne sais quelles œuvres nationales bien plus attachantes pour nous-mêmes que cette littérature toute occupée des Grecs ou des Romains. Les études classiques dominèrent au commencement du treizième siècle, et cela s'explique facilement si l'on considère combien les premiers essais de notre muse patriotique furent encore au-dessous des beaux modèles de l'antiquité ; il suffit de comparer les poésies encore informes des troubadours, les chants monotones et sans invention des trouvères normands aux admirables conceptions d'Ovide et de Virgile, les lays plaintifs aux érotiques et gracieuses compositions de Tibule et Properce ; les sirventes moqueurs aux spirituelles et mordantes satires d'Horace et de Juvénal, pour comprendre cette préférence donnée aux anciens : il fut si complet ce triomphe, que pendant les deux ou trois siècles qui suivirent le treizième, on n'aperçoit plus que de rares essais écrits en langue nationale.

Ajoutez à ces causes, prises dans la puissance même des compositions anciennes, les influences diverses exercées sur les opinions contemporaines. Les actes de la Cour de Rome, toutes les liturgies de l'Église, les Pères, les Conciles, tout était écrit en latin. Dans ce siècle pieux la langue de Cicéron et de Virgile ne se présentait donc pas seulement avec ses beautés et son admirable harmonie, mais encore avec une sorte de caractère sacré, et tout ce qui se disait lettré en faisait son étude spéciale. Tous les livres de science, toutes les disputes scholastiques empruntaient les formules d'Aristote et les souvenirs travestis du Portique. La langue d'Oïl ou d'Oc était délaissée aux bourgeois des cités, aux castels. Heureusement pour la postérité et l'histoire, quelques vieux barons n'ont pas dédaigné d'écrire dans l'idiome de leur pays leurs naïfs souvenirs et leurs vives impressions.

Depuis l'année 1190 jusqu'à 1205, époques qu'embrassent les deux périodes dont nous venons d'achever l'histoire, une foule de noms savans mais obscurs marquent la chronologie littéraire de France. Guigues II, prieur de la Grande-Chartreuse, est auteur d'un ouvrage *sur l'Échelle du Paradis*, ou *du Moyen de prier saintement dans les cloîtres* [1]. Raoül, évêque de Liége, élu par le peuple en fureur, évêque de Mayence, grand pillard des églises, publia quelques épîtres pour justifier son élection [2]. Placentus, premier professeur du droit romain, ouvrit l'école de Montpellier, et écrivit une *Somme* ou *Abrégé des pandectes* qu'on

---

[1] Martène, *Amplissim. Collect.*, t. VI, col. 176.
[2] *Gall. Christian*, t. III, p. 875.

venait de retrouver sous les ruines d'Amalfi [1]. Adam, chanoine régulier de Saint-Victor de Paris, fut l'auteur d'un grand nombre de proses rimées qui se chantaient à la messe de son église [2]. Garin, abbé de Sainte-Geneviève, publia son *Recueil de sermons*, encore dans la bibliothèque de ce monastère [3]. Geoffroi, sous-prieur de Notre-Dame, se fit connaître par un ouvrage en vers, sous ce titre : *Fons philosophiæ*, et cinquante pieuses épîtres sur les intérêts de son abbé; son poëme philosophique donne une idée des enseignemens scolastiques de Paris; la grammaire, la dialectique, la rhétorique, qu'il exaltait au-dessus toute chose [4]. Gauthier, de Lille ou de Châtillon, fit un poëme sur Alexandre-le-Grand, où les fictions du moyen âge se mêlent aux fabuleuses conquêtes du héros macédonien. Une multitude de trouvères français et de troubadours doivent être ajoutés à cette série stérile d'écrivains et de poëtes. Maurice de Sully,

---

[1] Pancirolus *de Claris*, *leg. Interpret.*, p. 132.
[2] Montfaucon, Biblioth. MSS., t. II, p. 1259.
[3] *Hist. ecclésiast. de Paris*, t. II, p. 13.
[4] Martène, *Anecd.*, t. I, col. 494-555.

évêque de Paris, écrivit, pour les transmettre à ses successeurs, plusieurs sermons en langue vulgaire, qui faisaient les délices des bourgeois et des serfs [1]. Foulcauld, abbé de Saint-Denis, fit une histoire de Sicile sous ce titre emprunté aux annales antiques : *de Tyranide siculorum*, destinée à peindre les malheurs qui allaient accabler les Siciliens sous la domination allemande[2]. Pierre, humble chantre de l'école cathédrale de Paris, fut l'auteur d'un ouvrage sous ce titre : *de Brievitate locutionis* (de la Brièveté du discours), dans lequel il traite des vices et des vertus, principalement dirigé contre les moines et les folles femmes[3]. Bertere ou Berthier, clerc de l'église d'Orléans, excita dans une prose rimée les chevaliers de France à prendre les armes pour les croisades[4].

Ce période vit aussi le célèbre Pierre de Blois, un des meilleurs écrivains du douzième siècle. Ses lettres, au nombre de plus de neuf cents, sont un modèle de style et de verve religieuse;

---

[1] Duboulay, *Hist. Universitat. Parisiens.*, t. II, p. 324-325.
[2] Muratori, *Script. de rerum Italic.*, t. VII, p. 250.
[3] Duboulay, *Hist. Univ. Paris.*, t. II, p. 763.
[4] Roger de Hoveden, p. 639, 1, col.

ses sermons, un peu confus, appartiennent à cette éloquence du siècle vide et passionnée, et ses opuscules sur divers sujets de l'Écriture et les affaires contemporaines ont fait la longue admiration des clercs[1]. Mathieu de Vendôme composa un poëme latin sur Tobie, sans éclat et sans talent[2]. Vital de Blois, auteur de quatre livres en vers élégiaques sous le titre de *Querulo*, a imité une comédie latine long-temps attribuée à Plaute ou à Térence[3]. Guillaume de Champagne, archevêque de Reims, unit au maniement des affaires l'art de faire des lettres éloquentes et des traités scolastiques ; enfin, Étienne de Tournay, abbé de Sainte-Geneviève, à l'imitation de l'archevêque de Reims, passa sa vie au milieu des négociations diplomatiques et des études littéraires.

Tous ces travaux, comme on le sent, avançaient peu l'esprit humain. Circonscrits dans un cercle étroit et sévère, dominés par l'exclusive influence des dogmes religieux et des doctri-

---

[1] Voyez l'article de Pierre de Blois, dans l'*Hist. litt. de France*, par l'Institut; il est de D. Brial.

[2] *Gall. Christ.*, t. VII, p. 395.

[3] D. Liron, Biblioth. chartr., p. 95.

nes d'autorité, chroniqueurs, moralistes, poètes, tous restèrent dans un cadre donné, sans jamais s'élever à cette audace de la pensée qui s'avance, libre et indépendante, vers le hardi et le beau. Certaines formules des anciens, d'Aristote, surtout, exerçaient le même despotisme sur les matières littéraires et philosophiques, que la parole des Pères et les décisions des Conciles sur les ouvrages religieux. C'était pour tous une égale matière de foi.

Cependant une ère nouvelle allait s'ouvrir, et l'histoire des hérésies contemporaines, qui commence notre volume suivant, montrera le premier effort de l'esprit humain pour sortir de son long sommeil.

FIN DU TOME SECOND.

TABLE DES MATIÈRES

CONTENUES DANS CE VOLUME.

CHAPITRE IX.

(Page 1 à 44).

1191—1193.

Situation de la France féodale pendant la croisade de Philippe-Auguste. — Contestations sur la succession de Flandre. — Le roi les termine. — Ses desseins perfides contre Richard. — Invasion de la Normandie. — Trêve avec les barons anglais. — On apprend la captivité de Richard. — Conduite de ce prince dans la Palestine. — Jalousie des Francs et des Anglais. — Le duc de Bourgogne. — Intimité de Richard et de Saladin. — Conrad, marquis de Tyr, est frappé par les Ismaéliens. — On en accuse le roi anglais. — Son départ pour la Palestine. — Il vient à Raguse. — Il se déguise en templier. — Le roi est reconnu et livré à l'empereur d'Allemagne. — Joie de Philippe en apprenant la captivité de Richard. — Il traite avec le comte de Mortagne. — Inquiétude des Anglais sur le sort de leur roi. — Voyage du trouvère Blondel. — Sa cançon. — Il découvre la prison de son maître. — Philippe écrit à l'empereur, pour qu'il garde bien l'Anglais. — Douleur d'Éléonore. — Ses lettres. — Traité de Richard pour sa délivrance. — Sa rançon. — Difficultés qu'il éprouve. — Départ pour l'Angleterre.

CHAPITRE X.

(Page 44 à 73.)

1194—1196.

Préparatifs de Philippe-Auguste pour de nouvelles batailles. — Trahison du comte de Mortagne. — Siége de Verneuil. — Défaite de Fréteval. — Prise des chartes et du trésor de la couronne. — Trèves et nouveaux combats. — Défi singulier entre Philippe et Richard. — Traité provisoire. — Traité définitif. — Opposition violente de l'archevêque de Rouen, qui lance un interdit sur la Normandie.

CHAPITRE XI.

(Page 74 à 128.)

1196—1199.

Mariage du roi avec Ingerburge de Danemarck. — Dégoût qu'il éprouve pour elle. — Opinions des clercs et des matrones. — Dissolution du mariage, sur une fausse généalogie affirmée par les évêques. — Ingerburge est renfermée dans une tour. — Étienne de Tournay prend sa défense. — Intervention du pape. — Le divorce est annulé. — Mariage d'Alix de France avec le comte de Ponthieu. — Reprise des hostilités entre Philippe et Richard. — batailles. — Chants des troubadours. — Les Gallois. — L'évêque de Beauvais est fait prisonnier, le casque en tête et l'arme au poing. — Il réclame. — Réponse du pape. — Témérité de Philippe. — Il tombe dans l'Epte. — Richard annonce que Philippe a bu et bien bu de l'eau de la rivière. — Question pour l'élection d'un empereur. — Nouvelle trêve. — Le vicomte de Limoges trouve un trésor. — Richard le réclame, comme suzerain. — Il fait la guerre, sur son refus. — Il est atteint par une flèche. — Sa mort. — Épitaphes que font les moines. — Poétiques de Guillaume-le-Breton sur sa mort.

CHAPITRE XII.

(Page 128 à 164.)

1199.—1028.

Situation de la France à la mort de Richard. — Affaires du divorce. — Mariage du roi. — Pompe de la cour. — Captivité d'Ingerburge. — Ses plaintes. — Innocent III. — Menaces d'excommunication contre le roi.

— Philippe résiste. — Il veut se faire mécréan. — Mesures de sévérité contre les évêques. — On les force à solliciter la levée de l'interdit. — Concile. — Le roi se rapproche d'Ingerbuge. — Séparation d'avec Agnès. — — Sa mort. — Légitimation de ses enfans. — Continuation de l'affaire du divorce.

CHAPITRE XIII.

(Page 165 à 201.)

1190—1206.

Administration de Philippe-Auguste. — Situation de la féodalité. — Mouvement de centralisation pour l'autorité royale. — Coutume de l'hommage-lige. — Le roi ne fait plus hommage à aucun vassal pour ses propres fiefs. — Caractère du système communal. — Franchises bourgeoises. — Gouvernement de l'Eglise. — Système des métropoles. — Donations aux monastères. — État de l'Université. — Priviléges accordés par Philippe-Auguste. — Hérésies. — Persécutions.

CHAPITRE XIV.

(Page 201 à 250.)

1199—1202.

Épisode de la conquête de Constantinople par les barons de France. — Tournoi et cour plénière de Thibaut de

Champagne. — Prédication de Foulque de Neuilly. — Noms des chevaliers qui prennent la croix. — Barons de Champagne et de Flandre. — Parlement de Soissons. — Ambassade à Venise. — Requête au doge. — Assemblée de Saint-Marc. — Conventions avec les Vénitiens. — Les chevaliers ne peuvent l'exécuter. — Arrivée des ambassadeurs d'Isaac. — Départ pour Zara. — Prise de Zara. — Les Francs se déterminent à conquérir Constantinople. — Arrivée de la flotte. — Etonnement des croisés. — Ambassade d'Alexis. — Assauts. — Prise de Constantinople. — Rétablissement d'Isaac.

CHAPITRE XV.

(Page 251 à 277.)

1201 à 1204.

Situation de l'empire grec après la conquête des Francs. — Caractère d'Alexis. — Le séjour des pèlerins se prolonge. — Mort de Montmorency. — Inimitié des Grecs et des Latins. — Les chevaliers demandent l'exécution des traités. — Retard qu'elle éprouve. — Nouvelle révolution à Bysance. — Second siége de Constantinople par les barons de France. — Ils s'emparent de la ville. — Massacres. — Destruction des monumens. — Les reliques. — Partage du butin. — Élection d'un empereur franc. — Le comte Baudouin de Hainaut est revêtu de la pourpre impériale.

CHAPITRE XVI.

(Page 277 à 308.)

1200—1205.

Situation féodale de Jean, roi d'Angleterre. — Traité avec Philippe-Auguste. — Opposition du pape. — Ses affections pour l'empereur Othon. — Mariage de Louis de France et de Blanche de Castille. — Chartes sur les tournois.— Hommage d'Arthur de Bretagne.— Voyage de Jean à Paris. — Visite à Saint-Denis. — Enlèvement d'Isabelle, comtesse d'Angoulême. — Appel du roi Jean le ravisseur en la cour féodale. — Arthur dans l'Anjou et le Poitou. — Siége de Mirabeau, soutenu par la reine Éléonore. — Jean s'empare d'Arthur et de tous les défenseurs de sa cause. — Dure captivité du prince breton. — Sa mort tragique. — Cour des barons. — Sommation au roi Jean. — Sa condamnation, et confiscation des fiefs anglais.

CHAPITRE XVII.

(Page 308 à 339.)

1204—1206.

Préparatifs de guerre contre l'Anglais. — Opposition du légat. — Ligue des barons contre le pape. — Cour féodale pour juger le roi Jean. — Confiscation des fiefs.

— Siége de la Roche-Gaillard. — Pirates bretons. — Surprise du camp des barons de France. — Le château est entouré. — Famine. — Prise de la Roche-Gaillard. — Le roi s'empare de Falaise, de Caen, de Bayeux, de Coutances et de Lisieux. — Capitulation de Rouen. — Charte de privilége concédée aux bourgeois. — Réunion de la Normandie à la couronne. — Conquête du Poitou et de l'Anjou.

CHAPITRE XVIII.

(Page 340 à 369.)

1200--1206.

Résultats de la réunion des provinces anglaises. — Normandie. — Son territoire. — Baronnages et fiefs. — Coutumes normandes. — Actes qui suivent la réunion. — Ordonnances et jugemens de l'Échiquier. — Territoire de l'Anjou. — Coutumes. — Le Poitou. — Coutumes. — Sénéchaux établis dans les terres réunies. — Hommage-lige de la Bretagne. — Considérations générales sur l'état du domaine de France.

RÉSUMÉ.

DEUXIÈME ET TROISIÈME PÉRIODES.

(Page 370 à 402.)

1191—1205.

Résultats acquis pour la politique générale. — Rapports

de la couronne avec les États étrangers. — L'Angleterre. — L'Empire. — La cour de Rome. — Situation de la puissance pontificale. — Premières résistances aux doctrines d'autorité. — Les hérésies. — Situation du gouvernement. — État des personnes. — Des propriétés. — Progrès des franchises populaires. — Chartes communales. — Formes nouvelles de la monarchie. — Premier germe des armées permanentes. — Organisation de la justice. — Progrès de l'esprit humain. — État des sciences, des lettres et des beaux-arts. — Mœurs de la société féodale.

FIN DE LA TABLE DES MATIÈRES DU TOME SECOND.

IMPRIMERIE ET FONDERIE DE J. PINARD,
IMPRIMEUR DU ROI,
RUE D'ANJOU-DAUPHINE, N° 8.

www.ingramcontent.com/pod-product-compliance
Lightning Source LLC
Chambersburg PA
CBHW051835230426
43671CB00008B/968